H.-Dieter Simonsen

Mit dem JadeWeserPort die Zukunft gewinnen

H.-Dieter Simonsen

Mit dem
JadeWeserPort
die Zukunft
gewinnen

Centrum Cartographie Verlag Varel

Gewidmet meinen Lieben
Elona und Björn

© 2001 CCV Centrum Cartographie Verlag GmbH
Wiefelsteder Straße 59, 26316 Varel
Gesamtherstellung: CCV Centrum Cartographie Verlag GmbH, 26316 Varel

Vertrieb: AVC, Stahlstraße 43 c, 26215 Wiefelstede
und Verlag Hermann Luers, Hermannstraße 14, 26441 Jever

Printed in Germany 2001

ISBN 3-934606-06-7

Ich danke besonders den Sponsoren meines Buches, der

Hellmann Worldwide Logistics GmbH & Co. KG
Elbestraße
49090 Osnabrück

Olympia Business Systems Vertriebs GmbH
An der Becke 6
45527 Hattingen

Olympia Europe GmbH
Olympiastraße 1
26419 Schortens

Schenker Deutschland AG
Getreidestraße 5
28217 Bremen

Sparkasse Wilhelmshaven
Theaterplatz 1
26382 Wilhelmshaven

CCV Centrum Cartographie Verlag GmbH
Wiefelsteder Str. 59
26316 Varel

für ihre freundliche Unterstützung. Darüber hinaus bedanke ich mich für den Mut machenden Zuspruch, für das mir zur Verfügung gestellte hervorragende Bildmaterial (Foto-Design Klaus Schreiber) und für den guten Rat, den ich durch die Wilhelmshavener Hafenwirtschafts-Vereinigung e.V. (WHV) erfahren habe. Schließlich bedanke ich mich bei der Stadt Wilhelmshaven und dem Niedersächsischen Hafenamt Wilhelmshaven für die mir freundlicherweise überlassenen statistischen Auswertungen und die Informationen zum Hafengebiet Wilhelmshaven.

Das Autorenhonorar sowie die über die Verkaufserlöse zurückfließenden Sponsorengelder werden der Deutschen Gesellschaft zur Rettung Schiffbrüchiger (DGzRS) gespendet.

H.-Dieter Simonsen

Eine Einführung

Mit dem vorliegenden Buch kommentiert der Autor in 30 Beiträgen den politischen Entscheidungsprozeß zwischen 1999 und 2001 um einen deutschen Container-Tiefwasserhafen und wirbt hierbei mit Leidenschaft für den JadeWeserPort als einem Projekt von nationaler Bedeutung. Mit dem hafenwirtschaftlichen Entwicklungspotential im Jade-Weser-Revier und seinem tiefen Fahrwasser an der Jade verfüge das Land Niedersachsen über extraordinäre natürliche Ressourcen und strategische Reserven. Dieses große hafenwirtschaftliche Kapital stellt nach Ansicht des Autors einen „hochkarätigen Rohdiamanten" dar, der in den nächsten Jahren und Jahrzehnten durch eine verantwortungsbewußte Wirtschaftspolitik und mutige Pionier-Unternehmer zum JadeWeserPort – zu einer Investitions- und Job-Maschine für die Nordwest-Region – „feingeschliffen" werden müsse. Zusammen mit einer weitsichtigen verkehrlichen Infrastrukturpolitik werde der JadeWeserPort gesamtwirtschaftlich seinen ganzen strahlenden, juwelen Glanz entwickeln.

Der JadeWeserPort stelle keine „nur" Ergänzung des bestehenden norddeutschen Hafenangebots dar, sondern mit ihm und dem Jade-Weser-Revier werde langfristig die hafen- und verkehrswirtschaftliche Lücke, der „weiße Fleck" zwischen Rhein- und Elbmündung (Rotterdam und Hamburg) geschlossen und dieses große hafenwirtschaftliche Potential damit einer sinnvollen wirtschaftlichen Nutzung zugeführt. Auch unter allokativen Gesichtspunkten stelle das Jade-Weser-Revier den geographisch, strukturpolitisch und perspektivisch optimalen Standort für einen deutschen Tiefwasserhafen dar.

Skeptisch bewertet der Autor die „JadeWeserPort-Erklärung" der Ministerpräsidenten Bremens, Hamburgs und Niedersachsens. Mit dieser Erklärung behalte sich Hamburg alle Optionen (Elbevertiefung, Cuxhaven…) offen. Leider habe man sich nicht auf eine gemeinsame Festlegung auf Inbetriebnahme des JadeWeserPort mit ersten Liegeplätzen im Jahre 2006/07 und Konzentration aller politischen und unternehmerischen Kräfte auf dieses Ziel hin einigen können und statt dessen die Betriebsaufnahme erst für das Ende des Jahrzehnts vorgesehen. Es müsse aber am ursprünglichen Zeitplan festgehalten werden, spätestens bis 2006/07 mit dem JadeWeserPort an den Start zu gehen.

Kritisch geht der Autor mit der lokalen Presse um, der er – in einem frühen Stadium des Projekts – eine allzusehr auf Harmonie getrimmte, unkritische „Hofberichterstattung" und – von ihm so empfundene – informationspolitische Zensur vorwirft. An die Politik appelliert er schon sehr früh, das Thema JadeWeserPort politisch höher zu hängen und ihm überregionale Aufmerksamkeit zu verschaffen. Seinen Respekt erweist er den JadeWeserPort-Gegnern, deren Einwände allerdings argumentativ „erschlagen" würden durch die alles überstrahlende gesamtwirtschaftliche Nutzenstiftung dieses Projekts. Der Hamburger Hafenwirtschaft und überregionalen Printmedien (FAZ, DIE WELT) „liest er die Leviten" und appelliert an die Hamburger Hafenwirtschaft, von ihrem „hohen Roß" abzusteigen und sich in – ernstgemeinter – strategischer Partnerschaft kooperativ am „Dombau" JadeWeserPort zu beteiligen. Auch dem finanziellen Fiasko der „EXPO am Meer" und der Kritik um den Oberstadtdirektor Wilhelmshavens, Arno Schreiber, widmet der Autor ein eigenes Kapitel…

Ein mit Herzblut geschriebenes Buch, mit dem der Autor den politischen Entscheidungsprozeß um den JadeWeserPort von 1999 – 2001, – den politisch kontrovers diskutierten, langen und hürdenreichen Weg von der anfänglichen Vision bis zum realistischen Megaprojekt aus seiner persönlichen Sicht in 30 Beiträgen positiv-kritisch begleitet und dokumentiert.

Inhalt

Report vom ...

halten, auch wenn ihnen der Gegenwind, die Konkurrenz-Pläne Cuxhavens und hiesige Projektgegner, kräftig ins Gesicht bläst…

| 08.09.00 | Eine Nachlese zum 10. Niedersächsischen Hafentag am 07.09.00 in Wilhelmshaven: JadeWeserPort: „Viele klüger geworden" – der niedersächsische Wirtschaftsminister auch – Lern- und Entscheidungsprozeß muß zu einem Ende kommen – Ausnahmecharakter des Projekts – Klimmt fordert Ausbau der deutschen Flughäfen – Ausbau der deutschen Küstenhäfen ebenso wichtig – Nichterkennen der strategischen Bedeutung des Projekts nicht zu verantworten – Leistungsfördernder Wettbewerb fördert gesamtwirtschaftliches Wohl – Kein hafenpolitischer Kniefall vor der Hamburger Hafenwirtschaft – „Flaggschiff" Hamburg wird nicht untergehen – Jade-Weser-Revier wird aber aufholen und überdurchschnittlich wachsen – JadeWeserPort neuer logistisch-verkehrswirtschaftlicher Knotenpunkt und Transit-Zentrum – Mit dem JadeWeserPort auf einen stabilen Pfad wirtschaftlichen Wachstums und zunehmender Beschäftigung – Sensibilisierung des Bundesverkehrsministers für dieses Projekt – nicht nur Kosten, sondern hoher gesamtwirtschaftlicher Ertrag des Projekts – JadeWeserPort lohnende Investition in die Zukunft des Landes… | 123 |

| 09.10.00 | Ortsumgehung Schortens (B 210 neu) – auch im Hinblick auf den JadeWeserPort wichtig – Ein Stück Modernisierung der Verkehrsinfrastruktur und Anpassung an verkehrswirtschaftliche Erfordernisse… | 129 |

| 20.10.00 | Ministerpräsident Sigmar Gabriel gibt dem JadeWeserPort Vorrang vor Cuxhaven – Herzliche Glückwünsche! – Entscheidung von historischer Tragweite für die Nordwest-Region und Niedersachsen – Hamburger Hafenwirtschaft lehnt alle „Kooperationsansätze" ab und macht gegen diese Entscheidung mobil – Kooperation wünschenswert – „Wo es regnet, tröpfelt es auch" – Weitere wichtige Etappe zurückgelegt – „Restrisiken" müssen überwunden werden – Überzeugende Untersuchungsergebnisse der Unternehmensberater Berger/Planco… | 132 |

| 27.10.00 | Entscheidung auf Ende März 2001 vertagt! – Projektgruppe eingesetzt – Hamburger Strategie, Zeit zu gewinnen, geht auf – Angst vor der übermächtigen Hamburger Hafenwirtschaft lähmt politischen Willen – Hafenpolitischer Kniefall – Rotterdam, ARA-Häfen freuen sich über Entscheidungsschwäche unserer politischen Verantwortungsträger – Indienststellung Tiefwasserhafen statt 2006 erst im Jahre 2010? – Kapazitive Anpassungen unabhängig von Schiffsgrößenentwicklung notwendig – Vergebene Chancen – Politik kapituliert vor Hamburger Hafenwirtschaft – Kooperation wünschenswert, aber nicht um jeden Preis – Auf der Zielgeraden doch noch politisch „schwere Beine"? Festhalten an für gut erkanntem Kurs – Alleingang der Hamburger Hafenwirtschaft? – Grundstimmung weiter optimistisch… | 136 |

ler „Kreuzzug" gegen den JadeWeserPort – Üble politische Unkultur – Hamburg kein „Absteiger", sondern weiterhin hafenwirtschaftliches „Flaggschiff" – Aber weiter in die Zukunft schauen – Hafenwirtschaftliche Expansion über den Großraum Hamburg hinaus – Mit dem JadeWeserPort richtig „Flagge zeigen" – Hafenwirtschaftliche Herausforderung annehmen – Strategisches Potential des Jade-Weser-Reviers nicht länger ignorieren – Strategische Partnerschaft wünschenswert – Gemeinsam mit Bremen und Niedersachsen mit dem „Dombau" JadeWeserPort beginnen! Vollenden werden wir Lebenden ihn nicht, aber solide Fundamente in die hafenwirtschaftliche Zukunft legen – Hamburger Hafenwirtschaft herzlich eingeladen, hier mitzumachen…

25.12.00	Ein gedankliches Potpourri zum Jahreswechsel 2000/2001: Das Jahr 2000: War es das erste Jahr im dritten Jahrtausend oder doch nur das letzte Jahr im 20. Jahrhundert? – Computerisierte und vernetzte Welt hielt dem Jahrtausendwechsel stand, kein DV-Chaos! – Was hat Wilhelmshaven, die Nordwest-Region regionalpolitisch bewegt? – Die „EXPO am Meer", ein wirtschaftliches Fiasko? – Oberstadtdirektor diskret, aber hocheffizient im Hintergrund – JadeWeserPort: weiter klaren Kurs halten!…	165
10.02.01	Detthold Aden bezieht „in der Höhle des Löwen" deutlich Stellung zugunsten des JadeWeserPort – Indienststellung des JadeWeserPort mit ersten Liegeplätzen erst im Jahre 2010? – Bis dahin weitere hafenwirtschaftliche Flickschusterei? – Die europäische Konkurrenz freut sich über die hafenpolitischen Bremser und Defensivkünstler an der deutschen Küste – Kotau vor Hamburger Hafenwirtschaft? – Müssen uns jetzt mit dem JadeWeserPort den auf die Zukunft zugeschnittenen hafenwirtschaftlichen „Maßanzug" leisten! – Es muß umgesteuert und der alte Kurs und Zeitplan (2006/07) wieder fest ins Visier genommen werden – Der JadeWeserPort auch keine „nur" Ergänzung für Hamburg und Bremerhaven! – Trauerspiel, wie mit dem hafenwirtschaftlichen Kapital des JadeWeserPort politisch verantwortungslos umgegangen wird…	173
26.02.01	Akzeptiert Hamburg Wilhelmshaven als Standort für den Tiefwasserhafen? – Die daran von Hamburg geknüpften Bedingungen haben es in sich – Handelskammer Hamburg plädiert dafür, die endgültige Entscheidung erst im Spätherbst zu treffen! – Keine weitere Verschleppung zulassen – Nicht mehr länger von Hamburg „vorführen" lassen – JadeWeserPort darf nicht „totverhandelt" werden! – Keine	178

entwicklungshemmenden Bedingungen Hamburgs für den JadeWeserPort akzeptieren – Keine Indienststellung erst im Jahre 2010 – JadeWeserPort muß mit ersten Liegeplätzen 2006/07 an den Start gehen! – Entwicklung Umschlagkapazitäten in der Nordrange …

EPILOG

Grafiken / Statistiken

Vorwort

JadeWeserPort – herausragende Chance für den Wirtschaftsraum Wilhelmshaven-Friesland für die einen, Vernichtung von Naturflächen und Freiräumen für Menschen für die anderen. Einer, der nie einen Zweifel darüber aufkommen ließ, auf welcher Seite des Zaunes er stand, ist H.-Dieter Simonsen. Zwei Jahre, von Februar 1999 bis März 2001, hat er das Projekt JadeWeserPort begleitet, mit Kommentaren, Reports und Briefen, immer konstruktiv und fordernd, dabei nicht unkritisch, nie verletzend und Andersdenkende diffamierend.

Als „Dombau" bezeichnet H.-Dieter Simonsen den JadeWeserPort, diese Sicht will ich mit zwei Anmerkungen unterstreichen: Ein „Dombau" überstrahlt Räume, lenkt Blicke auf sich, in seiner Umgebung konzentrieren sich weitere Entwicklungen, er ist ein Mittelpunkt, von dem, wie von einem ins Wasser geworfenen Stein, die Wellen des (auch wirtschaftlichen) Fortschritts ausgehen. Ein Dom ist aber auch, einer Kirche gleich, eine Mahnung an uns, nicht in Kategorien eben eines Kirchturms zu denken.

Denn auch dies hat H.-Dieter Simonsen immer offensiv vertreten: Der Jade-WeserPort ist nicht ein Baustein regionalen Denkens, er ist eine nationale Antwort auf internationale (Umschlag-)Entwicklungen, an einem Standort Wilhelmshaven, der wie kein anderer an der deutschen Nordseeküste alle Antworten auf alle Fragen gibt: Fahrwasser, verfügbare, für hafengebundene Betriebe ausgewiesene Landflächen, eine gute Infrastruktur wie Schienenanbindung und Autobahn – alles ist vorhanden in Wilhelmshaven.

Deshalb ist sein Buch „Mit dem JadeWeserPort die Zukunft gewinnen" zu Beginn eines Jahrhunderts, das nach allseitiger Sicht ein maritimes Jahrhundert sein wird, ein Buch, das Mut macht, diese wirklich historische Chance für den Wirtschaftsstandort Wilhelmshaven-Friesland, für Niedersachsen und Norddeutschland mit aller Kraft anzugehen und zu verwirklichen – mit heißem Herzen und kühlem Kopf, so wie H.-Dieter Simonsen zwei Jahre lang das wechselvolle Geschehen um den JadeWeserPort begleitete!

Scine Kommentare, Reports und Briefe haben mir, der die Entwicklung um den JadeWeserPort im täglichen politischen Geschehen aus einer zwangsläufig engeren Sicht begleitete, immer wieder den Blick geschärft für weiträumige Zusammenhänge, Gedanken angestoßen, die drohten, nicht zu Ende gedacht zu werden – dafür gilt H.-Dieter Simonsen mein Dank und mein Wunsch, daß sein Buch „*Mit dem JadeWeserPort die Zukunft gewinnen*" eine weite Verbreitung, eine gute Aufnahme und eine nachhaltige Wirkung haben möge!

Eberhard Menzel
Oberbürgermeister der Stadt Wilhelmshaven

Der JadeWeserPort kommt!

Endlich! Nach Monaten gespannten Wartens ist
am 30. März 2001 in Hamburg eine im wahrsten
Sinne des Wortes historische Entscheidung gefallen: der deutsche Tiefwasser-Containerhafen
soll in Wilhelmshaven gebaut werden. Nicht nur
für die Region Wilhelmshaven, sondern für
ganz Norddeutschland eine wichtige Weichenstellung. Mit der gemeinsamen Entscheidung
der Regierungschefs von Niedersachsen, Bremen und Hamburg, noch in diesem Jahrzehnt in
Wilhelmshaven einen Hafen zu bauen, der die
Containerschiffe der nächsten Generationen annehmen kann, wurde zudem eine neue Phase in
der deutschen Hafenwirtschaft eingeleitet.

Dieser Beschluß stellt für die Stadt Wilhelmshaven und die gesamte Nordwest-Region Entwicklungsmöglichkeiten in Aussicht, die sich heute in ihrer ganzen Bedeutung noch nicht vollständig bewerten lassen. Mit dem JadeWeserPort können sicher bereits in absehbarer Zeit Vorstellungen verwirklicht werden, die noch vor Jahren ins Reich der Träume gehörten.

Wer in den vergangenen Jahren die Überlegungen der Wilhelmshavener
Hafenwirtschafts-Vereinigung e.V. (WHV) für einen großdimensionierten
Containerhafen am tiefen Fahrwasser der Jade verfolgt hat, kann sich sicher noch gut daran erinnern, wie das Vorhaben zunächst milde belächelt
und als Utopie abgetan wurde. Später dann wurden Schritt für Schritt mögliche Hindernisse untersucht und überwunden, Schritt für Schritt Überzeugungsarbeit geleistet. Bis dann irgendwann nicht mehr von Utopie, sondern von einer Vision gesprochen wurde – und inzwischen ist von Realität die Rede.

Die Wilhelmshavener Hafenwirtschafts-Vereinigung e.V. (WHV) hat die
sich vor nunmehr sieben Jahren selbst gestellte Aufgabe aus der Sicht von
heute mit Bravour gelöst, tatkräftig unterstützt von Politik, Verwaltung,
Wirtschaft und Gewerkschaften. Diese bemerkenswerte Einmütigkeit in
der Region und insbesondere auch das nun vorliegende – verpflichtende!
– Bekenntnis der drei Länderchefs kann und wird denn sicher auch für

gehörige Schubkraft sorgen, die nun nötig sein wird, um das ehrgeizige Projekt JadeWeserPort im vorgesehenen Zeitrahmen zu realisieren.

Die Entscheidung für Wilhelmshaven ist klar und eindeutig ausgefallen. Sie enthält deutliche Vorstellungen zur Projektrealisierung und verspricht die unverzügliche Einleitung des Planfeststellungsverfahrens. Das ist gut so. Glücklicherweise hat sich auch Hamburg ins Boot ziehen lassen – was ja nicht so unbedingt zu erwarten war! –, so daß eine ernsthafte und zügige Arbeit an der Realisierung des ehrgeizigen Hafenprojekts zu erwarten ist. Wir Wilhelmshavener haben keine Zweifel, alsbald zum ersten Ramm-schlag auf die Baustelle einladen zu können!

John H. Niemann
Präsident der Wilhelmshavener Hafenwirtschaft e.V. (WHV)

Kurzer geschichtlicher Überblick

über die Entwicklung der Stadt Wilhelmshaven und die historische Bedeutung des tiefen Fahrwassers an der Jade für die Jadestadt und für die Nordwest-Region

Schon 1853 haben politisch kluge und weitsichtige Männer die strategischen Möglichkeiten des tiefen Fahrwassers an der Jade richtig eingeschätzt. Der Hohenzollernprinz Adalbert von Preußen erkannte die Vorteile, die sich der „Preußischen Marine" mit einem am Jadebusen gelegenen Hafen bieten würden. Nach langen, streng geheimen Verhandlungen mit dem Großherzogtum Oldenburg und der Verpflichtung Preußens, hier „eine Flottenstation herzustellen", trat Oldenburg per Staatsvertrag das nahezu unbesiedelte Gebiet am Jadebusen an Preußen ab.

Dies war praktisch die Geburtsstunde des preußischen Kriegshafens an der Jade und es war gleichzeitig die Grundsteinlegung der Stadt Wilhelmshaven, die ihren Namen 1869 von König Wilhelm I. von Preußen erhielt. Mit dieser königlichen Auszeichnung verbunden war – im politischen Spannungsfeld dieser Jahre (Krieg gegen Dänemark 1864 und gegen Frankreich 1870/71…) – natürlich die politische Verpflichtung und strategische Zielsetzung, diesen Marinehafen als zentralen Flottenstützpunkt der Kriegsmarine – unter steter Betonung ihres defensiven Charakters – weiter auszubauen. Kaiser Wilhelm II. sah die Zukunft seines Reiches „auf dem Wasser".

Die strategisch günstige, seeoffene Lage dieses Marinehafens am Jadebusen und das tiefe Fahrwasser begründeten (schon) damals die Entscheidung des Flottenkommandos (Tirpitzsches Flottengesetz von 1900) für die beabsichtigte maritime Hochrüstung des Jade-Reviers. Wilhelmshaven blühte wirtschaftlich auf; die Jadestadt erhielt ihre unverwechselbare Prägung durch die Kriegs- und Reichsmarine und ging mit ihr durch alle wirtschaftlichen Höhen und Tiefen. Zehntausende von Marinesoldaten waren in Wilhelmshaven stationiert! Der verlorene erste Weltkrieg und Versailler Vertrag stürzten die Stadt – durch den Verlust ihrer maritimen wirtschaftlichen Basis – in tiefste wirtschaftliche Depression, die nur allmählich durch zivile Anstrengungen und Ausgleichsmaßnahmen überwunden wurde. Mit der Machtübernahme durch die Nazis 1933 und massiver Wiederaufrüstung geriet Wilhelmshaven wieder in den Mittelpunkt strategischer Planungen der Reichsmarine und erlebte einen neuen wirtschaftlichen Höhenflug. Die Stadtplanungen gingen damals – man höre und staune – von einer Einwohnerzahl von 400.000 für Wilhelmshaven aus. Der zweite Weltkrieg und die weitgehende Zerstörung der Stadt setzte diesen anspruchsvollen Planungen ein abruptes Ende. Es folgte erneut eine lange wirtschaftliche Durststrecke.

Erst nach der Währungsreform 1948 und dem 1950 durch die Bundesregierung beschlossenen „Hilfsplan Wilhelmshaven" wurden mit der Ansiedlung vieler aus dem Osten vertriebener Industriebetriebe und der Wiederaufnahme heimischer Produktion die Weichen in eine wieder freundlichere wirtschaftliche Zukunft gestellt. Stellvertretend für die sich zahlreich ansiedelnden (lohnintensiven) Industriebetriebe, den Wiederaufbauwillen der Stadt und den unternehmerischen Mut der ersten Nachkriegsjahre seien hier die Olympia Werke AG in Roffhausen genannt, die die wirtschaftliche Entwicklung der Stadt Wilhelmshaven in den fünfziger bis hinein in die achtziger Jahre maßgebend geprägt haben. Mit über 10 000 Mitarbeitern waren die Olympia Werke AG 1956 größter Arbeitgeber Norddeutschlands. Noch 1977 beschäftigten die Olympia Werke über 13 000 Mitarbeiter und waren mit Abstand größter Arbeitgeber der Region. Hochqualifizierte ehemalige Mitarbeiter der früheren Marinewerft, Flüchtlinge aus den ehemaligen deutschen Ostgebieten und – später – unsere ausländischen Gastarbeiter bewährten sich in diesem aufstrebenden und rasant wachsenden Industriebetrieb und trugen den Markennamen Olympia über Jahrzehnte in alle Welt. Daneben wurde der wirtschaftliche Aufschwung unterstützt und solide fundamentiert durch eine Vielzahl kleinerer und mittlerer Unternehmen aus Handel und Handwerk.

Dabei soll nicht unterschlagen werden, daß Wilhelmshaven mit dem Aufbau der Bundesmarine ab 1956, der Inbetriebnahme des Marinearsenals und als Heimatstützpunkt diverser Geschwader, Stäbe und Kommandostellen seinem Ruf als Marinestadt bis in die Gegenwart hinein treu geblieben ist. Die Bundesmarine mit dem Marinearsenal und ihren vielen Dienststellen ist heute größter Arbeitgeber und unverändert starkes wirtschaftliches Standbein unserer Region Wilhelmshaven/Friesland. Ihre wirtschaftliche und gesellschaftliche Bedeutung kann von daher nicht hoch genug eingeschätzt werden. Aber das wirtschaftliche Fundament der Jadestadt ist breiter geworden. An die Stelle der maritimen Monostruktur der Vorkriegsjahre ist eine neue, stärker privatwirtschaftlich orientierte, überwiegend durch kleine mittelständische Unternehmen geprägte Wirtschaftsstruktur getreten.

Mit der Gründung der Nord-West-Oelleitungsgesellschaft 1956 durch internationale Mineralölfirmen und dem Bau einer Pipeline in das Ruhrgebiet – später auch nach Hamburg – entschieden sich die Ölgesellschaften mit dem Jade-Revier für „das beste Fahrwasser an der ganzen Nordseeküste". Herausragendes Verdienst an dieser Schlüsselentscheidung für die wirtschaftliche Entwicklung der Stadt hatte der damalige Stadtrat und spätere Stadtdirektor Arthur Grunewald („Wilhelmshaven blickt seewärts"), der Politik und Wirtschaft mit nimmermüdem Einsatz und wortgewaltig von der Vorteilhaftigkeit des Standortes Wilhelmshaven für einen geplanten Ölhafen überzeugte. Waren es zu Zeiten der Kriegs- und Reichsmarine die größten Kriegsschiffe – Schlachtschiffe, Kreuzer, Zerstörer und Fregatten sowie die U-Boote –, die auf das seeoffene tiefe Fahrwasser an der Jade angewiesen waren und hier ihren Heimathafen hatten, so wurde jetzt erstmals die internationale Aufmerksamkeit der zivilen Großschiffahrt auf den entstehenden Ölhafen Wilhelmshaven gelenkt. Der Ölhafen an der Jade wurde im Zuge der immer größer werdenden Tanker zum einzigen deutschen Tiefwasserhafen mit einer Fahrwassertiefe von 20 Metern ausgebaut und entwickelte sich in den folgenden Jahren zu einer ersten Adresse für die Tankerriesen aus aller Welt. Durch den Rohölumschlag rückte Wilhelmshaven im Güterumschlag, im nationalen Vergleich aller deutschen Seehäfen, hinter Hamburg an die zweite Stelle. Auch im europäischen Vergleich nimmt Wilhelmshaven einen Spitzenplatz ein.

Bilder siehe Farbteil.

Parallel mit der wieder wachsenden Bedeutung Wilhelmshavens als Marinehafen wurden mit dem Ölhafen Wilhelmshaven die Weichen gestellt für die zukünftig stärkere zivile Nutzung des Hafens. Das tiefe Fahrwasser und ein weiträumiges Flächenangebot waren die Pfunde, mit denen Wilhelmshaven im Wettbewerb um ansiedlungswillige, sich zur Küste hin orientierende, kapitalintensive Industrieunternehmen wuchern konnte und mit denen es zielstrebig und erfolgreich – wenn auch unter ökologischen Gesichtspunkten nicht unumstritten – eine Politik stetiger Industrialisierung des hierfür vorgesehenen Küstensaumes betrieb.

In der Nachfolge Arthur Grunewalds hat sich der Oberstadtdirektor Dr. Gerhard Eickmeier um diese Entwicklung verdient gemacht. Als Motor der hafenwirtschaftlichen Entwicklung und mit großem, vorwärtsdrängenden politisch-unternehmerischen Gestaltungswillen ausgestattet, muß man Dr. Eickmeier im Rückblick höchsten Respekt für seine Arbeit in diesen Jahren (1968-84) zollen. Sein leider vorzeitiges Ausscheiden aus dem Amt des Oberstadtdirektors hat – nach den skizzierten vielversprechenden Anfängen – seinerzeit zu einem Bruch in der wirtschaftlichen Entwicklung Wilhelmshavens geführt, unter dessen Folgen die Region Wilhelmshaven/Friesland lange gelitten hat. Zwar ist es müßig, darüber zu spekulieren, wie die wirtschaftliche Entwicklung Wilhelmshavens unter seiner Amtsführung weiter verlaufen wäre, aber viele ältere Wilhelmshavener werden meine Überzeugung teilen, daß – bei allem gebotenen Respekt für seine Nachfolger – die hafenwirtschaftlichen Aktivitäten und wirtschaftsfördernden Maßnahmen – eine Politik der weiteren umweltfreundlichen Industrieansiedlung an der Küste – unter der fortgesetzten Regie einer so kraftvollen, vitalen unternehmerischen Persönlichkeit, wie sie Dr. Eickmeier verkörperte, in den Folgejahren zu arbeitsmarkt- und beschäftigungspolitisch ausgezeichneten Ergebnissen für unsere Region geführt hätten.

Die Schließung der AEG Olympia und anderer, langjährig erfolgreicher und etablierter Industrieunternehmen sowie die redimensionierenden Maßnahmen bei der Bundesmarine/Marinearsenal führten in den neunziger Jahren zu einer dramatischen Verschärfung der ohnehin nicht rosigen wirtschaftlichen Lage in der Region Wilhelmshaven/Friesland. Mit einer Arbeitslosenquote von zeitweise über zwanzig Prozent wurde die höchste Arbeitslosigkeit in den westdeutschen Bundesländern registriert und machte man den ostdeutschen Bundesländern traurige Konkurrenz. Von einem „Armenhaus der Bundesrepublik" wurde gesprochen. Mit knapp fünfzehn Prozent ist die Arbeitslosigkeit in Wilhelmshaven – trotz unübersehbarer, auch städtebaulich positiver Tendenzen (Beispiele: Technologie Centrum Nordwest (TCN), Nordseepassage, Südstadt…) – weiter überdurchschnittlich hoch und der politische Handlungsbedarf unabweisbar.

Vor diesem insgesamt tristen und perspektivlosen wirtschaftlichen Hintergrund gewannen Mitte der neunziger Jahre unter dem Arbeitstitel „JadePort" (später JadeWeserPort) die Pläne um einen „neuen großdimensionierten Mehrzweckhafen direkt am tiefen Fahrwasser" zunehmend an Bedeutung. Das prognostizierte dynamische Wachstum in der Containerschiffahrt und der Trend zu wachsenden Schiffsgrößen sowie die limitierten Bedingungen und Möglichkeiten der anderen deutschen Seehäfen einerseits, andererseits das sich als Problemlösung visionärem und strategischem Denken förmlich aufdrängende riesige hafenwirtschaftliche Potential des Jade-Weser-Reviers ermutigten die Wilhelmshavener Hafenwirtschaft um ihren Präsidenten John H. Niemann, diese anfängliche Vision politisch hartnäckig weiter zu verfolgen, sie in konkrete Planungen zu gießen und diese ehrgeizige Zielprojektion als ein schließlich realistisches Projekt in die politische Diskussion zu bringen.

Nach einem langwierigen politischen Entscheidungsprozeß fiel – im Wettbewerb mit den Cuxhavener Plänen und gegen den bis zuletzt hinhaltenden Widerstand der Hamburger Hafenwirtschaft – am 30. März 2001 die Entscheidung. Der JadeWeserPort soll nach dem gemeinsam erklärten Willen der Regierungschefs der drei Bundesländer Bremen, Hamburg und Niedersachsen, Henning Scherf, Ortwin Runde und Sigmar Gabriel, neuer deutscher Container-Tiefwasserhafen werden. Der politischen Willenserklärung der drei Bundesländer muß jetzt die entschlossene operative Umsetzung und schnellstmögliche Realisierung dieses Jahrhundert-Projekts folgen.

Das tiefe Fahrwasser an der Jade wurde zum Schicksal der Stadt Wilhelmshaven und begleitet, wie wir gesehen haben, die Jadestadt Wilhelmshaven durch ihre inzwischen 148-jährige wechselvolle Geschich-

te. Mit dem Bau des JadeWeserPort wird ein neues spannendes Kapitel der Hafen- und Stadtentwicklung und darüber hinaus der Entwicklung der Nordwest- und Weser-Ems-Region geschrieben. Und wieder ist es das seeoffene, natürliche tiefe Fahrwasser, sind es die optimalen hafenwirtschaftlichen Bedingungen an der Jade, die letztendlich den Ausschlag zugunsten Wilhelmshavens und des JadeWeserPort gegeben haben. Mit den Standortvorteilen und dem riesigen hafen- und verkehrswirtschaftlichen Potential des Jade-Weser-Raums bieten sich der Stadt und den Menschen dieses Wirtschaftsraumes für die langfristige Zukunft großartige Chancen und Möglichkeiten. Nutzen wir sie und gewinnen wir mit dem JadeWeserPort die Zukunft!**

Gerne verweise ich in Zusammenhang mit der Stadtentwicklung auf das vom Verlag Lohse-Eissing herausgegebene Buch „Wilhelmshaven 1853 – 2000", das den interessierten Leser – sehr informativ und spannend geschrieben, aber auch bildreich dokumentiert – über die historische Entwicklung der Stadt, beginnend mit dem Bau eines preußischen Kriegshafens und endend mit einem Ausblick auf die großartigen Chancen des JadeWeserPort, informiert und kurzweilig unterhält. Eine wirklich lesenswerte Dokumentation und Chronologie Wilhelmshavener Stadtgeschichte!

H.-Dieter Simonsen

Quelle 1)   „Wilhelmshaven 1853 – 2000", Verlag: Lohse-Eissing, Wilhelmshaven, Gesamtherstellung Brune-Mettcker Druck- und Verlagsgesellschaft mbH, Wilhelmshaven
Quelle 2)   „Unser Wilhelmshaven", Verlag: Brune Druck- und Verlags-GmbH, Wilhelmshaven

Hafengebiet Wilhelmshaven

Jade-Region (Tiefwasserhafen): Gesamtfläche: 2.900 ha (2.100 ha Land- und 800 ha Wasserflächen), davon 1.200 ha Hafenerweiterungsgebiet. Länge der Uferstrecken 20 km, Länge der Straßen 34 km.

Innerer Hafen: Gesamtfläche 480 ha (220 ha Land- und 260 ha Wasserflächen), davon 90 ha Hafenerweiterungsgebiet. Länge der Uferstrecken 24 km, Länge der Straßen 17 km

Jade-Region (Tiefwasserhafen) – Umschlaganlagen und Lagerfazilitäten

● **Tankerlöschbrücke und Tanklager der Nord-West-Oelleitung GmbH (NWO):** Tankerlöschbrücke (1207 lang) mit 3 Löschköpfen für Mineralöl – Wassertiefe bis max. 20,80 m unter SKN für vollabgeladene Großtanker bis 250.000 tdw – Mineralölleitungen: 353 km bis Köln-Wesseling, 130 km bis Hamburg

● **Niedersachsenbrücke – Umschlaganlage der Rhenus Midgard:** Umschlagbrücke (300 m lang) mit 3 Liegeplätzen (max. 190.000 tdw) für den Umschlag von Massenschüttgütern (Kohle, Baustoffe etc.), Natronlauge, Stück- und Sackgüter – Wassertiefe: SKN – seeseitig 15,0 m, landseitig 12,0 m – 1.380 m lange Zufahrtsbrücke zum Festland – 40 ha Lagerflächen mit Eisenbahnanschluß.

> ● **Geplanter JadeWeserPort:** Hafenpolitische Antwort der deutschen Hafenwirtschaft auf die hafenwirtschaftlichen Herausforderungen der Zukunft – JadeWeserPort mit riesigem Potential und insgesamt großen Entwicklungschancen für die deutsche Hafenwirtschaft (Nordsee- und Ostseehäfen!). Auch alle übrigen Hafeneinrichtungen Wilhelmshavens werden von diesem Projekt wirtschaftlich profitieren...

● **Tankerlöschbrücke und Raffinerie:** Inselanleger mit zwei Plattformen, seeseitig für Tanker bis 250.000 tdw (Teilladung, Wassertiefe: SKN 17,5 m), landseitig bis zu 30.000 tdw-Produktentanker (SKN 12,5 m) und Küstenschiffsanleger mit zwei Plattformen für bis zu 8.300 tdw-Produktentanker (SKN 7,5 m) – 944 m Düker vom Inselanleger zum Küstenschiffsanleger, von dort 1.045 m Zufahrtsbrücke zum Festland – Tanklager: rd. 1,3 Mio. qbm Tankraum für Rohöle sowie Zwischen- und Fertigprodukte – Verladeanlage für Eisenbahn-Kesselwagen mit insgesamt 20 km Gleislänge.

● **Umschlaganlage Voslapper Groden – Umschlaganlage der ICI:** Umschlagbrücke (800 m lang) mit 2 Anlegern für den Umschlag von Äthylen, Äthylendiclorid (EDC) und Venylclorid-Monomer (VCM) – Wassertiefe: SKN 9,0 m für Tankschiffe bis zu 12.000 tdw und max.137m Länge – 1.350 m lange Zufahrtsbrücke zum Festland.

● **Außenhafen Hooksiel:** 550 m Kaimauer – Wassertiefe: 2,5 m (Tidenhub 3,40 m) – 2.600 qm Lager-/Park- und Verkehrsflächen – Örtlicher Fischereihafen, Versorgungshafen für die Großschiffahrt, Schutzhafen für Klein- und Sportschiffahrt.

● **Alter Vorhafen:** 365 m Kaimauer – Wassertiefe bis SKN 4,5 m (Tidenhub 3,50 m) – 5.600 qm Kaifläche sowie 9.000 qm Park-/Lagerfläche – überwiegend Fahrgastverkehr.

● **Flut- und Pontonhafen:** 500 m Liegeplätze mit Wassertiefen bis SKN 4,0 m (Tidenhub 3,50 m) sowie 230 Liegeplatzmöglichkeiten an Pontons – Ausgangspunkt für Versorgungs- und Hilfsdienste, Sportschiffahrt.

Innerer Hafen – Umschlaganlagen und Lagerfazilitäten

● **Nordhafen: Hannover-Kai:** 315 m Kaimauer mit 12,0 m Wassertiefe – 4.000 qm befestigte Kaifläche – 6.000 qm Montageplatz – Gleisanschluß – Umschlag von Stück- und Schüttgütern, Lagerei und Montage – **Lüneburg-Kai:** 275 m befestigte Kaimauer mit Ro/Ro-Rampe bei 11,0 m Wassertiefe – 8.000 qm befestigte Kaifläche und 7.000 qm Hallenfläche – Gleisanschluß – Umschlag von Baustoffen, Düngemitteln, Salz, Getreide und Stückgut – „Jade-Tees-Line": Ausgangspier für Container-Transport zur Ostküste Englands – **Braunschweig-Kai:** 270 m Kaimauer mit 12,0 m Wassertiefe – 9.000 qm befestigte Kaifläche – Auto-Mobilkran 100 t – Gleisanschluß geplant – für Umschlag von Gütern aller Art und Lagerei

● **Nordhafen/Osnabrücker-Ufer und Hildesheimer-Ufer:** Wassertiefe: 6,0 m bei Hafenwasserstand NN + 1,10 m (normal) – Kailänge 60 m (Neue Jadewerft), Schwimmdock bis 8.000 t und 150 m Länge – Liegeplätze: Diverse Ponton-Liegeplätze für die gewerbliche Kleinschiffahrt und Sportboote – Umschlageinrichtungen: Sandumschlag mittels Mobilbagger und Spülleitung – Lagermöglichkeiten: Umfangreiche Hallen- und Freilagerflächen für Sportboote vorhanden – Gleisanschluß.

● **Ausrüstungshafen:** Wassertiefe: mind. 6,5 m bei Hafenwasserstand NN + 1,10 (normal) – Kailänge: Uferlänge ca. 700 m – Liegeplätze: 3, davon 2 als Dalbenliegeplätze für Schiffe bis 20.000 tdw – Umschlageinrichtugen: keine ortsfesten Anlagen vorhanden.

● **Verbindungshafen: Nordwest-Kai:** 150 m Kaimauer mit Ro/Ro-Rampe bei 7,0 m Wassertiefe – ca. 13.000 qm befestigte und teilweise gepflasterte Kaifläche – 5.000 qm Hallenfläche – Gleisanschluß – für Umschlag und Lagern von Stück-(Kühl-)gut – **Südwest-Kai:** 320 m erneuerte Kaimauer mit 10 m Wassertiefe und 80 m Kaimauer mit 6,45 m Wassertiefe – ca. 30.000 qm Kaifläche, teilweise gepflastert – 3 St-Mobilkran, Gleisanschluß, Gleis-Kopframpe, 50-t-Fahrzeugwaage – für Umschlag von Stückgut, Kühlgut und Schüttgut.

● **Großer Hafen:** Nordgazellenbrücke und Bontekai: 500 m Ufer mit 8,0 m Wassertiefe – diverse Liegeplätze – keine Umschlageinrichtungen.

● **Handelshafen:** Kaianlagen von 980 m Länge mit 6,0 m Wassertiefe – Schüttsilos mit insgesamt 720 qbm Fassungsvermögen – 5.000 qm Hallenfläche – Freilagerfläche für 70.000 t Schüttgut – 12.000 qm Lagerfläche für Stahl und Schrott – Gleisanschluß – für Umschlag und Lagerei von Stück- und Schüttgütern.

● **Kanalhafen:** Uferlänge 600 m mit 5,0 m Wassertiefe, mehrere Anleger – Gleisanschluß – für Umschlag von Maschinenteilen und Holz aus dem angrenzenden Werbegebiet.

Quelle: Niedersächsisches Hafenamt Wilhelmshaven

Brief vom 04.02.99

MdL Wilfried Adam
Leiter der Volkshochschule Wilhelmshaven, Horst Antheck
Allgemeiner Wirtschaftsverband Wilhelmshaven-Friesland, Lutz Bauer-
meister
Industrie- und Handelskammer, Susanne Becker
MdL Dr. Uwe Biester
Dr. Herbert Ehrenberg
Dr. Gerhard Eickmeier
MdL Karin Evers-Meyer
Niedersächsischen Wirtschaftsminister Dr. Peter Fischer
Erster Stadtrat Wolfgang Frank
Landwirtschaftsminister der Bundesregierung, Karl-Heinz Funke
Dr. Hans-Joachim Gottschalk
Allgemeiner Wirtschaftsverband Wilhelmshaven-Friesland, Dr. Karl
Harms
MdB Gabriele Iwersen
Oberkreisdirektor Dr. Lothar Knippert
MdB Erich Maaß
Oberbürgermeister der Stadt Wilhelmshaven, Eberhard Menzel
Wilhelmshavener Hafenwirtschafts-Vereinigung, John H. Niemann
Allgemeiner Wirtschaftsverband Wilhelmshaven-Friesland, Hans-Peter
Kramer
Oberstadtdirektor Arno Schreiber
FDP-Kreisvorsitzenden Dr. Michael von Teichman
Regierungspräsident Bernd Theilen
Fachhochschule Wilhelmshaven, Prof. Dr. Peter Urban
Wilhelmshavener Raffineriegesellschaft mbH, Johan Anton van Weelden
Wilhelmshavener Hafenwirtschafts-Vereinigung, Detlef Weide
z.Ktns.: Jeversches Wochenblatt: Hajo Allmers, Helmut Burlager
          Wilhelmshavener Zeitung: Manfred Adrian,
          Jürgen Westerhoff, Jürgen Peters

Sehr geehrte Damen und Herren,

Berichterstattung und Kommentar der Wilhelmshavener Zeitung (WZ) und
des Jeverschen Wochenblattes zum Rekordergebnis des Wilhelmshavener

Hafens haben mich veranlaßt, das Thema Jade-Port (erst später JadeWeserPort) noch einmal aufzugreifen und als „Offener Brief an unsere regionalen Vertreter aus Politik und Wirtschaft", beiden Tageszeitungen für eine Veröffentlichung zur Verfügung zu stellen. Zuerst exklusiv der WZ, acht Tage später dann – einleitend modifiziert – dem Jeverschen Wochenblatt. Ohne Erfolg und ohne Resonanz. Man muß wohl dem engen Kreis der Wilhelmshavener „Macher" aus Politik und Wirtschaft angehören, um sich zu diesem – wie es scheint – höchst sensiblen Thema ausführlicher öffentlich artikulieren zu können. Als „gemeiner" Bürger dieser Region – ohne öffentlichen Auftrag – hat man offenbar keine Chance und erhält man kein Forum, seinen Überzeugungen und seiner Begeisterung, aber auch seiner Kritik an der Informationspolitik für dieses Riesenprojekt, öffentlich Ausdruck zu verleihen. Mit knappen nichtssagenden Leserbriefen ja, mit dem Versuch, einen argumentativen Beitrag zu leisten, stößt man sofort auf eng gesteckte redaktionelle Grenzen, vorgeschobene oder tatsächliche, die Ausnahmeregelungen, wie es scheint, leider nicht zulassen. Schade. – Deshalb heute mein persönlicher Brief an Sie.

Gerne würde ich die „Wilhelmshavener Blockade" durchbrechen und mit meinem Credo für den JadeWeserPort die überragende Bedeutung des Projekts für unseren Wirtschaftsraum öffentlich würdigen, die Öffentlichkeit für dieses großartige Projekt einnehmen – und aber auch an Sie, meine Damen und Herren, – an die Adresse der Politik und Wirtschaft appellieren, dieses Mega-Projekt nicht zuletzt durch eine zielführende Informationspolitik auch überregional politisch weiter zu befördern und für seine Realisierung zu werben. In der FAZ vom 25.01. konnte man lesen „*Kiel will das Fehmarn-Projekt nun energisch vorantreiben*" und am 01.02. wurde im Wirtschaftsteil der FAZ über das Projekt Großflughafen Berlin-Brandenburg berichtet, „*das als größtes europäisches Infrastrukturprojekt seit dem Bau des Kanaltunnels gilt*". Sie werden über diese bemerkenswerten Projekte wahrscheinlich gelesen und sofort den JadeWeserPort damit assoziiert haben. Unser Jahrhundert-Projekt muß sich hinter diesen Projekten nicht verstecken! Die vergleichsweise offensive Informationspolitik anderer Regionen zu ähnlichen Großprojekten bestärkt mich im Gegenteil in meiner Überzeugung, daß die Verantwortlichen – und das sind Sie alle, die Sie politische und wirtschaftliche Verantwortung für unsere Region tragen – gut beraten wären, mit dem Projekt JadeWeserPort informationspolitisch ebenfalls in die Offensive zu gchen, die Machbarkeitsstudie gar nicht erst abzuwarten, und für die nationale Bedeutung dieses Projekts – und die Mittel hierfür, auch privatwirtschaftlich (Konsortium)! – zu werben.

Eine restriktive Informationspolitik, Totschweigen des JadeWeserPorts hieße dieses Projekt der scheinbaren Bedeutungslosigkeit preiszugeben mit dem logischen Ergebnis, daß die hierfür erhofften Mittel dann alternativen, wichtiger eingeschätzten Investitionsprojekten zugeteilt würden (zum Beispiel Elbevertiefung).

Die Stadt Wilhelmshaven, Friesland, die Nordwest-Region, das ganze Land profitiert von diesem Projekt und der wirtschaftliche Gewinn dieser Milliardeninvestition für unseren Wirtschaftsraum muß – auf allen politischen Ebenen – auch öffentlich immer wieder überzeugend und nachdrücklich kommuniziert werden! Dieses Projekt einer mit dem JadeWeserPort wirtschaftlich aufrüstenden Nordwest-Region muß in aller Munde sein und es ist Ihre Aufgabe und muß Ihr Arbeitsschwerpunkt in den nächsten Monaten sein, mit freundlicher Penetranz politische Mehrheiten für dieses Projekt zu gewinnen und ein starkes regionales Bündnis für den JadeWeserPort zu schmieden! Warum sollte das Thema JadeWeserPort nicht in nächster Zeit einmal Thema der Frankfurter Allgemeinen, der Süddeutschen Zeitung und/oder anderer überregionaler Zeitungen oder auch des Fernsehens sein?! Machen Sie es zu einem Thema und sorgen Sie dafür, daß man über dieses Projekt landes- und bundesweit spricht. Vielleicht wird es über diesen Umweg dann sogar noch zu einem Thema für unsere lokalen Tageszeitungen! Wilhelmshaven muß informationspolitisch klotzen und darf nicht länger nur kleckern! Hängen Sie das Thema politisch so hoch, daß man weder in Hannover noch in Bonn an diesem Projekt vorbeigehen kann. Nicht zuletzt ist auch Brüssel ein wichtiger Adressat! Stadt und Region müssen für dieses Projekt mobilisiert werden und ihren Anspruch auf Realisierung des Projekts bekräftigen.

Meine Vision ist eine – mit dem JadeWeserPort als Initialzündung – wirtschaftlich und kulturell aufblühende Nordwest-Region mit einem prosperierenden, wirtschaftlich gut durchmischten Oberzentrum Wilhelmshaven. Aus dem einzigen deutschen Tiefwasserhafen und „nur" Ölhafen Wilhelmshaven muß auf lange Sicht – in gesunder Konkurrenz zu den anderen Großhäfen (Rotterdam, Hamburg…) – ein Uni-

versalgroßhafen Wilhelmshaven werden und es muß heute damit begonnen werden! Nach 20 Jahren relativer Stagnation müssen die jetzt von der Wilhelmshavener Hafenwirtschafts-Vereinigung e.V. (WHV) wieder aufgenommenen hafenwirtschaftlichen Planungen der 70er Jahre weiter – über alle Parteigrenzen hinweg – mit politischem Hochdruck verfolgt werden.

Die Absicht der Bundesregierung, nicht mehr eine ständige Fahrwassertiefe von 20 Metern vorhalten zu wollen, legt doch den Verdacht nahe – ich will es vorsichtig ausdrücken –, daß die Planungen für den JadeWeserPort und die damit dokumentierten langfristigen, strategischen Zielsetzungen Wilhelmshavens und der Nordwest-Region bisher nicht überzeugend genug den zuständigen Ausschüssen und Gremien vorgetragen wurden. Dieses alle ehrgeizigen hafenwirtschaftlichen Planungen konterkarierende Vorhaben muß unter allen Umständen abgewendet werden. Der niedersächsische Wirtschaftsminister, Dr. Fischer, muß ein Signal setzen. Er muß in Bonn intervenieren und diesen Unsinn stoppen. Geschieht das nicht, dann allerdings wäre dies ein schlimmes Signal gegen den JadeWeserPort und man wüßte, was seine Aussagen zum JadeWeserPort wirklich wert sind. Daß solche Überlegungen in Bonn überhaupt angestellt werden, kann aber auch dahingehend gedeutet werden, daß man von dem Projekt Jade-WeserPort dort noch nichts gehört hat und die politische Sprachlosigkeit (?) unserer Region in Bonn und auch in Hannover dort gründlich mißverstanden wird und unsere Region dadurch immer mehr zur beliebigen Manövriermasse Bonner und Hannoverscher Sparkommissare geworden ist.

Streichung des InterRegio, Vertagung der Elektrifizierung und B 210-Umgehung Schortens (?), Verlust der Selbständigkeit der Fachhochschule, Schwächung des Marinestandortes Wilhelmshaven… und als vorläufig letzter Anschlag auf die Interessen der Stadt, jetzt Rückzug aus der Verpflichtung, die Fahrwassertiefe von 20 Metern zu halten. Ein Affront nach dem anderen gegen diese Stadt und diese Region!! Was kommt als nächstes? Wer in Hannover und Bonn knüppelt da eigentlich ständig gegen die Interessen Wilhelmshavens und hat sich auf uns eingeschossen? Ist Wilhelmshaven der stillhaltende Büttel, mit dem man es ja machen kann? Wilhelmshaven nur noch in der Defensive, Rückzug an allen Fronten und aus allen sicher geglaubten Positionen? Wo ist unsere politische Präsenz vor

Ort, in Bonn und Hannover, die diese gegen Wilhelmshaven und die Nordwest-Region gerichteten unseligen – um nicht zu sagen feindlichen – Entscheidungen schon im Vorfeld verhindert und statt dessen unseren vitalen regionalen Interessen politisches Gewicht und Gehör verschafft?! Wann geht Wilhelmshaven in die Offensive, mobilisiert alle politischen und wirtschaftlichen Kräfte, verteidigt selbstbewußt und kämpferisch seinen Anspruch als Oberzentrum und reklamiert zum Beispiel auch – wenn denn schon die Solidarität mit Emden und Oldenburg (von diesen) aufgekündigt wurde – den Leitungssitz einer fusionierten Fachhochschule für sich?! Wann wandelt Wilhelmshaven seine – oftmals immer noch nachteilig ausgelegte – periphere Lage an der Küste, am tiefen Fahrwasser, in einen auch woanders (in Hannover und Bonn/Berlin) mehr als bisher wahrgenommenen Standortvorteil mit riesigen wirtschaftlichen Chancen für die gesamte Nordwest-Region?

Wenn Herr Maaß mit seinem Verdacht recht hat und sich die Landesregierung etwa auf Kosten des Jade-Fahrwassers für die Fahrwasservertiefung der Elbe entschieden hat, dann würde dies allerdings meinen Eindruck bestätigen, daß die verbale Bekräftigung von Kooperationen im Ergebnis nur darauf hinausläuft, daß Wilhelmshaven gibt, andere Häfen und Regionen sich im Wettbewerb um knappe Mittel erfolgreicher behaupten und Wilhelmshaven am Ende stets der Verlierer ist. Leisetreterei, vornehmes Schweigen und Vertrauen auf kooperative Fairneß würden als Schwäche ausgelegt und bedeutete dann, den Konkurrenzhäfen kampflos das politische Feld und schließlich die Finanzmittel zu überlassen.

Ich vermisse ein „Strategiepapier", so etwas wie eine strategische Ausrichtung unserer Stadt und Region als Ergebnis eines ständigen politischen Meinungs- und Zielbildungsprozesses. Einen „Fahrplan", der uns sagt, wohin die Reise geht, welche operativen Zwischenziele wir ansteuern und wie wir ans Ziel kommen, welche Umwege vielleicht auch gegangen werden müssen!… Das „Unternehmen" Wilhelmshaven muß seine strategischen Leitlinien und Zielsetzungen für die nächsten 10 Jahre schriftlich dokumentieren und dieses jährlich fortgeschriebene, aktualisierte Strategiepapier muß Ihnen als den „leitenden Mitarbeitern", Entscheidungsträgern und Machern als verpflichtendes Arbeitspapier dienen. Sie alle müssen diese politisch-strategischen Leitlinien kennen und verinnerlichen, um sie in Ihrem politischen Tagesgeschäft offensiv nach außen zu vertreten und sie in Ihrer politischen Arbeit strategiebewußt und wohlkoordiniert mit den Parallelaktivitäten Ihrer Kollegen umsetzen zu können. Kontraproduktives Verhalten (B210 neu) aufgrund von Kommunikationsschwächen muß vermieden werden, alle Aussagen und Entscheidungen sind auf ihre Strategiekonformität hin zu prüfen. Für sinnvoll würde ich es halten, durch offene Kommunikation (Presse) auch alle Mitarbeiter (Mitbürger) auf die gemeinsamen Ziele auszurichten und so für eine möglichst hohe Zielidentifikation und -akzeptanz auch in der Bevölkerung zu sorgen…

Wie die im September letzten Jahres von der Wilhelmshavener Zeitung durchgeführte Podiumsdiskussion „Wohin Wilhelmshaven" gezeigt hat, ist das Interesse der Bürger an der politischen Kursbestimmung und Wegbeschreibung ihrer Stadt groß und ich denke, die Fortsetzung der öffentlichen Diskussion bzw. eine um Konsens bemühte offene Kommunikation hierüber in der lokalen/regionalen Presse im vorbezeichneten Sinne trüge viel zu der von den Politikern erwarteten Identifikation, – eines nach außen hin positiv abstrahlenden „Wir-Gefühls" der Bürger mit „ihrer Stadt" und ihrem Lebensraum bei. Bei dieser Veranstaltung imponierte mir die Bemerkung der Landrätin und MdL Frau Karin Evers-Meyer, sie fühle sich als „erste Verkäuferin" unserer Region. Diese „patriotische" Einstellung ist nachahmenswert und es wäre sicher viel gewonnen, wenn wir alle – parteienübergreifend – mit mehr Lokalpatriotismus dazu beitragen würden, das Bild der Stadt Wilhelmshaven und unserer Region imagefördernd in ein besseres Licht zu rücken.

In diesem Sinne hoffe ich, daß das Projekt JadeWeserPort schließlich zu einer beispiellosen Erfolgsgeschichte Wilhelmshavener und niedersächsischer Hafenpolitik wird und von diesem Projekt für die Zukunft entscheidende Impulse für die wirtschaftliche und kulturelle Entwicklung unseres Wirtschaftsraumes ausgehen werden…

Die Bürger unserer Stadt und Region schauen auf Sie, haben Ihnen politische Verantwortung übertragen, haben die Verantwortung für die Gestaltung der Zukunft unserer Stadt und unseres Wirtschaftsraumes in Ihre Hände gelegt und ich wünsche Ihnen in unser aller Interesse, daß Ihre Anstrengungen schließlich von Erfolg gekrönt sein werden und wir alle in ein paar Jahren stolz sein können auf die reifen wirtschaftlichen Früchte Ihrer ehrenwerten und verdienstvollen politischen Anstrengungen.

Dennoch liegt es mir am Herzen, an Sie als einem repräsentativen, besondere Verantwortung tragenden Personenkreis aus Politik und Wirtschaft zu appellieren, das Projekt JadeWeserPort mit allem Nachdruck in die politischen Schlagzeilen zu bringen, diesem Projekt im Sinne meiner Ausführungen landes- und bundespolitisch – mehr als bisher – hohe Aufmerksamkeit zu verschaffen und die herausragende wirtschaftliche und strukturpolitische Bedeutung dieses Projekts immer wieder zu betonen – und es gegen alle sicher noch zu erwartenden Widerstände schließlich zum Erfolg zu führen! In diesem Sinne begleiten Sie meine allerbesten Wünsche!

Report vom 10.12.99

Das **Thema JadeWeserPort** findet zunehmend öffentliche Aufmerksamkeit. Die Initiatoren des Projekts und lokale Presse berichten (inzwischen) regelmäßig in wirklich hervorragend gestalteten und sehr informativen Hochglanzbroschüren (JADEPORT NEWS) sowie in schlichteren Sonderbeilagen der Wilhelmshavener Zeitung („Hafenwirtschaft aktuell") über den aktuellen Projektstand. Das ist gut so und verdient Anerkennung! Bei aller positiven Grundstimmung und bekundetem demonstrativen Optimismus möchte ich in einem Punkt aber doch auch moderate Kritik üben am „Informationsmanagement" des Projekts.

Natürlich werden Sie als Bürger dieser Region Berichterstattung und Kommentar der Wilhelmshavener Zeitung zum JadeWeserPort selbst aufmerksam verfolgen und vielleicht teilen Sie meine Meinung, daß wir – was dieses Projekt angeht – doch eine sehr auf Harmonie getrimmte „Hofberichterstattung" erleben, die jede Kritik am niedersächsischen Wirtschaftsminister Dr. Peter Fischer beinahe ängstlich vermeidet, als fürchte man, ihn sonst zu verprellen. Wer die Sonderbeilage der Wilhelmshavener Zeitung „Hafenwirtschaft aktuell" vom 23. November gelesen hat, der kann ernsthaft nicht länger glauben, daß Dr. Fischer ein besonderer Freund unserer ehrgeizigen Hafenpläne ist. Und es ist auch schwer vorstellbar, daß die Mitglieder und Vertreter der Wilhelmshavener Hafenwirtschaft mit seinen ausführlichen Darlegungen der nordöstlichen und Ostseeinteressen Niedersachsens und seinen vergleichsweise doch sehr enttäuschenden Ausführungen zum JadeWeserPort einverstanden gewesen sind. Ich halte das diplomatische Schweigen über des Ministers konditionierte Äußerungen zum JadeWeserPort aber für eine falsche Rücksichtnahme, die unseren regionalen Interessen nicht dienlich ist und uns wahrscheinlich auch nicht gedankt wird. Unsere Erfahrungen, die Mißachtung Wilhelmshavener und regionaler Interessen durch das Land Niedersachsen und den Bund in der Vergangenheit (Stichworte Fachhochschule, Fahrwassertiefe, Elektrifizierung, Interregio, Umgehung B 210…) erinnern uns doch jeden Tag schmerzlich daran, daß – ich will es freundlich formulieren – die leisen Töne und blindes, kritikloses Vertrauen in der politischen Auseinandersetzung regelmäßig als Schwäche ausgelegt und politisch schließlich bestraft werden. Ich denke, die Aussagen des Ministers fordern öffentliche Kritik und Widerspruch geradezu heraus. Als frisch gewählter stellv. Vorsitzender

der SPD-Fraktion im niedersächsischen Landtag hat Herr MdL Wilfried Adam es – nach eigener Aussage – nun aber ja in der Hand, seinen Einfluß noch besser geltend zu machen. Das wünschen wir ihm – und uns.

Gerne hätte ich für meine folgende Würdigung des Projekts, aber auch für meine Kritik am Wirtschaftsminister das Forum der Wilhelmshavener Zeitung bzw. des Jeverschen Wochenblatts in Anspruch genommen, um eine breitere Öffentlichkeit für dieses Milliardenprojekt einzunehmen und dessen arbeitsmarktpolitische Bedeutung hervorzuheben. Dazu haben sich beide Zeitungen erneut leider nicht bereit gefunden.

Das Internet (und jetzt mein vorliegendes Buch) gibt mir – unabhängig von allen mir sonst auferlegten redaktionellen Beschränkungen – nunmehr alternativ Gelegenheit, meiner Bewertung und Überzeugung für das Mega-Projekt JadeWeserPort auf diesem Wege öffentlich Ausdruck zu geben und für dieses großartige Projekt mit den folgenden Beiträgen argumentativ eine Lanze zu brechen.

Report vom 10.12.99

Mit dem JadeWeserPort die Zukunft gewinnen!

Das Thema JadeWeserPort rückt mehr und mehr in den Blickpunkt des öffentlichen Interesses. Das ist gut so, weil mit der Entscheidung für oder gegen dieses Projekt zukunftsweisende Weichenstellungen für die wirtschaftliche Entwicklung unserer Region erfolgen und die Öffentlichkeit ein Anrecht darauf hat, zu erfahren, wohin die Reise in die wirtschaftliche Zukunft unseres Wirtschafts- und Lebensraumes führen soll. Die Initiatoren und Befürworter dieses Projekts wähnen sich – nach langen Jahren tiefgreifenden Strukturwandels und dramatischen wirtschaftlichen Schrumpfungsprozesses – mit diesem Projekt auf dem Königsweg unserer Region zu neuer wirtschaftlicher Blüte, überdurchschnittlichem Wirtschaftswachstum und stetiger Beschäftigungszunahme. Seine Gegner mißtrauen den optimistischen Einschätzungen und befürchten den Verlust unwiederbringlicher Lebensqualität. Der Geniusstrand bliebe auf der Strecke und auch für Hooksiel, die Küstenbäder müsse mit Beeinträchtigungen ihrer Freizeitwerte und Belastungen der Umwelt gerechnet werden. Die verschiedenen Meinungen und divergierenden Interessen der Befürworter und Gegner müssen ernstgenommen und in den nächsten Monaten durch eine vertrauensbildende Informationspolitik und im sachlichen Diskurs der Beteiligten möglichst zum Ausgleich gebracht werden.

So richtig ernst wird es aber erst, wenn mit der – wahrscheinlich positiv ausfallenden – Machbarkeitsstudie grundsätzlich grünes Licht für den JadeWeserPort gegeben wird, die Planungen weiter konkretisiert werden und das Projekt in die Realisierungsphase geht. Wilhelmshavens Zukunft und die Zukunft unseres nordwestlichen Wirtschaftsraumes liegt am Wasser und in der seewärtigen Orientierung ihrer wirtschaftlichen Interessen, haben frühere Oberstadtdirektoren Wilhelmshavens schon in den 60er und 70er Jahren richtig erkannt. Mit dem künftigen Universalhafen JadeWeserPort wird dieser Zukunft ein vielversprechender Name gegeben. Der JadeWeserPort ist – wenn denn alle entscheidungsrelevanten Untersuchungen und Prüfungen zu positiven Ergebnissen geführt haben – Auftrag und Verpflichtung für die Verantwortungsträger aus Politik und Wirtschaft, dieses Jahrhundert-Projekt auf den Weg zu bringen und es zielstrebig mit nie erlahmendem politischen und unternehmerischen Willen Schritt für Schritt zu realisieren.

Wer den Planungshorizont weit spannt und in der strategischen Dimension der nächsten 20 – 50 Jahre und darüber hinaus zu denken bereit ist, wird dieses großartige Projekt angemessen würdigen und ihm die regional- und strukturpolitische Bedeutung zumessen, die dieses Jahrhundert-Projekt tatsächlich verdient! Die Entscheidung für den Universalhafen JadeWeser-Port würde zu einer Schlüsselentscheidung für unsere Region und für das Land Niedersachsen, vergleichbar vielleicht nur mit den hafenpolitischen Entscheidungen weitsichtiger Hamburger Bürger vor 1000 Jahren, deren beeindruckende Ergebnisse und beständige Weiterentwicklung wir heute besichtigen können. Ohne so vermessen zu sein, diese Jahrtausendleistung in wenigen Jahrzehnten für die Nordwest-Region nachholen zu wollen, lohnt es doch den „Schweiß der Edlen" und stellt es eine politische Herausforderung dar, für eine solche langfristige Kursbestimmung einzutreten, hartnäckig für die regionale und nationale Bedeutung dieses Projekts zu werben und es Schritt für Schritt, im demokratischen Wettstreit der Meinungen und Argumente, gegen alle zu erwartenden politischen Widerstände durchzusetzen. Flankiert und unterstützt durch eine professionelle Wirtschaftsförderung und effiziente Ansiedlungspolitik würde dieses Projekt zu einem auf Dauer angelegten riesigen Wachstums- und Beschäftigungsprogramm, zu einer Investitions- und Jobmaschine für unseren Wirtschaftsraum! Mit dem JadeWeserPort als Initialzündung würde die Nordwest-Region ihre spannende Reise in eine Zukunft voller Chancen antreten und würde die Talsohle jahrelangen wirtschaftlichen Niedergangs endlich durchschritten. Im schärfer werdenden Wettbewerb der Regionen würden mit dem JadeWeserPort gleichsam *heute* regional die Grundlagen gelegt für eine moderne, produktive und wohlstandsmehrende Wirtschaftsstruktur von *morgen*! Diesem hohen Ziel langfristig verantwortungsbewußter Wirtschaftspolitik dient der JadeWeserPort auf beispielhafte Weise!

Es ist daher ehrenvoll und lohnt alle Anstrengungen, dieses Ausnahmeprojekt als eine alle gesellschaftlichen Kräfte herausfordernde nationale Aufgabe mit landes- und schließlich bundespolitischer Unterstützung zu verwirklichen. Die angemessene Präsentation dieses Projekts wäre überdies ein Aushängeschild für die Expo 2000 und würde sicher großes internationales Interesse finden!

Die großartigen Perspektiven dieses Projekts, die mit diesem Projekt verbundenen großen wirtschaftlichen und arbeitsmarktpolitischen Chancen sprechen insgesamt für sich und man wünschte sich, daß der niedersächsische Wirtschaftsminister Dr. Peter Fischer weniger im Unverbindlichen bliebe, sondern sich klar und unmißverständlich für dieses Projekt aussprechen und sich – als politischer Motor für dieses Projekt! – mit „Herz und Leidenschaft" an die Spitze einer sich konstituierenden regionalen Allianz „Pro JadeWeserPort" stellen und seinerseits politischen Druck in Berlin und auch in Brüssel machen würde. Die Strukturschwäche und weit überdurchschnittlich hohe Arbeitslosigkeit unserer Region legen es nahe, diesem Projekt landespolitisch höchste Priorität zu geben und damit einen herausgehobenen Beitrag regionaler Wirtschaftsförderung zu leisten, oder, um es in der Sprache der Volkswirte zu sagen, für eine arbeitsmarkt- und beschäftigungspolitisch optimale Allokation (regionale Verteilung) der Produktionsfaktoren bzw. knapper Ressourcen zu sorgen.

An diesem entschiedenen politischen Willen und der notwendigen Konzentration auf dieses Kernprojekt niedersächsischer Hafen- und Wirtschaftspolitik scheint es indessen gerade bei jenen zu fehlen, die heute in der politischen Verantwortung stehen. Analysiert man die wenig ermutigenden Ausführungen des niedersächsischen Wirtschaftsminister Dr. Fischer (wohnt in Cuxhaven an der Elbe!) anläßlich des Niedersächsischen Hafentags in Nordenham und zuletzt in Wilhelmshaven über die *„Entwicklung der maritimen Verbundwirtschaft an der Nordseeküste"*, dann befallen einen Zweifel am wirklich ernsthaften Wollen des Ministers. Wer so leidenschaftslos und nur in der Möglichkeitsform (*„Hier könnte Wilhelmshaven mit seiner sehr tiefen Seezufahrt große Containerschiffe auf sich ziehen..."* oder im JadeWeserPort nur *„eine sinnvolle Ergänzung zu den großen Containerterminals in Hamburg und Bremerhaven"* sieht) über das Megaprojekt JadeWeserPort spricht, der will sich – bewußt oder unbewußt – nicht festlegen und auf den wird man – bei allem Konsensbemühen – in der politischen Auseinandersetzung, im Wettbewerb mit den deutschen Konkurrenzhäfen, wenn es um die Festlegung der Prioritäten und um knappe Mittel geht, nicht bauen können.

Zusammenarbeit und Abstimmung gemeinsamer hafenpolitischer Ziele und Interessen im Rahmen einer *„maritimen Verbundwirtschaft"*, wie Dr. Fischer sie fordert, ist grundsätzlich wünschenswert. Sie darf dabei aber nicht als ministeriell sanktionierte und geförderte „Kartellwirtschaft" zu einem Konsensbrei verkommen, bei dem die vitalen Interessen des aufstrebenden noch „Juniorpartners" Wilhelmshaven und der Nordwest-Region vernachlässigt werden, die renommierten anderen deutschen Großhäfen mit ihren Plänen dank stärkerer Lobby stets erster Sieger sind und das von der Wilhelmshavener Hafenwirtschaft mit soviel Engagement, Kompetenz und Begeisterung angestrebte große Ziel im Nebel politischen Interessenklüngels in weite Ferne rückt. Die Verantwortlichkeiten dürfen bei aller vom Minister beschworenen nationalen Hafenpolitik und *„maritimen Verbundwirtschaft"* eben nicht verwischt und hafenwirtschaftlicher Wettbewerb darf nicht verhindert werden! Allen Beteiligten muß aber auch klar sein, daß das mit Abstand größte Wachstumspotential am tiefen Fahrwasser Wilhelmshavens liegt und der Schwerpunkt der hafenwirtschaftlichen Investitionen in den nächsten Jahren konsequenterweise auf die Realisierung und Förderung des JadeWeserPort gelegt werden muß.

Vollends in die Rolle eines nur noch Moderators (welcher Interessen eigentlich?) gerät Dr. Fischer aber, wenn er – vergleichsweise ausführlich und engagiert – die Ostsee-Interessen Hamburgs und Niedersachsens (!) hervorhebt. Die Interessen der niedersächsischen Wirtschaft seien zu einem erheblichen Teil auf den Ostseeraum ausgerichtet. Das gelte insbesondere – durch die Nähe zu Hamburg – für die nordöstlichen Landesteile (Cuxhaven läßt schön grüßen!). Hamburg habe Ostseeinteressen und was für Hamburg gut sei, sei auch gut für Niedersachsen. Von der maritimen Verbundwirtschaft an der Nordseeküste ist es für den Minister nicht weit zu europäischen Regelungen, die er politisch befördern möchte.

So stiehlt man sich aus der konkreten landes- und tagespolitischen Verantwortung, anstatt zuallererst originäre niedersächsische Hafenpolitik und damit allerbeste Wirtschaftspolitik für das Land zu machen. Mit der politischen Schwerpunktlegung auf die Realisierung des JadeWeserPort und Ausschöpfung des hier noch brach liegenden großen hafenwirtschaftlichen Potentials kann das Land Niedersachsen, kann die Nordwest-Region das „Tor zur Welt" weit für sich aufstoßen und Minister Fischer wäre gut beraten, wenn er, statt mit entlarvender Offenheit vorrangig Hamburger und nordöstlichen Landesinteressen das Wort zu reden, sich auf die primären wirtschaftlichen Interessen des Landes Niedersachsen konzentrieren und dem JadeWeserPort politisch absoluten Vorrang geben würde. Erst gegen Ende seines Referats im Columbus zum Thema maritimer Verbundwirtschaft findet der Minister dann doch noch den bis dahin sorgsam vermiedenen konkreten Bezug zum JadeWeserPort. In einer maritimen Verbundwirtschaft, so Minister Fischer, liefe dieses Projekt aber nur erfolgreich, wenn gemeinsam mit Hamburg und Bremen Konzepte erarbeitet und realisiert würden, die eine solche Lösung wirtschaftlich machten.

Solchermaßen konditionierte, Hamburg und Bremen priviligierende und schmeichelnde, ihren Sonderstatus festschreibende Aussagen legen beim neutralen Beobachter begründete Zweifel nahe an der loyalen Haltung des Ministers zum JadeWeserPort. Seine Ausführungen zeugen von unverhohlener Sympathie für die Hamburger Interessen und von einer vergleichsweise stiefväterlichen Behandlung der wirtschaftlichen Primärinteressen Wilhelmshavens und der Nordwest-Region. Wegen der Interessenlage Niedersachsens an der hafenwirtschaftlichen Entwicklung Hamburgs *„habe er, Fischer, die Vertiefung der Unterelbe und den Ausbau der Hinterlandverbindungen – zum Beispiel das dritte Gleis zwischen Lüneburg und Hamburg – ohne Vorbehalt befürwortet"* (WZ vom 23.11.99). Ein einziges – unwidersprochenes – Plädoyer für die nordöstlichen Landesinteressen und ich weiß nicht, ob es richtig ist, diesen Einschätzungen und politischen Festlegungen des Ministers kritiklos zu folgen! Eine solche vorbehaltlose (!) Unterstützung wünschte man sich von ihm für den projektierten Universalhafen JadeWeserPort! Statt dessen unverbindliche Rhetorik für das Projekt JadeWeserPort und die hiervon abhängige wirtschaftliche Zukunft unserer Region.

Der JadeWeserPort als „Appendix" der anderen großen deutschen Seehäfen, abstimmpflichtig, unter Vormundschaft und ständiger Projektkontrolle Hamburgs und Bremens? Ich denke doch, Zielsetzung und Ambitionen der Wilhelmshavener Hafenwirtschaft gehen weiter und es wäre viel gewonnen, wenn man auch landespolitisch mit dem Projekt in die Offensive ginge und Minister Fischer sich mit mehr unternehmerischem Impetus und ohne „wenn und aber" für dieses Riesenprojekt einsetzen würde. Hilfreich wäre es etwa, wenn sich der Minister bei seinen politischen Freunden in Berlin im Hinblick auf die hafenpolitischen Ziele Niedersachsens für die Wiederherstellung der ständigen Fahrwassertiefe von 20 Metern für das Jadefahrwasser einsetzen, Druck beim Ausbau und Elektrifizierung der

Bahnstrecke Wilhelmshaven – Oldenburg, Umgehung B 210 machen würde usw. usw.

Er persönlich muß beim Bund, bei seinen Parteifreunden in Berlin intervenieren, furchtlos vor den Eifersüchten der Konkurrenzhäfen für dieses Projekt werben und Sorge dafür tragen, daß es – als ein Projekt von nationaler Bedeutung! – hochrangige Aufnahme findet in die Planungen des Verkehrsministeriums. Dabei muß der Engpaß Infrastruktur beseitigt werden. Vor dem Hintergrund des weiter zusammenwachsenden Europa, expandierender internationaler Märkte und dynamisch wachsender Verkehrs- und Güterströme muß die schnelle und wirtschaftliche Verteilung der Gütermengen verkehrspolitisch weitsichtig geplant und muß die Anpassung der Infrastruktur (Straße, Schiene, Wasserwege) gleichsam mit dem erwarteten wirtschaftlichen Wachstum der Region synchronisiert werden. In diesem Zusammenhang sollte aber auch die Anbindung des einzigen deutschen Tiefwasserhafens Wilhelmshaven an das Binnenwasserstraßennetz politisch forciert und als ein weiterer Arbeitsschwerpunkt unserer Politiker auf die wirtschaftspolitische Agenda des Landes Niedersachsen gesetzt werden. Das Gesamtprojekt (JadeWeserPort, Infrastruktur) steht konkurrenzlos für die Zukunftschancen und Entwicklungsmöglichkeiten unseres Wirtschaftsraumes.

Die notwendigen infrastrukturellen Maßnahmen politisch nachdrücklich einzufordern, wäre ein lange überfälliges vertrauensbildendes Signal, das positiv aufgenommen würde und geeignet wäre, das Engagement Dr. Fischers für unsere regionalen Interessen mit dem Herzstück des JadeWeser-Ports vorbehaltlos zu würdigen und bestehende Zweifel an seiner Projektloyalität auszuräumen. Ich denke, wir sind in einer Phase, wo Dr. Fischer sein ganzes politisches Gewicht als niedersächsischer Wirtschaftsminister in die Waagschale werfen und im Schulterschluß mit der Wilhelmshavener Hafenwirtschaft und unseren heimischen Politikern mehr als bisher Lokomotivfunktion für das Projekt JadeWeserPort übernehmen sollte. Unser Wirtschaftsraum, das ganze Land würde von diesem Projekt profitieren und der wirtschaftlich/kulturelle Gewinn dieser Milliardeninvestition für unsere Region muß – auf allen politischen Ebenen – auch öffentlich immer wieder überzeugend kommuniziert werden!

Der JadeWeserPort ist keine – wie die nebulöse, unverbindliche Rhetorik des Wirtschaftsministers dies nahelegt – „Restgröße", die man nur braucht, um die ganz großen Containerschiffe abzufertigen, sondern mit dem ersten Spatenstich für den JadeWeserPort würde die mit dem Ölhafen und Bereitstellung großer Industrieflächen vor Jahrzehnten durch herausragende Wilhelmshavener Persönlichkeiten angestoßene hafenwirtschaftliche Entwicklung endlich entschlossen fortgesetzt. Ein neues Kapitel wirtschaftspolitisch zielführender regionaler Strukturpolitik würde aufgeschlagen. Nach langen Jahren tiefgreifenden Strukturwandels und wirtschaftlichen Schrumpfungsprozesses in unserer Region (AEG Olympia, Marinearsenal…) würden mit der Entscheidung für den JadeWeserPort und Ausbau damit des einzigen deutschen Tiefwasserhafens regional- und wirtschaftspolitisch zukunftsweisende Weichenstellungen erfolgen. Die Nordwest-Region würde zu einer ersten Standortadresse! Potentielle Investoren würden ihre Investitionsentscheidungen am JadeWeserPort ausrichten und zweifellos hätte Wilhelmshaven beste Chancen, sich längerfristig zu einem prosperierenden, wirtschaftlich gut durchmischten, leistungsstarken und attraktiven Oberzentrum, mit arbeitsmarkt- und beschäftigungspolitisch starken positiven Effekten für die Nordwest-Region zu entwickeln. Nach dem jahrelangen Exodus qualifizierter Arbeitskräfte würde die Region auch für junge Menschen wieder anziehend und böten sich ihnen mittel- und längerfristig ausgezeichnete Perspektiven und alle Standortvorteile unserer Küstenregion. Ob Wilhelmshaven in diesem langfristig angelegten, säkularen Prozeß zu einer echten Konkurrenz anderer deutscher oder europäischer Seehäfen heranwächst und unser Wirtschaftsraum hierbei mit überdurchschnittlichem Wirtschaftswachstum und vielen tausend neuen Arbeitsplätzen partizipiert, wird dabei entscheidend abhängen von den jeweils handelnden Persönlichkeiten aus Wirtschaft und Politik. Dieses Projekt braucht starke, mutige Persönlichkeiten, die sich ihrer als richtig erkannten Verantwortung stellen und das Projekt gegen alle politischen Widerstände, Bedenkenträger und über alle bürokratischen Klippen hinweg jetzt auf den Weg bringen und es zum Erfolg führen.

Dabei werden die heute Verantwortlichen als Initiatoren und Wegbereiter dieses Projekts nur eine erste, mit ihrer Weichenstellung aber entscheidende Etappe zurücklegen auf dem langen Weg in eine mehr als bisher hafenwirtschaftlich geprägte Zukunft unserer Region. Bei allen Zweifeln am bisherigen hafenpolitischen Kurs Minister Fischers überwiegt die Zuversicht, daß sich der JadeWeserPort gegen alle Widerstände international etablieren und profilieren wird als eine wirtschaftliche Alternative zu anderen

Großhäfen und das Projekt zu einer beeindruckenden Erfolgsgeschichte Wilhelmshavener und niedersächsischer Hafenpolitik wird. Verantwortungsbewußte, unternehmerisch denkende und handelnde Männer und Frauen – das ist unsere Hoffnung – werden den Stab übernehmen und die ehrgeizigen hafenwirtschaftlichen Ziele ihrer Vorgänger auch in Zukunft kraftvoll und zielsicher weiterverfolgen und den künftigen Universalhafen JadeWeserPort zu einem die gesamte Region wirtschaftlich und kulturell beflügelnden Glanzlicht weiterentwickeln.

Die schließlich beabsichtigte Mischfinanzierung dieses Projekts mit einem hohen Anteil privatwirtschaftlich bereitgestellter Mittel sollte die politisch Verantwortlichen darin bestärken und es ihnen leichtmachen, nach Vorliegen der Machbarkeitsstudie diesem Projekt wirtschaftspolitisch freie Fahrt zu geben, die notwendigen Genehmigungsverfahren zu beschleunigen und die verdienstvollen Aktivitäten des Projektmanagements JadeWeserPort aktiv zu unterstützen.

Eile also ist geboten. Die Konkurrenz schläft nicht, sondern rüstet bereits massiv auf! Rotterdam, Antwerpen und Amsterdam verfolgen ebenfalls ehrgeizige Zielsetzungen und gehen mit Milliardeninvestitionen in das 21. Jahrhundert. Auch Hamburg, Bremen und Bremerhaven nehmen das 21. Jahrhundert offensiv ins Visier und machen – in hafenpolitischer Eigenverantwortung! – mit der Elbvertiefung und Ausbau der Stromkajen an der Weser hafenwirtschaftlich weiter mobil. Die Ostseehäfen (Rostock) holen kräftig auf und tragen zur Verschärfung des Wettbewerbs bei. Hafenwirtschaftlicher Optimismus, Aufbruchstimmung überall! Die Großhäfen schätzen die Entwicklung realistisch ein und wollen mit ihrer Investitionsoffensive ihre starke Position mindestens behaupten und am weltweit wachsenden Güterverkehr mit angemessenen Zuwächsen partizipieren.

Vor diesem Hintergrund erscheint es allerdings naiv zu glauben, daß die sehr ambitionierten hafenwirtschaftlichen Planungen Wilhelmshavens auf besondere Gegenliebe der (deutschen) Konkurrenzhäfen stoßen werden. Verbal macht man zwar gute Miene, begrüßt jede Kooperation und bekräftigt die gemeinsamen Interessen, aber knallharte Eigeninteressen der etablierten Großhäfen, Verteidigung ihrer hafenwirtschaftlichen Besitzstände und die befürchtete politische und finanzwirtschaftliche Schwerpunktlegung auf den JadeWeserPort als potentiell ernstzunehmender Konkurrenz dürften einen nationalen Konsens im Sinne und im Rahmen der von Wirtschaftsminister Fischer beschworenen *„maritimen Verbundwirtschaft"* nicht gerade erleichtern.

Aus all diesen Gründen darf Wilhelmshaven, – dürfen sich die Verantwortlichen aus Politik und Wirtschaft nicht auf andere verlassen (schon gar nicht auf das Wohlwollen Hamburgs), sondern müssen in dem laufenden Entscheidungsprozeß selbst Pionierarbeit für ihren JadeWeserPort leisten! Mit nüchterner, zielstrebiger politischer Arbeit, aber auch mit Verve (!) und nicht so reserviert und halbherzig, wie die veröffentlichten Stellungnahmen einiger Politiker es befürchten lassen. Um andere für etwas einzunehmen oder gar zu begeistern, muß man selbst von „seinem Produkt" überzeugt sein. Dieses auch nach außen abstrahlende Überzeugtsein von der Vision eines JadeWeserPort vermisse ich leider noch bei unseren Damen und Herren Politikern. Nach allen ihren bisherigen öffentlichen Auftritten habe ich – ich würde mich gerne täuschen – leider nicht den Eindruck, daß von unserer lokalen politischen Prominenz die politische Power und Initiativen ausgehen, die nach meiner Meinung jetzt erforderlich sind, um dem Projekt JadeWeserPort im Land und auf Bundesebene hohe Priorität zu geben und hierfür politische Mehrheiten zu gewinnen. Es fehlt die ansteckende Begeisterung, vielleicht aus politischen Gründen auch (noch) der Mut, sich stärker zu exponieren und diesem Projekt mit Nachdruck auch – immer wieder – öffentlich die politische Aufmerksamkeit und Geltung zu verschaffen, das es nicht nur meiner Überzeugung nach verdient. Leidenschaft und der politische Wille zum Erfolg aber werden in den nächsten Monaten nötig sein, um sich hier Gehör zu verschaffen und Land und Bund von diesem national bedeutenden Projekt zu überzeugen.

Es braucht starke Persönlichkeiten und langen Atem, um das Projekt JadeWeserPort zum Erfolg zu führen und ich vertraue darauf, daß die Wilhelmshavener Hafenwirtschafts-Vereinigung e.V. (WHV) unter ihrem Präsidenten John H. Niemann im weiteren Verlauf die notwendige Durchschlagskraft entwickeln wird. Ich hoffe aber auch, daß unsere Politiker in Hannover und Bonn/Berlin erfolgreiche politische Arbeit leisten werden, damit der JadeWeserPort im Zusammenspiel von Politik und Wirtschaft – im Wettlauf mit der Zeit – zu einer schließlich historischen Erfolgsgeschichte Wilhelmshavener und niedersächsischer Hafenpolitik wird! Wilfried Adam als Vorsitzender des Ausschusses für Häfen und Schiffahrt im Niedersächsischen Landtag und Gabriele Iwersen als Mitglied des Verkehrsausschusses im Bundestag sowie alle ihre politischen Mitstreiter können sich hier verdient machen. Sie müssen die Initiative ergreifen und ihren Kollegen das Projekt JadeWeserPort erfolgreich „verkaufen" und damit das Tor weit aufstoßen für eine wirtschaftlich vielversprechende Entwicklung unserer Region.

Vor diesem Hintergrund darf Wilhelmshaven sich auch keine Handbreit seiner behördlichen Institutionen, seiner kulturellen Einrichtungen und Souveränität (Fachhochschule) mehr abhandeln lassen, sondern muß im Gegenteil politisch weiter alles daran setzen, daß es sich zu einem wirtschaftlich/kulturellen Mittelpunkt und Oberzentrum der Region entwickelt und politisch endlich die Anerkennung und Aufwertung erfährt, die es aufgrund seines wirtschaftlichen Potentials, seines Humankapitals und seiner strategischen Zielsetzungen auch landespolitisch verdient.

Politik und Wirtschaft unserer Region, die Avantgardisten und Pioniere des Projekts JadeWeserPort bleiben herausgefordert, in diesem Spannungsfeld der widerstreitenden Interessen unbeirrt guten Kurs zu halten! Zum Wohle unserer Region, zum Wohle der hier beheimateten Menschen und – dies sei hervorgehoben – nicht zuletzt im Interesse der vielen tausend neuen Arbeitsplätze, die im Zuge der Projektrealisierung mittel- und längerfristig in unserem Wirtschafts- und Lebensraum entstehen werden.

Brief vom 25.01.00

**An den
Niedersächsischen Ministerpräsidenten
Herrn Sigmar Gabriel**

JadeWeserPort

Sehr geehrter Herr Ministerpräsident,

verdienstvollerweise beteiligen Sie sich nicht an der Demontage des Transrapid-Projekts, sondern geben ihm mit der vorgeschlagenen grenzüberschreitenden Streckenführung (Amsterdam – Groningen – Bremen – Hamburg) sogar eine europäische Dimension. Dies würde auch dazu beitragen, die Wirtschaftlichkeit des Projekts langfristig abzusichern, damit in den internationalen Wettbewerb einzutreten, es vielleicht zu einem Exportschlager zu machen und insgesamt damit technischen Fortschritt – gegen den Widerstand der ewigen Bedenkenträger – in unserem Lande zu fördern.

„Gabriel unterstützt den Transrapid" lautete eine Schlagzeile, eine andere „Gabriel schlägt bei Scheitern der Strecke Hamburg – Berlin Route über Bremen vor". Solche Schlagzeilen des niedersächsischen Ministerpräsidenten wünschte man sich für ein anderes großes Projekt, das zwar in Wilhelmshaven und Umgebung für Schlagzeilen sorgt, aber noch nicht die hohe Aufmerksamkeit der Landesregierung gefunden hat, die dieses Jahrhundertprojekt nach meiner Überzeugung verdient.

Mit meinen anliegenden Ausführungen möchte ich Ihnen das Projekt **JadeWeserPort** besonders ans Herz legen. Dieses Riesenprojekt ist beste Wirtschaftspolitik für das Land Niedersachsen und es verdient die vorbehaltlose offensive Unterstützung durch die Landesregierung. Vielleicht sprechen Sie einmal mit Ihrem Wirtschaftsminister Dr. Peter Fischer und den Wilhelmshavener MdLs Wilfried Adam (auch Vorsitzender des Ausschusses für Häfen und Schiffahrt im Niedersächsischen Landtag) und Dr. Uwe Biester über dieses Projekt. Ich denke, Sie können sich um dieses Projekt verdient machen und dazu beitragen, daß es im Bewußtsein einer breiten Öffentlichkeit die herausragende politische Bedeutung erhält, die es verdient.

Mit freundlichen Grüßen und den besten Wünschen für Ihre politische Arbeit!

Report vom 07.02.00

Die für das Hauptamt Wilhelmshaven ermittelte aktuelle Arbeitslosenquote von 16,7 Prozent (Vj. 20,9) ist nach wie vor dramatisch und es besteht, wie die Wilhelmshavener Zeitung auch schreibt, „Kein Grund zum Jubel". Damit bildet Wilhelmshaven zusammen mit dem Arbeitsamtbezirk Gelsenkirchen in Westdeutschland wie im Vorjahr das traurige Schlußlicht in der amtlichen Statistik. Die hohe Arbeitslosigkeit hat aber auch dazu geführt, daß immer mehr Arbeitssuchende die Stadt Wilhelmshaven verlassen und sich anderswo neu orientiert haben. Wilhelmshaven schrumpft weiter. Städtebaulich gibt es zwar überaus positive Entwicklungen (Nordseepassage, Südstadt…) und auch arbeitsmarktmäßig verbessert sich die allerdings weiter unbefriedigende Situation tendenziell (TCN…); dennoch ist es Faktum, daß unter dem Strich viele Bürger mangels Arbeit die Stadt verlassen haben, die Arbeitsmarktsituation sich unverändert kritisch und labil darstellt und sich viele Unternehmen auf schmalem Grat zwischen Gewinn und Verlust bewegen.

Dieser seit über zwölf Jahren andauernde Schrumpfungsprozeß der Stadt, die Abwanderung beruflich vielfältig qualifizierter Mitbürger muß beendet und umgekehrt werden! Wilhelmshaven muß wieder wachsen und – um ein Sprachbild der Wilhelmshavener Zeitung zu benutzen – zu einem „saugfähigen Schwamm" werden, der Arbeitskräfte anzieht und den Menschen attraktive berufliche, kulturelle und freizeitliche Perspektiven bietet. **Der JadeWeserPort und hierdurch induziertes wirtschaftliches Wachstum wird all dies beispielhaft leisten und ich denke, wir dürfen dankbar sein für die großartigen Chancen, die unserer Region mit diesem Langzeitprojekt zuwachsen werden.** Oberbürgermeister Eberhard Menzel und Regierungspräsident Bernd Theilen haben auf Neujahrsempfängen in Wilhelmshaven und Jever die passenden Worte gefunden und übereinstimmend die herausragende Bedeutung dieses Projekts für unseren Wirtschaftsraum hervorgehoben.

Vor diesem Hintergrund muß auch Schluß sein mit dem schleichenden Exodus wichtiger Institutionen und behördlicher Einrichtungen aus Wilhelmshaven mit allen ihren nachteiligen wirtschaftlichen Folgen für unsere Region. Mit dem Entzug der Selbständigkeit der Fachhochschule wurde ein vorläufiger Höhepunkt wirtschaftlich/kultureller Auszehrung Wilhelmshavens erreicht, und es ist eine Tragik, daß diese Entscheidung nicht verhindert werden konnte. Jetzt stehen erneut Einrichtungen der Marine zur Disposition und droht die Verlagerung und damit der Verlust weiterer anspruchsvoller Arbeitsplätze. Mit dieser „Rosinenpickerei" (Menzel) muß es ein Ende haben. Die Strategen und Entscheider aus Bundesregierung und Wirtschaft tragen eine regional- und arbeitsmarktpolitische Verantwortung und es ist angesichts der Massenarbeitslosigkeit (ja, Sie haben richtig gelesen!) in unserer Region nicht länger hinnehmbar, daß andernorts über die Köpfe der Betroffenen hinweg gegen die vitalen arbeitsmarkt- und beschäftigungspolitischen Interessen unseres Wirtschaftsraumes entschieden wird und Hightech-Arbeitsplätze aus Schlüsselbranchen (Informations- und Kommunikationstechnologie) und hier gebundenes Human- und Wissenskapital systematisch abgezogen wird. Wilhelmshaven muß selbst Kompetenzzentrum werden und sich zu einem Anziehungspunkt für Unternehmer, Investoren und qualifizierte Arbeitnehmer entwickeln. Die ehrgeizigen Pläne der Stadt mit dem Kernprojekt JadeWeserPort dürfen nicht länger konterkariert werden durch so unsinnige Entscheidungen, wie die Fahrwassertiefe von 20 Metern nicht mehr ständig vorhalten zu wollen und Verzögerungen beim Ausbau der verkehrlichen Infrastruktur (zweigleisiger Ausbau Schienenverkehr, Elektrifizierung und Umgehung B 210).

Politik und Wirtschaft müssen die Standortvorteile und Zielsetzung unserer Region offensiv kommunizieren und können – wie Regierungspräsident Bernd Theilen es treffend ausdrückte – hierbei „mit den Pfunden wuchern". Die EXPO 2000 als „Schaufenster der Welt" bietet der Stadt und unserer Küstenregion hervorragende Möglichkeiten, sich von ihren schönsten Seiten zu zeigen, sich gut zu verkaufen und einem internationalen Publikum und potentiellen Investoren zu demonstrieren, daß auch „hinter dem Deich" weltoffene Bürger wohnen, die den Wettbewerb nicht scheuen, die sich ihrer Stärken, ihres wirtschaftlichen Entwicklungspotentials am tiefen Fahrwasser bewußt und willens sind, die Herausforderungen der Zukunft mutig anzunehmen und diese Zukunft in vertrauensvoller nationaler und internationaler Partnerschaft human und wohlstandsmehrend zu gestalten.

Die Realisierung des JadeWeserPort als das alle anderen Vorhaben überstrahlende Kernprojekt ist politische Willenserklärung und Zukunftsprogramm der Stadt und der Region und es wäre viel gewonnen, wenn sich auch der niedersächsische Wirtschaftsminister Dr. Fischer dieser Zielsetzung vorbehaltlos verpflichtet fühlte und dies auch einmal deutlicher als bisher zum Ausdruck bringen würde.

Nach jahrzehntelangem wirtschaftlichen Niedergang, Massenarbeitslosigkeit und andauernden Strukturwandels wird mit dem Bau und der Inbetriebnahme des JadeWeserPort der wahrscheinliche Wendepunkt markiert und die Grundlage gelegt für nachhaltiges wirtschaftliches Wachstum und damit verbunden eine stetige Beschäftigungszunahme in unserer Region.

Natürlich wird sich das Gesicht unserer Küstenregion verändern und – je nach politischem Standort – wird man diese Veränderungen begrüßen oder die mit dem JadeWeserPort einhergehende Urbanisierung und wirtschaftliche Nutzung des Raumes entschieden ablehnen. Ganz entgegen meiner persönlichen früheren Überzeugung und ablehnenden Haltung gegenüber einer seinerzeit befürchteten Ansiedlung umweltgefährdender Schwerindustrie an der Küste vertraue ich – mit dem Abstand und der Erfahrung von über 30 Jahren – heute darauf, daß technischer Fortschritt, eine immer umweltfreundlicher produzierende, Ressourcen schonende Industrie und wirtschaftliche Vielfalt den mit dem Projekt JadeWeserPort langfristig eingeleiteten Veränderungsprozeß an der Küste human begleiten und dieser Prozeß auch den ernst zu nehmenden ökologischen Interessen sowie den Wohn- und Freizeitinteressen der Bürger angemessen Rechnung tragen wird. Der sich überdies beschleunigende Wandel von der Industrie- zur Informations- und Dienstleistungsgesellschaft, Erneuerung und Weiterentwicklung der Verkehrsinfrastruktur, Logistik und Distribution, hohe Innovationsdynamik und qualitatives wirtschaftliches Wachstum hinein in die Märkte der Zukunft werden – das ist doch nicht zuletzt Ziel unseres wirtschaftlichen Strebens – zu einer humanen Entwicklung und Ausgestaltung unseres Lebensraumes beitragen und Stadt und Region in der Zukunft noch attraktiver, liebens- und lebenswerter machen.

Am „Restgeniusstrand" aber darf dieses Projekt nicht scheitern. Bei allen wunderbaren Erinnerungen, die gerade viele ältere Bürger des

Stadtnordens mit dem Geniusstrand verbinden, dürfen wir uns doch dadurch nicht den Blick verstellen lassen für die einzigartigen Zukunftschancen und Gestaltungsmöglichkeiten, die sich mit dem Projekt JadeWeserPort für unsere Region ergeben. Wir können den Ist-Zustand nicht dauerhaft konservieren, sondern sind der Zukunft und unseren jungen Mitbürgern gegenüber verpflichtet, hier für Arbeitsplätze, Einkommen und berufliche Chancen und Entfaltungsmöglichkeiten zu sorgen. Den von Projektgegnern geltend gemachten Nutzenentgang durch etwa fernbleibende Urlaubsgäste mag man bedauern, gemessen an der volkswirtschaftlichen Nutzenstiftung durch den Jade-WeserPort, seinen starken Wachstums-, Beschäftigungs- und Einkommenseffekten für die gesamte Region (!) handelt es sich bei objektiver Betrachtung und allem Respekt vor den Kritikern, hierbei vergleichsweise aber doch „nur" um Kleingeld, an dem das Projekt JadeWeser-Port natürlich ebenfalls nicht scheitern darf.

Bild siehe Farbteil.

Stadt und Region haben den Schulterschluß vollzogen und sich in seltener Einmütigkeit für dieses Jahrhundertprojekt ausgesprochen. Und es sieht ganz so aus, als würde die in Kürze vorliegende Machbarkeitsstudie alle reichlich erteilten Vorschußlorbeeren eindrucksvoll bestätigen – und alle Pessimisten widerlegen. Auch das in Auftrag gegebene Gutachten über die regionalen Auswirkungen des Projekts JadeWeserPort wird, das ist meine Überzeugung, die mit dem Projekt auf lange Sicht verbundenen großen

Bild siehe Farbteil.

wirtschaftlichen Chancen für unsere Region hervorheben. Dieses Projekt ist beste Wirtschafts- und Arbeitsmarktpolitik für unsere Region. Sich hinsichtlich der Arbeitsplätze nur auf den Containerhafen zu kaprizieren, ist zu kurz gedacht. Die in Zusammenhang mit dem JadeWeserPort erwarteten 4.000 Arbeitsplätze stellen eine sehr vorsichtige Prognose dar. Ich denke, wenn mit diesem Projekt richtig Ernst gemacht wird, dann ist die Zahl nach oben hin völlig offen. Im Zuge des mit dem JadeWeserPort initiierten, langfristig angelegten Wachstumsprozesses in unserer Region dürfte auch eine im fünfstelligen Bereich liegende Arbeitsplatzprognose durchaus seriös und wahrscheinlich sein.

Report vom 09.02.00

Nach dem Motto „Es lohnt alles nicht, die anderen sind uns ´eh voraus, lassen wir doch alles beim Alten", versuchen die JadeWeserPort-Gegner das Projekt zu diskreditieren. Die gesamte sogenannte „Nordrange" von LeHavre bis Hamburg erweitere ihre Kapazitäten bereits und auch die Ostseehäfen sowie besonders auch die europäischen Mittelmeerhäfen rüsteten hafenwirtschaftlich massiv auf und stellten sich damit auf den weltweit wachsenden Güterverkehr ein. Vor diesem Hintergrund reite man mit dem JadeWeserPort sozusagen ein „totes Pferd", das Investitionen in Milliardenhöhe nicht lohne. So ungefähr argumentieren die Gegner des JadeWeserPort. Der Verlust des Geniusstrandes, befürchtete Fremdenverkehrseinbußen und geltend gemachte Umweltbelastungen runden ihre Gegenargumentation ab.

Die JadeWeserPort-Gegner unterschätzen das gewaltige Wachstum im Containerverkehr in den Jahren bis 2020. Der jährliche Zuwachs von „nur" 7 Prozent sagt zunächst wenig aus über das kumulierte „dicke Ende". Die erwarteten Steigerungsraten im Containerumschlag von durchschnittlich 7 Prozent nur für die Häfen der Nordrange bedeuten – man muß sich das einmal vorstellen! – eine knappe Verdoppelung des Containerumschlags bis zum Jahre 2010. Bis zum Jahre 2020 würde die kumulierte Steigerungsrate bei fortgeschriebenem Zuwachs von jährlich 7 Prozent aufgrund des Basiseffekts bereits bei 314 Prozent liegen, das Gütervolumen würde sich damit mehr als vervierfacht haben! Und was sind schon 20 Jahre bei der langfristigen Dimension dieses Projekts! Verlängern Sie diese Entwicklung doch einmal bis zum Jahre 2050! Selbst wenn der bisherige Trend gebrochen wird und andere Transportwege und -möglichkeiten (Luftverkehr) wirtschaftliche Alternativen bieten: eine gewaltige Mengensteigerung im Güterverkehr über See rollt in den nächsten Jahren auf die Nordrange zu. Für die europäischen Mittelmeerhäfen liegen die gegenwärtigen Steigerungsraten sogar bei jährlich 45 Prozent und wer sagt denn, daß dieses exorbitante Wachstum (auf allerdings niedrigerem Niveau) nicht auch das Ergebnis der kapazitiven Engpaßsituation in den Häfen der Nordrange ist und große Mengen an Tonnage nur deshalb in den Mittelmeerraum umgelenkt wurden?

Es mutet schon seltsam an und offenbart eine recht eigenwillige, indes wenig überzeugende Logik, wenn die Gegner des JadeWeserPort das erwartete geradezu explosive Mengenwachstum an Gütertonnage zum Anlaß nehmen, Sinn und Zweck dieses Ausnahmeprojekts zu bestreiten. Sollen wir unseren EU-Partnern und den anderen deutschen Häfen diesen riesigen Wachstumsmarkt und die hieraus generierten Wohlstandsgewinne allein überlassen? Ich meine, es wäre in Anbetracht der obigen Prognosen – selbst wenn sie nur zu 50 Prozent zutreffen würden – politisch unverantwortlich, die mit diesem Wachstum verbundenen großen wirtschaftlichen Chancen und die natürlichen Ressourcen, die sich unserer Region mit dem tiefen Fahrwasser an der Jade bieten, nicht ertragsoptimal und dem Gemeinwohl verpflichtet zu nutzen.

Die von den Projektgegnern genannten und als seriös eingestuften Wachstumsprognosen und daraus abgeleitetes hafenwirtschaftliches Anforderungs- und Bedarfsprofil für das 21. Jahrhundert gebieten es geradezu, sich dem internationalen hafenwirtschaftlichen Wettbewerb zu stellen und die vorhandenen großen Chancen unternehmerisch offensiv wahrzunehmen! Nicht der Projektausstieg, Zementierung des Status quo und Flucht vor der Verantwortung dürfen das Ziel sein, sondern ehrgeiziges Ziel unserer Region muß es sein, mit einer strategisch weitsichtigen Hafenplanung und unternehmerischem Mut – wagend, wägend und gestaltend, nicht unterlassend! – die Zukunft gleitend zu erobern!

Wir dürfen nicht aussteigen, sondern müssen – nach der hafenwirtschaftlichen Depression der 80er Jahre und den dramatischen Beschäftigungseinbrüchen in unserer Region – endlich wieder richtig einsteigen und den mit dem Ölhafen Ende der 50er Jahre eingeschlagenen hafenwirtschaftlichen Erfolgsweg im 21. Jahrhundert jetzt zielstrebig fortsetzen! Mit dem JadeWeserPort ist uns eine zweite und wohl auch letzte Chance gegeben. Wir sollten sie nicht leichtfertig verspielen, sondern diese schicksalhafte Chance im Interesse nicht zuletzt unserer jungen Mitbürger verantwortungsbewußt nutzen. Die für Wilhelmshaven gemeldete höchste Arbeitslosigkeit in den westdeutschen Bundesländern ist Verpflichtung für Politik und Wirtschaft, diese Entwicklung jetzt umzukehren und für wirtschaftliches Wachstum und stetige Beschäftigungszunahme zu sorgen. Und das heißt, sich für den JadeWeserPort zu entscheiden.

Wir können nicht die große Flut, den breiten Strom wachsender Gütermengen an uns vorbeiziehen lassen und dabei die einmaligen Chancen und

Möglichkeiten ungenutzt lassen, die sich unserer wirtschaftlich notleidenden Region mit ihrem großen hafenwirtschaftlichen Potential und ihrem Humankapital bieten. Diese vertraglich noch ungebundenen Güterströme suchen in den nächsten Jahren förmlich nach kostenoptimalen Transportwegen und moderner und zuverlässiger Hafenkapazität. Kurze Zufahrtswege und Liegezeiten, schnelle Abfertigung, ein professionelles Hafenmanagement gehören dazu. Der am tiefen Fahrwasser entstehende JadeWeserPort kann sich hier mit seinen natürlichen Vorteilen und dem Einsatz modernster hafenwirtschaftlicher Technik glänzend positionieren und an diesem gewaltigen Mengenwachstum mit überdurchschnittlichen Zuwächsen partizipieren! Nicht durch ruinösen Preiswettbewerb, sondern durch eine überzeugende hafenwirtschaftliche Konzeption. Es wäre eine ungeheure Verschwendung – und ein nicht zu verantwortender Verzicht, unser hafenwirtschaftliches Leistungspotential an der Küste, am tiefen Fahrwasser brach liegen zu lassen und unsere Standortvorteile nicht zukunftsorientiert, wohlstandsmehrend und Arbeitsplätze schaffend in den Dienst der Menschen zu stellen.

Dabei ist klar, daß eine Verdopplung der Gütermengen bis zum Jahre 2010 und eine Vervierfachung (man muß sich das mal vorstellen, vier mal so viel wie 1999, und das soll nicht auch für den JadeWeserPort reichen?!) bis zum Jahre 2020 nicht mit der Verkehrsinfrastruktur „von gestern" bewältigt werden kann. Straße, Schiene und Wasserwege müssen Anpassungen erfahren, die eine umweltverträgliche und menschenfreundliche physische Distribution des wachsenden Güteraufkommens gewährleisten. Der zunehmenden Verkehrsintensität – das wird uns doch tagtäglich vor Augen geführt – muß Rechnung getragen werden. Ausbau und Modernisierung der Verkehrsinfrastruktur erfordern in den nächsten Jahren Milliardeninvestitionen und es muß vorausschauend heute damit begonnen werden! Sonst würde das von den JadePort-Gegnern an die Wand gemalte Horror-Szenario – endlos lange LKW-Schlagen auf der alten B 210 und ständig rollende Güterzüge durch Sande, Ruhrpottverhältnisse der 50er Jahre… – traurige Realität. Wird es aber nicht, weil eine verantwortungsbewußte Umwelt-, Verkehrs- und Wirtschaftspolitik, weil technischer Fortschritt diesen Wachstums- und Veränderungsprozeß human begleiten werden!

Dem Horror-Szenario, dem düsteren Zukunftsbild der JadePort-Gegner setze ich – demonstrativ – entgegen das optimistische Zukunfts-

Szenario einer wirtschaftlich und kulturell mit dem JadeWeserPort als Initialzündung aufblühenden Nordwest-Region!

Mit dem Entschluß, den JadeWeserPort zu bauen, erfährt Wilhelmshaven, die Nordwest-Region national und international zunehmende Aufmerksamkeit und gerät in das Blickfeld einer interessierten Wirtschaft. Potentielle Investoren werden sich – unterstützt durch aktive Akquise der Wirtschaftsförderer – für unsere Region interessieren und ihre Investitionsentscheidungen am JadeWeserPort ausrichten. Die heimische Wirtschaft, so mancher „Grenzbetrieb" wird am Bau und Ausbau des JadeWeserPort und seiner vielfältigen hafenwirtschaftlichen Infrastruktur beteiligt werden. Die wirtschaftliche Situation der Betriebe wird sich mit zunehmendem Auftragspolster entscheidend verbessern. Die Auslastung der heimischen Wirtschaft wird deutlich zunehmen. Entstehende kapazitive Engpässe werden durch Betriebserweiterungen, zusätzliche Personaleinstellungen und Unternehmensneugründungen ausgeglichen. Die Nachfrage nach Arbeitskräften steigt. Die Arbeitslosigkeit sinkt. Wirtschaftliche Leistungserstellung und -verwertung, die betriebliche Wertschöpfung nimmt zu und es wird wieder gutes Geld verdient. Die Haushalte haben mehr Geld zur Verfügung und konsumieren mehr. Die mittelständische Wirtschaft wächst und siedelt sich vielfältig in unserer Region an. Industrie, Handel und Dienstleistungen prosperieren. International operierende Großunternehmen, Hightech-Betriebe zieht es in die Region. Die Kommunen freuen sich über wieder wachsende Steuereinnahmen und zurückgewonnene finanzwirtschaftliche Spielräume…

Die Umgehung B210 wird (endlich) gebaut und großräumig an Wohngebieten vorbeigeführt. Die Bahnstrecke Wilhelmshaven – Oldenburg wird zweigleisig ausgebaut und elektrifiziert. Die Bahnverbindung mit dem JadeWeserPort wird ausgebaut und der Güterverkehr natürlich nicht mehr durch Sande führen, sondern ebenfalls weiträumig an dichter Besiedlung vorbeiführen. Die Autobahnanbindung an den JadeWeserPort wird ausgebaut und man plant die sechsspurige Erweiterung der A29. Der hohen Verkehrsintensität auf heute überlasteten Bundes- und Landstraßen wird durch moderne Verkehrskonzepte, unter stärkerer Einbeziehung des Schienenverkehrs, Rechnung getragen. Der Verkehr wird umweltfreundlich an Stadt und Gemeinden vorbeigelenkt und durch sinnvollen Ausbau und Modernisierung des Straßennetzes entzerrt. Autofahren macht wieder Spaß, lange Staus haben ein Ende, Hektik und Aggression nehmen ab. Pläne für einen Flugplatz werden geschmiedet. Umweltschützer müssen es ertragen, daß für die Weiterentwicklung und Humanisierung unseres Lebensraumes Fläche und Raum zur Verfügung gestellt werden muß. Die Alternative hierzu wäre der verkehrsmäßige Kollaps auf deutschen Straßen – siehe das Worst-case-Szenario der JadeWeserPort-Gegner. Wohin die Reise verkehrspolitisch schließlich gehen soll, das muß politisch, im demokratischen Prozeß entschieden werden.

Die Lebensqualität hat sich deutlich verbessert. Wir sind auf gutem Wege, nach langer wirtschaftlicher Durststrecke wieder Vollbeschäftigung zu erreichen. Wilhelmshaven hat wieder über 100 000 Einwohner (!) und die Nordwest-Region blickt voller Optimismus in die Zukunft. Das Damoklesschwert drohender Arbeitslosigkeit wurde abgehängt. Wirtschaftliche Sicherheit hat die Menschen zufriedener gemacht. Der Jugend gefällt der Norden. Die Fachhochschule hat ihre volle Eigenständigkeit zurückgewonnen und erfreut sich im nationalen Vergleich hoher Wertschätzung. Die Studenten kommen gerne nach Wilhelmshaven und fühlen sich hier wohl. In engen Kontakten zur heimischen Wirtschaft und in vielfältiger Projektarbeit findet ein gegenseitig befruchtender Wissens- und Erfahrungsaustausch statt. Theorie und Praxis ergänzen sich und profitieren voneinander.

Der JadeWeserPort hat sich im Club der europäischen Großhäfen etabliert und ist zu einer unendlichen Erfolgsgeschichte und einem wirtschafts- und arbeitsmarktpolitischen Volltreffer der Region geworden. Es sind Tausende neuer Arbeitsplätze geschaffen worden (nicht nur im Hafengelände!) und der Arbeitsmarkt boomt weiter. Der Milliardeneinsatz an Steuergeldern und privatwirtschaftlich eingebrachter Mittel hat sich gelohnt! Der wirtschaftliche Aufschwung ist zu einem Selbstläufer geworden. An den Geniusstrand erinnern sich die Älteren gerne, trauern ihm wegen der freizeitlichen Alternativen aber nicht nach – und die Jugend sowieso nicht. Der Fremdenverkehr hat noch zugenommen. Wilhelmshaven, die Nordwest-Region hat sich der Welt geöffnet und mit dem JadeWeserPort an internationalem Ansehen hinzugewonnen.

Befürworter und Gegner des JadeWeserPort treffen sich. In freundschaftlicher Atmosphäre, bei einem schönen Jever Pils, läßt man die Jahre Revue passieren. Die in die Jahre gekommenen Projektgegner räumen ein, daß man sich Gott sei Dank damals getäuscht habe und man vor 20 Jahren die schlechten Erfahrungen der 60er und 70er Jahre doch nicht unüberlegt in die Zukunft, in das 21. Jahrhundert hätte projizieren dürfen. Und die ebenfalls älter gewordenen Befürworter des Projekts sind im Rückblick dankbar für die konstruktiven Einwendungen, weil sie zur Sensibilisierung, Modifikationen des Konzepts und zu entsprechenden Planungsoptimierungen beigetragen haben.

So ungefähr könnte die Bewertung in 20 Jahren aussehen. Vielleicht dauert es auch noch länger, aber die Richtung des mit dem JadeWeserPort heute eingeschlagenen Kurses stimmt. Die heute eingebrachte Saat wird aufgehen und morgen reiche Früchte tragen! Viel wird von den handelnden Personen, ihrem politischen Gestaltungswillen und ihrer Durchsetzungskraft abhängen, ob dieses zugegebenermaßen sehr optimistische Szenario auch Realität wird. Es ist möglich, eine Garantie dafür aber kann niemand geben. Wir entscheiden letztlich unter Unsicherheit. Aber es lohnt sich, dafür zu arbeiten, daß das Geplante, das politisch Gewollte – der JadeWeserPort mit nie erlahmendem politischen und unternehmerischen Willen wirtschaftliche Realität wird!

Ich habe in meinen Grundsatzausführungen zum JadeWeserPort auf das Beispiel Hamburg verwiesen. Hamburgs hafenwirtschaftliche Anfänge liegen 1000 Jahre zurück und auch damals haben weitsichtige Hamburger Bürger für den Hafen votiert. Die seitherigen Ergebnisse legen Zeugnis ab von der beeindruckenden wirtschaftlichen Erfolgsgeschichte Hamburgs. So lange muß es mit dem JadeWeserPort nicht dauern. Wir stellen mit dem Projekt aber die Weichen für eine langfristig ähnliche Entwicklung unseres Weser-Ems-Jade-Wirtschaftsraumes und füllen damit – zusammen mit Emden – buchstäblich die hafenwirtschaftliche Lücke, den weißen Fleck zwischen den Großhäfen Rotterdam und Hamburg. Der JadeWeserPort trägt damit zu einer arbeitsmarkt- und beschäftigungspolitisch vernünftigen räumlichen Allokation (Verteilung) der Produktionsfaktoren und nicht zuletzt notwendiger verkehrlicher Entzerrung bei! Den Hamburgern ist ihre damalige Entscheidung nicht schlecht bekommen und es ist meine Überzeugung, daß die mit dem geplanten Großhafen JadeWeserPort verbundene wirtschaftliche Erschließung der gesamten Region und dem Land Niedersachsen großen wirtschaftlichen und gesellschaftlichen Gewinn bringen wird.

Die Milliarden des Landes, des Bundes und vielleicht auch ja aus Brüssel zusammen mit den privatwirtschaftlich eingebrachten Mitteln stellen eine Investition in die wirtschaftliche Zukunft unseres Landes dar, die sich mittel- und längerfristig rechnet und die alle politische Unterstützung verdient!

Report vom 18.02.00

Heute (18.02.00) wurde in Hannover „der Vorhang gelüftet" und das mit großer Spannung erwartete Ergebnis der Machbarkeitsstudie zum JadeWeserPort den 250 geladenen Gästen vorgestellt. Um es vorweg zu sagen: Die Studie bestätigt die Erwartungen und sie bestätigt nachdrücklich die WHV-Pioniere dieses Projekts, die von Anfang an an die mit diesem Jahrhundert-Projekt verbundenen großen Chancen für unseren Wirtschaftsraum geglaubt und dafür gekämpft haben. Die Vision kann nun mit prallem hafenwirtschaftlichen Leben erfüllte Realität werden! Mit allen wirtschaftlich positiven Effekten für die Nordwest-Region! Die regionale Presse wird auf das Ergebnis der Studie im einzelnen sicher näher eingehen. Jedenfalls liegen mit der Machbarkeitsstudie nunmehr objektivierte Daten auf dem Tisch, denen sich auch die Projektgegner nicht werden entziehen können und die im weiteren Entscheidungsprozeß sicher zu einer Versachlichung der Diskussion beitragen werden.

Wichtig ist es nun, daß nach sachlichem Pro und Contra die gesamte Region mit größtmöglicher Geschlossenheit hinter diesem Projekt steht und auch die niedersächsische Landesregierung dieses Projekt vorbehaltlos unterstützt. Die Staatssekretärin im Niedersächsischem Wirtschaftsministerium, Frau Dr. Birgit Grote, hat in ihrem Grußwort zwar die Unterstützung des Landes zugesagt, hinsichtlich der Finanzierung hielt sie sich aber bedeckt. Sie sei sich mit der Hafenwirtschaft einig und erwarte, *„daß Privatfinanzierung im Vordergrund stehen"* müsse. An der Finanzierung darf dieses Riesenprojekt natürlich nicht scheitern. Ich will aber auch deutlich sagen, daß das Land bei der Bedeutung dieses Projekts mit seinem Finanzierungsbeitrag nicht kleckern sollte, sondern selbst gut beraten ist, finanzielle Unterstützung hierfür beim Bund und EU einzufordern und entsprechende Überzeugungsarbeit zu leisten! **Der JadeWeserPort ist eine langfristig überaus lohnende Investition und der gesamtwirtschaftlich und gesellschaftlich im weitesten Sinne zu erwartende „Return on Investment" (RoI) rechtfertigt allemal ein entsprechendes finanzielles Engagement des Landes und auch des Bundes!**

Im übrigen: bei aller Sympathie für Frau Dr. Birgit Grote hätte die Landesregierung natürlich mit der Präsenz auch ihres Wirtschaftsministers Dr. Peter Fischer ein noch deutlicheres Signal zugunsten des JadeWeserPort senden können. Ich denke, nicht wenige werden ihn bei der Präsentation der Studie vermißt und sich über sein Fernbleiben ihre Gedanken gemacht haben.

Mit dem positiven Ergebnis der Studie jedenfalls wurde eine weitere wichtige Etappe zurückgelegt. Jetzt kann richtig durchgestartet werden. Die schweren „Berg-Etappen" – Raumordnungsverfahren, Planfeststellungsverfahren und nicht zuletzt Finanzierung – stehen nun bevor und müssen in den nächsten Monaten genommen werden. Schwerarbeit für alle Beteiligten ist angesagt. Dazu von dieser Stelle meine besten Erfolgswünsche für das Projektmanagement der Wilhelmshavener Hafenwirtschafts-Vereinigung e.V. (WHV)!

Report vom 04.03.00

Cuxhaven eine Konkurrenz für den JadeWeserPort?

Radio Niedersachsen, N 3 regional und lokale Presse berichteten über die Absicht Cuxhavens, einen neuen Tiefwasserhafen für Container-schiffe der nächsten Generation zu bauen, die Cuxhavener Hafenwirtschaft werde in Kürze eine Machbarkeitsstudie in Auftrag geben. Voller Selbst-bewußtsein verkündet der Cuxhavener Oberbürgermeister Eilers, „*Exper-ten sind sicher, daß Cuxhaven die besten Voraussetzungen für dieses Pro-jekt hat.*" Um die Finanzierung mache er sich keine Sorge: „*Das Finanz-volumen von Eurogate* (Investor für den JadeWeserPort) *bringt die Ham-burger Hafenwirtschaft allemal auf den Tisch*". Da ist es heraus! Hamburg mischt kräftig mit und bildet zusammen mit Cuxhaven eine strategische Allianz, ein nordöstliches Gegengewicht zum JadeWeserPort! Die for-schen Ankündigungen klingen wie eine Kampfansage Cuxhavens (mit dem Spiritus rector Hamburg im Hintergrund) an die Adresse Wilhelmsha-vens und seines Partners Bremen.

N 3 regional berichtete sinngemäß, daß Wirtschaftsminister Dr. Peter Fi-scher die Ergebnisse der Cuxhavener Machbarkeitsstudie abwarten wolle, ehe er eine Entscheidung darüber treffe, welches Projekt das Land Nieder-sachsen unterstützen werde. Seine Sprecherin betonte, daß Dr. Fischer sich nicht für einen der beiden Standorte entscheiden wolle. Die „*zwischen Land und Wilhelmshavener Hafenwirtschaft vereinbarte Projektgruppe zur Konkretisierung weiterer Planungsschritte für den Jade-Weser-Port*" bedeute „*keine Festlegung auf diesen Standort*". Also alles offen? Sein „Jein" zum JadeWeserPort ist immerhin eine klare Antwort. Die Wil-helmshavener Hafenwirtschaft wird seine Äußerungen und überhaupt die Tatsache, jetzt mit den Cuxhavener Plänen konfrontiert zu werden, ver-mutlich als eine schallende Ohrfeige empfinden und sich vom Wirtschafts-minister im Stich gelassen fühlen. Recht haben sie, aber war das nicht ab-zusehen? Auf ihre Reaktion und die Reaktion der Wilhelmshavener Zei-tung zu dieser neuen Situation darf man gespannt sein. Die ungewohnte Sprachlosigkeit, fehlender Kommentar der WZ am Tage nach dieser Hi-obsbotschaft, sprechen dafür, daß man sich hier erst einmal um eine ein-heitliche Sprachregelung bemüht, ehe man diese überraschende Entwick-lung öffentlich kommentiert. Und wie wird sich die Eurogate-Gruppe an-betrachts dieser neuen Konstellation verhalten?

Meine von Anfang an geäußerten Zweifel an der Projektloyalität unseres niedersächsischen Wirtschaftsministers scheinen sich damit früher als erwartet zu bestätigen. Er ist in seinem Interessenkonflikt ja auch wirklich nicht zu beneiden. Mit Wohnsitz in Cuxhaven ist seine Frau dort auch noch Ratsherrin. Das muß man wissen. Wie verhält man sich als Wirtschaftsminister in dieser Lage? Mit dem wahrscheinlichen Insiderwissen, daß Cuxhaven ebenfalls schon länger ehrgeizige hafenwirtschaftliche Interessen hat und die Familie dort zu Hause ist. Man legt sich nicht fest und hält sich bis zuletzt alle Optionen offen, bleibt beim JadeWeserPort immer schön im Unverbindlichen und betont vorsorglich aber schon mal die nordöstlichen Landesinteressen…

Die Wilhelmshavener Hafenwirtschaft, Politik und Wirtschaft der Jadestadt wissen jetzt aber – hoffentlich! – woran sie mit ihrem lange genug hofierten politischen Hoffnungsträger Dr. Peter Fischer sind. Dieser Wirtschaftsminister jedenfalls kann in den hafenwirtschaftlichen Angelegenheiten des Landes Niedersachsen als in hohem Maße befangen gelten. Seine Abwesenheit anläßlich der Vorstellung der Machbarkeitsstudie für den JadeWeserPort am 18.02.00 in Hannover kann vor dem Hintergrund der jetzt bekannt werdenden Pläne Cuxhavens auch getrost als politisch absichtsvolles Fernbleiben bewertet werden. Dabei hätte er dieses Forum nutzen können, um in einem hafenpolitischen Ausblick die strategische Dimension, die langfristige Vorteilhaftigkeit und Wirtschaftlichkeit beider Projekte, ihren großen gesellschaftlichen Gewinn und säkulare Bedeutung für das Land Niedersachsen, den Nordwesten und den Bund hervorzuheben! Diese Chance hat er leider verpaßt.

Meine These, auch Cuxhaven verdiene Unterstützung, mag in den Ohren der Wilhelmshavener Hafenwirtschaft provokativ klingen. Aber wo liegt denn das Problem? Stellen die Cuxhavener Pläne eine Konkurrenz dar zum JadeWeserPort? Ja und nein! Hinsichtlich der Finanzierung der Projekte ja, weil beide Projekte – durch den Planungsvorsprung Wilhelmshavens allerdings zeitversetzt – in den nächsten Jahren um knappe Landesmittel konkurrieren werden. Hier muß im Sinne einer gesunden Mischfinanzierung eine Lösung gefunden und auch nationale (und EU-)Unterstützung eingefordert werden, die beiden Projekten gerecht wird. Vielleicht kommt man hier ja auch mit dem Schlagzeilen machenden „Emder Finanzierungsmodell" für die A 31 einen Schritt weiter. Was die Auslastung beider

Containerhäfen in der Zukunft angeht, ein klares Nein zur Konkurrenzsituation! Die Wachstumsprognosen für den Containerverkehr gehen bekanntlich von 7 Prozent mindestens für die nächsten 10 Jahre aus. Das bedeutet, wie ich bereits ausgeführt habe, eine Verdoppelung des Containerverkehrs bis zum Jahre 2010 und – bei Extrapolation dieses Trends – eine Vervierfachung bis zum Jahre 2020! Damit ist das Ende der Fahnenstange aber ja noch nicht erreicht und es geht weiter, also beste Chancen auch in der ferneren Zukunft für Wilhelmshaven – und auch für Cuxhaven!

Vor dem Hintergrund dieser wahrscheinlichen Entwicklung müssen die deutschen Häfen der Nordrange die eigene Konkurrenz nicht fürchten! Das dynamische weltwirtschaftliche Wachstum, Osterweiterung EU und zunehmende Containerisierung im internationalen Warenverkehr, machen es im Gegenteil notwendig, jetzt die Weichen zu stellen und für ausreichende hafenwirtschaftliche Kapazität zu sorgen. Das geschieht – über die Jahre – mit dem JadeWeserPort und findet seine logische Entsprechung in den sich jetzt ebenfalls konkretisierenden Hafenplänen Cuxhavens. Daß Hamburg ein starkes Interesse an seinem „Vorhafen" Cuxhaven hat und das Cuxhaven-Projekt massiv unterstützen wird, kann in diesem Zusammenhang als gesicherte Erkenntnis gelten. Aber keine Bange! Beide Häfen – Wilhelmshaven und Cuxhaven – werden sich über einen Mangel an Auslastung nicht zu beklagen haben. An die Stelle der forschen Rhetorik Cuxhavens sollte daher künftig die gemeinsame Betonung der großen hafenwirtschaftlichen Chancen Wilhelmshavens und Cuxhavens treten.

Freuen wir uns also doch gemeinsam mit den deutschen Nordseehäfen darüber, daß im Norden Deutschlands – in anzustrebender fairer hafenwirtschaftlicher Konkurrenz und Kooperation – endlich die Post abgeht und stärken wir unsere strategisch günstige Position (Nähe zu den boomenden Wachstumsmärkten des Ostseeraums!) nachhaltig mit dem JadeWeserPort! Die Verkehrswirtschaft boomt und ist zusammen mit der Informationswirtschaft bestimmender gesamtwirtschaftlicher Wachstumsmotor. Mit der politischen Zielsetzung – Schaffung ausreichender Hafenkapazität, großräumigen Ausbaus der niedersächsischen bzw. norddeutschen „Hafenlandschaft" in Konkur-

renz zu den Westhäfen der Nordrange und entschlossener Anpassung der Verkehrsinfrastruktur – liegt ein verpflichtendes landes-, ja bundespolitisches Wachstums- und Beschäftigungsprogramm, ein Strategiekonzept auf dem Tisch, das in die Zukunft weist und das für einen mutigen Aufbruch unserer Region in das 21. Jahrhundert steht. Bei konsequenter Umsetzung – das ist meine Überzeugung – wird dieses Programm in den nächsten Jahren zu einer Investitions- und Arbeitsplatzmaschine für den strukturell (noch) unterentwickelten Nordwesten mit vielen Tausend neuen Arbeitsplätzen, gesundem Wirtschaftswachstum und breiter Wohlstandsmehrung seiner Bürger.

Dr. Peter Fischer kann sich nach seinem bisherigen reservierten Verhalten dem JadeWeserPort gegenüber, am Ende doch noch um das Projekt verdient machen. Nicht indem er sich für Wilhelmshaven oder Cuxhaven entscheidet, sondern indem er jetzt alle etwa politisch motivierte Zurückhaltung aufgibt, beide Projekte offensiv unterstützt und – gemeinsam mit Hamburg und Bremen – für diese modifizierte hafenpolitische Zielsetzung des Nordens in Berlin und in Brüssel eintritt und die notwendigen Finanzmittel hierfür einwirbt.

Detlef Weide, Geschäftsführer der Wilhelmshavener Hafenwirtschafts-Vereinigung e.V. (WHV) hat Recht! Der eingeschlagene gute Kurs muß beibehalten werden, auch wenn einem der Gegenwind, die Konkurrenzpläne Cuxhavens und hiesige Projektgegner, kräftig ins Gesicht bläst.

Report vom 09.03.00

Zur Konkurrenzsituation Wilhelmshaven – Cuxhaven keine Bewertung des Wirtschaftsministers Dr. Peter Fischer!

In seinem Jahreswirtschaftsbericht 1999/2000 erklärte der niedersächsische Wirtschaftsminister Dr. Peter Fischer, daß das niedersächsische Wirtschaftswachstum von nur einem Prozent unbefriedigend sei. Das Ziel von zwei Prozent habe man damit deutlich verfehlt. So ist es. Fünfzig Prozent negative Zielabweichung sind schwach und sprechen nicht gerade für besondere Planungsqualität im Wirtschaftsressort. Woran lag es? Für das laufende Jahr 2000 bezeichnete er als Schwerpunkte seiner Wirtschaftspolitik neben der Expo (*„unser Job-Motor"*) im Verkehrsbereich die westliche Umgehung Hamburgs (A 20). Mit einem privaten Betreibermodell könne dieses 2,7-Milliardenprojekt statt 2020 bereits im Jahre 2010 in Betrieb gehen.

Die entstandene Konkurrenzsituation beim Containerhafen zwischen Wilhelmshaven und Cuxhaven wollte Dr. Fischer nicht bewerten! Man faßt es nicht! Der Standort werde nicht vom Land bestimmt. Aber: *„Wenn diese historische Chance nicht wahrgenommen wird, werden Niedersachsens Küstenstandorte auf Dauer abgehängt."* So weit der niedersächsische Wirtschaftsminister. Eben dies muß er verhindern! Indem er seine Aufgabe erfüllt und die notwendigen hafenpolitischen Entscheidungen herbeiführt. Er muß dem JadeWeserPort die wirtschaftspolitische Priorität zuerkennen, die dieses Projekt verdient und muß selbstverständlich auch zu dessen Finanzierung angemessen beitragen!

Der Minister aber bestätigt stattdessen die Befürchtungen seiner Kritiker täglich aufs neue. Gestern (am 08.03.) zitiert ihn die WZ noch mit den Worten: *„Ich stehe zu Wilhelmshaven"*, einen Tag später liest man es anders, er wolle – siehe oben – keine Bewertung zur Konkurrenz Wilhelmshaven – Cuxhaven abgeben. Der Mann wird immer mehr zu einem Risiko für den JadeWeserPort! Ein unsicherer Kantonist, der dabei ist, jeden Kredit zu verspielen und auf den sich die Wilhelmshavener Hafenwirtschaft und Politik – wie zu befürchten ist – im weiteren Verlauf nicht länger verlassen kann. Dieser Wirtschaftsminister hat das ihm von der Wilhelmshavener Hafenwirtschaft und den politischen Repräsentanten unserer Region entgegengebrachte große Vertrauen maßlos enttäuscht – jedenfalls nach allem, was in den letzten Tagen dazu öffentlich bekannt wurde.

Statt sich nach der positiven Beurteilung des Projekts (Machbarkeitsstudie) auch öffentlich mit dem ganzen Gewicht seines Amtes und seiner persönlichen Autorität hinter den JadeWeserPort zu stellen und allen Störmanövern der Konkurrenzhäfen (von wegen „Hafenkooperation"!) eine klare Absage zu erteilen und deren Interessen als nachrangig für das Land Niedersachsen zu erklären, bleibt Dr. Fischer in sicherer Deckung. *„Der Standort werde nicht vom Land bestimmt"*. Wie meint er das? Will er seinen wirtschaftspolitischen Teil der Verantwortung für dieses Projekt aussitzen? Will er die Entwicklung dem freien Spiel der hafenwirtschaftlichen Kräfte überlassen und sich hier politisch völlig heraushalten? Oder vertraut er im Stillen auf das übermächtige Hamburg, das seinen persönlichen Favoriten (?) Cuxhaven schon in die richtige, vorteilhafte Konkurrenzstellung bringen werde? Dieser Mann läßt sich nicht festnageln, ein Meister im Unverbindlichen. Damit aber läßt sich die wirtschaftliche Zukunft unseres Landes, unserer Region nicht gewinnen! Unsere Nordwest-Region sollte sich über ihre Landtagsabgeordneten endlich solidarisch und unmißverständlich artikulieren und den zögerlichen Wirtschaftsminister – oder an seiner Stelle den Ministerpräsidenten Sigmar Gabriel – auf den landespolitisch einzig richtigen Kurs JadeWeserPort (und nachrangig erst Cuxhaven!) verpflichten!

Natürlich hängt der Bau des JadeWeserPort oder Cuxhavens geplanter Containerhafen nicht allein von der Gnade und dem politisch guten Willen Dr. Peter Fischers ab. Gott sei Dank! Aber eine verantwortungsvolle Wirtschaftspolitik muß die strategischen Leitlinien formulieren und die wirtschafts- und infrastrukturpolitischen Arbeitsschwerpunkte festschreiben. Und sie muß diese Ziele dann auch zielstrebig mit konsequenter wirtschaftspolitischer Aktion und praktischem Handeln – und nicht nur unverbindlichem Blabla – in die Realität umsetzen! Das Land Niedersachsen muß, was seine hafenwirtschaftliche Zukunft angeht, den Planungshorizont weit nach vorne schieben! Nicht nur für die nächsten 10 und 20 Jahre, sondern 50 und – ja! – 100 Jahre! Wie der Förster, der heute bereits seinen Wald für das Ende des 21. Jahrhunderts plant, muß eine gute Wirtschaftspolitik schon heute eine Vorstellung darüber gewinnen, wie die hafenwirtschaftliche Struktur des

Landes in 50 bis 100 Jahren aussehen soll! Die forstwirtschaftliche Saat muß heute an den richtigen „Pflanzstellen" eingebracht werden, damit sie morgen aufgeht und – gut gepflegt – später reife Früchte trägt! Genauso muß eine um die wirtschaftliche Zukunft ihrer Bürger besorgte und verantwortliche Landesregierung heute ihre knappen Mittel wirtschaftlich sinnvoll einsetzen und – weit vorausschauend – in die hafenwirtschaftliche Zukunft des Landes investieren, damit morgen – unter der politischen Pflegschaft des Landes und vor allem natürlich durch mutige Unternehmer, eine investierende Wirtschaft! – gesamtwirtschaftlich reiche Ernte mit dem JadeWeserPort eingefahren werden kann, die historische Chance (wie Dr. Fischer zutreffend ausführt) nicht verpaßt wird und Niedersachsens Küstenstandorte auf Dauer *eben nicht* abgehängt werden!

Die Expo als eine zeitlich befristete große Werbeschau ist vergleichsweise ein kurzweiliges Intermezzo, kometenhaft hell aufstrahlend und – schnell verglühend, ein „Job-Motor" zwar auch, für eine kurze Zeitstrecke, aber wenig nachhaltig und mit eben nur kurzem Atem. Der JadeWeserPort mit seinem riesigen Wachstums- und Entwicklungspotential dagegen würde zu einem wirtschaftlichen Dauerläufer, einer immer wieder neue Arbeitsplätze schaffenden Jobmaschine – mit über Jahrzehnte währendem langen Atem! Eine endlose Erfolgsgeschichte verantwortungsbewußter und zukunftsgestaltender Wirtschaftspolitik! So könnte es werden, sollte es werden und Sie, sehr geehrter Herr Minister, können mit ihrem mutigen Bekenntnis zum JadeWeserPort und der Konzentration landespolitischer Mittel auf dieses infrastrukturelle Großprojekt dieser Entwicklung einen kräftigen Impuls geben! Unterstützung des Landes für Cuxhaven auch, aber erst, wenn der JadeWeserPort richtig Fahrt aufgenommen hat und der Bedarf für zusätzliche Hafenkapazität unabweislich wird. Wenn Hamburg denn mehr will und Cuxhaven früher an den Start gehen soll, dann, bitte schön, können die hafenwirtschaftlichen Hamburger Freunde des sich so kämpferisch gebenden Cuxhavener Oberbürgermeisters ja ihren finanziellen Segen dazu geben. Dann wird eben parallel gefahren! Das Land Niedersachsen fördert den JadeWeserPort und die Hamburger Hafenwirtschaft kümmert sich um ihr Ziehkind Cuxhaven!

Der JadeWeserPort aber ist und bleibt das Schlüsselprojekt Niedersachsens! Er ist die richtige „Pflanzstelle" für eine – unabhängig von aller privatwirtschaftlichen Beteiligung – Milliardeninvestition des Landes.

Seine vorbehaltlose politische Unterstützung darf nicht länger durch widersprüchliche und verwirrende Äußerungen eines offensichtlich befangenen Wirtschaftsministers infrage gestellt werden! Dr. Fischer wohnt in Cuxhaven, seine Frau ist dort Ratsherrin und bei seinem bisherigen Verhalten liegt es immerhin nahe, hier einen massiven, unaufhebbaren Interessenkonflikt zu vermuten. Deshalb kann man sich aber nicht um die notwendigen Entscheidungen herumdrücken und klare Worte scheuen. Er sollte sich daher bei diesem Thema offen als befangen erklären und es seinem Ministerpräsidenten Sigmar Gabriel überlassen, hier ein paar klärende Worte zu sagen und seiner Wirtschaftspolitik damit klaren Kurs und Zielbestimmung zu geben.

Die westliche Umgehung Hamburgs, die A 20, ist schön und sicher auch wichtig. Aber sie darf den Blick nicht verstellen für die großen hafenwirtschaftlichen Chancen des nordwestlichen Niedersachsens. Die A 20 darf eben nicht zu einer Vernachlässigung der nordwestlichen Landesinteressen und damit des JadeWeserPort führen! 2,7 Milliarden für die A 20 sind ja kein Pappenstiel. Zwar hofft Dr. Fischer auf ein privates Betreibermodell für dieses Projekt (Pilotprojekt), aber man darf doch gespannt darauf sein, welche Landes- und Bundesmittel er hierfür schließlich bereitstellen wird – und welche außerordentliche infrastrukturelle Unterstützung seine politischen Freunde in Cuxhaven damit auch für ihren geplanten Containerhafen erhalten werden.

Der JadeWeserPort als Initialzündung – ich möchte es noch einmal betonen – steht auf lange Sicht konkurrenzlos für die wirtschaftliche Entwicklung des nordwestlichen Niedersachsens! Dieses Projekt öffnet dem Land Niedersachsen das seewärtige Tor zur Welt. Die Entwicklung ist im positiven Sinne nach oben ergebnisoffen und mit entschlossenem politischen und unternehmerischen Willen kann der JadeWeserPort auf lange Sicht zusammen mit Bremen, Hamburg, Cuxhaven und Emden – der in den nächsten Jahrzehnten großräumig entstehenden norddeutschen Hafenlandschaft – die hafenpolitische Antwort Deutschlands auf das bekanntlich hafenwirtschaftlich ebenfalls stark expandierende Rotterdam sein.

Dies in den nächsten Wochen und Monaten politisch zu vermitteln und hierfür durch beharrliche Überzeugungsarbeit eine politische Mehrheit im Landtag zu gewinnen, lohnt alle Anstrengungen unserer Vertreter aus Politik und Wirtschaft. Sie erfordert in der nächsten Zukunft aber auch große Geschlossenheit und hohe Identifikation der Nordwest-Region mit diesem Ausnahmeprojekt und dessen ehrgeizige wirtschaftspolitische Zielsetzung.

Das große **WZ-Forum**, die öffentliche Informationsveranstaltung der Wilhelmshavener Zeitung am 27. März um 19.00 Uhr im Gorch-Fock-Haus, wird dazu beitragen, die überragende Bedeutung des Projekts JadeWeser-Port für die Jade-Weser-Ems-Region noch stärker in das öffentliche Bewußtsein zu rücken, in einem sachlichen Pro und Contra die Argumente auszutauschen und am Ende – das darf vermutet werden – doch mehrheitlich zu einer insgesamt ganz überwiegend positiven Beurteilung und Bewertung des Projekts zu kommen.

PS. Die WZ schreibt in ihrem mit *„Cuxhaven macht mir große Sorgen"* überschriebenen Bericht vom 07. März, MdL Wilfried Adam habe herausgestellt, daß die Staatssekretärin im Wirtschaftsministerium Dr. Birgit Grote *„inzwischen einen Brief an das Bundesverkehrsministerium geschrieben habe mit der Bitte, Mitarbeiter aus den verschiedensten Bundesbehörden in die von ihr in Hannover bei der Vorstellung der Studie zum JadeWeser-Port angeregte Arbeitsgruppe zu entsenden."*

Wie schön! Aber was bringt es? Der Sinn einer solchen – mit *„Mitarbeitern aus den verschiedensten Bundesbehörden"* beschickten – Arbeitsgruppe erschließt sich dem interessierten Leser indes nicht so ohne weiteres und man fragt sich schon, ob das sein muß. Aber es ist ja in Mode gekommen, die Verantwortung erst einmal von sich zu schieben, für jedes Entscheidungsproblem erst einmal Arbeitsgruppen, Teams, Ausschüsse zu bilden, die dann häufig zu Entscheidungsvorschlägen kommen, die einem der gesunde Menschenverstand auch ohne diesen Umweg nahelegt – oder über deren Vorschläge man sich dann nur wundern kann. Ist die Entscheidung über den Finanzierungsbeitrag des Landes und die etwaige Beschaffung zusätzlicher Bundesmittel eine so komplizierte Angelegenheit, daß die fachliche Kompetenz des Wirtschafts- und Finanzministeriums des Landes nicht ausreicht, hier sachgerecht zu entscheiden?

Brief vom 13.03.00

An den CDU-Fraktionsvorsitzenden im Niedersächsischen Landtag Herrn Christian Wulff

JadeWeserPort

Sehr geehrter Herr Wulff,

Sie haben sich in Aurich sehr positiv über den JadeWeserPort geäußert und sehen „*mit dem Hafen verbunden positive Impulse für die gesamte Region.*" Das kann man nur ganz dick unterstreichen und ich freue mich, daß Sie dieses Projekt so nachdrücklich unterstützen.

Ihren wohlklingenden Worten indes müssen nun Taten folgen, und so wäre es überaus verdienstvoll, wenn Sie sich auch im Niedersächsischen Landtag mit gleichem Nachdruck für den JadeWeserPort einsetzen, dieses Projekt zu einem Thema auch im Landtag machen und einen schwachen Wirtschaftsminister Dr. Peter Fischer zwingen würden, hier endlich Farbe zu bekennen und sich – natürlich – vorbehaltlos für das Projekt Jade-WeserPort auszusprechen und der Initiative Cuxhavens nachrangige Bedeutung zuzumessen.

Ich bin ein leidenschaftlicher Verfechter dieses Projekts und begleite es positiv-kritisch über eine eigene Homepage. Massive Kritik übe ich in diesem Zusammenhang am Verhalten des niedersächsischen Wirtschaftsminister Dr. Peter Fischer.

Gerne stelle ich Ihnen anliegend meine inzwischen umfangreichen Ausführungen zum Thema JadeWeserPort zur Verfügung. Vielleicht sind sie Ihnen für Ihre Argumentation von Nutzen.

Mit den besten Erfolgswünschen für Ihre politische Arbeit verbleibe ich

mit freundlichen Grüßen

Brief vom 13.03.00

An den   Kopie: Herrn Wirtschaftsminister Dr. Peter Fischer

Niedersächsischen Ministerpräsidenten

Herrn Sigmar Gabriel

JadeWeserPort

Sehr geehrter Herr Ministerpräsident,

Dr. Peter Fischer hat sich in den letzten Tagen in Zusammenhang mit den Hafenplänen Cuxhavens und einer möglichen Konkurrenzsituation in seiner Bewertung sehr zurückgehalten. Er wolle die entstandene Konkurrenzsituation nicht bewerten.

Mit meinen anliegenden Ausführungen nehme ich den Wirtschaftsminister erneut ins Visier meiner Kritik und setze mich nochmals leidenschaftlich für den JadeWeserPort ein.

Mit Freude registriere ich aber auch Ihre Aussage, daß sich das Land an der notwendigen Finanzierung der Infrastrukturmaßnahmen beteiligen werde. Das wurde meines Wissens öffentlich so klar noch nicht festgestellt. Ich will Ihnen aber auch deutlich sagen, daß ich mir – nach allem was bisher in Sachen JadeWeserPort an Planungs- und Überzeugungsarbeit gelaufen ist – wünschte, daß sich die Landesregierung eindeutig für dieses Projekt ausspricht und damit auch den legitimen Erwartungen der Wilhelmshavener Hafenwirtschaft gerecht wird.

Die Cuxhavener Pläne – 14 Tage nach Veröffentlichung der Machbarkeitsstudie für den JadeWeserPort öffentlich gemacht – waren eine ganz gezielte Kampfansage und ein unerhörter Affront gegen die in ihren Planungen bereits weit fortgeschrittene Wilhelmshavener Hafenwirtschaft. Der Zeitpunkt der Cuxhavener Intervention, aber auch die Arroganz und Frechheit, mit der der Cuxhavener Oberbürgermeister – ferngesteuert von der Hamburger Hafenwirtschaft (?) – seine Pläne vorgetragen und Wilhelmshaven damit gewissermaßen den Fehdehandschuh in den Ring geworfen hat, verdienen es, daß sich die Landesregierung von diesem Stil ausdrücklich distanziert, sich an ihre jahrelange Unterstützung der Wilhelmshavener Pläne erinnert und sich klar und unmißverständlich für den JadeWeserPort (in Kooperation mit Bremen und Bremerhaven) aussprechen würde.

Der Wirtschaftsminister kann nicht über Jahre das Projekt JadeWeserPort – wenn auch recht lahm – unterstützen, die Wilhelmshavener Hafenwirtschaft in ihren Plänen ermutigen und sich dann – nur weil mit Cuxhaven unerwartet ein Mitbewerber die Bühne betritt – den Anschein problematischer hafenpolitischer Neutralität geben und sich aus seiner in früheren Reden betonten hafenpolitischen Verantwortung zurückziehen.

Ein schlimmer Verdacht drängt sich in diesem Zusammenhang auf, wenn man die A 20 (westliche Umgehung Hamburgs mit Elbquerung) in einen logisch zwingenden Zusammenhang mit den Hafenplänen Cuxhavens bringt. Immerhin werden mit diesem 2,7 Milliarden-Projekt hervorragende verkehrsinfrastrukturelle Voraussetzungen geschaffen, von denen ein Containerhafen Cuxhaven natürlich in besonderem Maße profitieren wird. Dr. Peter Fischer weist der A 20 wirtschaftspolitisch bekanntlich hohe Priorität zu – und er ist in Cuxhaven beheimatet.

Die Landesregierung muß hafenpolitisch Flagge zeigen! Alles andere als ein klares Bekenntnis zum JadeWeserPort wäre vor dem Hintergrund des aktuellen Planungsstandes und der bisherigen Unterstützung Dr. Fischers ein nicht für möglich gehaltener Vertrauensbruch.

Mit freundlichen Grüßen

Report vom 27.03.00
(wurde als Handzettel anläßlich des WZ-Forums am 27.03. verteilt!)

Der JadeWeserPort – eine historische Chance

Wer, lieber Leser, hätte sich vor 1 000 Jahren vorstellen können, was einmal aus den hafenwirtschaftlichen Anfängen Hamburgs werden würde? Wer hätte im späten 13. Jahrhundert erahnen können, daß Rotterdam einmal zum – mit Abstand – größten Hafen in der Welt mutieren würde. In beiden Fällen waren es weitsichtige, mutige Männer, die die Standortvorteile und die damit verbundenen großen wirtschaftlichen Möglichkeiten und Chancen für ihre Region erkannt – und sie konsequent genutzt haben.

Man stelle sich einmal vor, wie es im Großraum Hamburg und im Großraum Rotterdam heute aussehen würde, wenn Umweltverbände, Naturschützer und andere Bedenkenträger damals den Gang der Geschichte nach ihren Vorstellungen geprägt und nicht statt dessen unternehmerischer Pioniergeist, Weitsicht und Wagemut verantwortungsbewußter Bürger obsiegt und der hafenwirtschaftlichen Entwicklung Vorrang gegeben hätte. Mit den heute zu besichtigenden eindrucksvollen und diese mutigen Männer bestätigenden Ergebnissen!

Wir wissen nicht, wie die Welt von morgen, wie es bei uns in 1 000 Jahren aussehen wird. Selbst Prognosen für kurzfristigere Zeiträume, für die nächsten 10 Jahre etwa, sind heute mehr denn je mit Unsicherheit behaftet. Das entbindet Politik und Wirtschaft aber nicht von ihrer Verantwortung, nach heutigem besten Wissen wirtschaftspolitische (Richtungs-)Entscheidungen zu treffen. Mit dem Votum der Landesregierung, der Nordwest-Region und der Bremer Hafenwirtschaft für den JadeWeserPort würden – sachlich überzeugend begründet – die Weichen gestellt für eine langfristig ähnliche Entwicklung des Jade-Weser-Ems-Wirtschaftsraumes. Schauen Sie auf die Karte. Zwischen Hamburg und Rotterdam, der Elb- und Rheinmündung, ist vergleichsweise hafenwirtschaftliches Entwicklungs- und Niemandsland! Zusammen mit Emden würde diese hafenwirtschaftliche Lücke, der weiße Fleck zwischen den Großhäfen Rotterdam und Hamburg geschlossen, würden allokative* Verbesserungen erreicht und der Zukunft und den Menschen dieses Raumes eine Chance gegeben!

* im Hinblick auf eine regional ausgeglichenere Wirtschaftsstruktur

Das stärkste Argument aber für den JadeWeserPort ist das prognostizierte explosive Wachstum im Containerverkehr. Danach würde sich der Güterumschlag im Containerverkehr bis zum Jahre 2010 verdoppeln und – bei Fortschreibung dieses Trends – bis zum Jahre 2020 vervierfachen! Verlängern Sie diese Entwicklung nur bis zum Jahr 2050 und bedenken Sie, daß dann nicht nur sechs Milliarden Menschen unsere Erde bevölkern, sondern voraussichtlich zehn Milliarden Menschen mit Wirtschaftsgütern versorgt werden müssen. Eine gewaltige Mengensteigerung jedenfalls rollt in den nächsten Jahren und Jahrzehnten auf die Nordrange zu und kapazitiv außerordentliche Anpassungen sind notwendig, um diese Mehrmengen auch in Zukunft wirtschaftlich zu bewältigen. Die hafenwirtschaftliche Konkurrenz hat dies begriffen, wie wir u.a. an der eilig geschmiedeten Allianz Cuxhaven-Hamburg erkennen. Von daher wäre es eine ungeheure Verschwendung, ein nicht zu verantwortender Verzicht, den breiten Strom exponentiell wachsender Gütermengen an uns vorbeiziehen zu lassen und damit die einmaligen Chancen und Möglichkeiten nicht auszuschöpfen, die sich unserer wirtschaftlich notleidenden Region mit ihrem großen hafenwirtschaftlichen Entwicklungspotential und ihrem Humankapital bieten. Dieses hafenwirtschaftliche Leistungspotential an der Küste, am tiefen Fahrwasser, darf nicht länger brach liegen, sondern muß jetzt aktiviert werden! Die Nordwest-Region muß ihre Standortvorteile an der Küste nutzen und sie zukunftsorientiert in den Dienst der Menschen stellen! Damit Arbeitsplätze entstehen, unsere Region wirtschaftlich nicht abgehängt wird und wir teilhaben am wirtschaftlichen und gesellschaftlichen Fortschritt! Und wir müssen bereit sein, dafür Raum und Fläche zur Verfügung zu stellen! Natur- und Artenschutz ist wichtig und es ehrt ihre Interessenvertreter, wenn sie sich dafür einsetzen. Der Mensch aber darf darüber nicht auf der Strecke bleiben.

Wilhelmshaven darf nicht aussteigen, sondern muß – nach der hafenwirtschaftlichen Depression der 80er Jahre und den dramatischen Beschäftigungseinbrüchen in unserer Region – endlich wieder richtig einsteigen und den mit dem Ölhafen in den 60er Jahren eingeschlagenen hafenwirtschaftlichen Erfolgsweg im 21. Jahrhundert jetzt zielstrebig fortsetzen! Mit dem JadeWeserPort ist uns eine zweite und wohl auch letzte Chance gegeben. Wir sollten sie nicht leichtfertig verspielen, sondern diese schicksalhafte Chance im Interesse nicht zuletzt unserer jungen Mitbürger verantwortungsbewußt nutzen. Die für Wilhelmshaven gemeldete höchste Arbeitslosenquote in den westdeutschen Bundesländern ist Verpflichtung für Politik und Wirtschaft, diese Entwicklung umzukehren und für wirtschaftliches Wachstum und neue Arbeitsplätze zu sorgen. Und das heißt, sich für den JadeWeserPort zu entscheiden!

Den Rotterdamer und Hamburger Bürgern ist ihre damalige Entscheidung, ihr Blick seewärts, nicht schlecht bekommen und es ist meine Überzeugung, daß die mit dem geplanten Container-Tiefwasserhafen JadeWeserPort langfristig verbundene wirtschaftliche Erschließung der Nordwest-Region dem Land Niedersachsen insgesamt großen wirtschaftlichen und gesellschaftlichen Gewinn und schließlich – allen Zweiflern zum Trotz – viele Tausend neue Arbeitsplätze bringen wird. Deshalb ja zum JadeWeserPort, ja zu den großen Chancen, die sich mit der Realisierung dieses Ausnahmeprojekts auf lange Sicht für unseren Wirtschaftsraum bieten!

Report vom 29.03.00

Die Wilhelmshavener Zeitung lud zu ihrem „**WZ-Forum**" (am 27.03.) ins Gorch-Fock-Haus ein, um über das Großprojekt JadeWeserPort zu informieren. Dreizehn exponierte Vertreter aus Politik und Wirtschaft

Howard Jacques, Vorsitzender des Siedlerbundes Voslapp
Wolfgang Frank, Erster Stadtrat und Wirtschaftsförderer der Stadt
Dr. Karl Harms, IHK-Vizepräsident
Gila Altmann MdB (Grüne)
Hans-Peter Kramer, Vorsitzender des Allgemeinen Wirtschaftsverbandes
John H. Niemann, Präsident der Wilhelmshavener Hafenwirtschafts-Vereinigung
Eberhard Menzel, Oberbürgermeister der Stadt Wilhelmshaven
Karin Evers-Meyer, MdL (SPD)
Henning Schultz, Landrat, Wittmund
Wilfried Adam, MdL (SPD)
Dr. Uwe Biester, MdL (CDU)
Gabriele Iwersen, MdB (SPD)
Erich Maaß, MdB (CDU)

trugen in kurzen Statements ihre Position zum JadeWeserPort einem interessierten Publikum vor und stellten sich im Anschluß daran den kritischen Fragen vor allem der Kritiker und Gegner dieses Projekts. Den Befürwortern leuchten die Argumente für die Realisierung des Projekts ohnehin ja ein! Moderiert wurde die Informationsveranstaltung vom Chefredakteur der Wilhelmshavener Zeitung, Herrn Jürgen Westerhoff.

Bis auf MdB Frau Gila Altmann (Grüne) waren die Vortragenden sich einig in ihrer Überzeugung, daß dieses Projekt uneingeschränktes Vertrauen und die möglichst geschlossene Unterstützung der Region verdiene. Nur Frau Altmann machte hier nicht mit. Sie nahm mit ihrem „Minderheitenvotum" – sehr zur Freude der Projektgegner – eine projektkritische Haltung ein und stellte die Hürden und Bedenken in den Vordergrund, die erst einmal zufriedenstellend ausgeräumt werden müßten. Es hätte auch sehr verwundert, wenn einmal alle an einem Strang gezogen und mit demonstrativer Solidarität über alle Parteigrenzen hinweg ein unmißverständliches Signal an den Landtag geschickt hätten. Aber auch ohne Frau Altmann mag es reichen und die doch überwältigende Zustimmung der Region als ein Signal pro JadeWeserPort in Hannover verstanden werden! Man merkt, wie sich die Grünen um die Wahrung ihrer politischen Identität sorgen und den politischen Eiertanz vermeiden möchten. Bevor ihre politischen Freunde dieses Projekt unterstützten, müsse die „Belastbarkeit" der vorgetragenen bzw. vorliegenden Daten erst einmal festgestellt und kritisch geprüft werden. Dafür brauche man die Machbarkeitsstudie, die von der WHV leider nicht herausgegeben werde. Die vorgetragene Arbeitsplatzprognose überzeuge auch nicht und lenke ab von anderen Zielen. Welchen Zielen, verriet sie nicht. Da ist er wieder: der unausgesprochene Verdacht gegen das Kapital, die Wirtschaft, gegen die Unternehmer, die natürlich nur ihren Gewinn im Auge haben und denen es in Wirklichkeit ja gar nicht um die Arbeitsplätze ginge, wo sie doch ständig rationalisieren… Ein immer wieder belebter, ideologischer Reflex der ewigen Klassenkämpfer. Mit so populistischen Äußerungen hat man natürlich immer sein – wenn auch kleines – Beifall klatschendes Publikum!

Vollends ins politische Abseits gerät Frau Altmann aber mit ihrer Forderung nach einer europäischen Hafenpolitik. Zwar hat sich auch der niedersächsische Wirtschaftsminister Dr. Peter Fischer im November letzten Jahres in Wilhelmshaven – leider unwidersprochen – ähnlich geäußert, doch bleibt dies eine ganz und gar abwegige Forderung, auch wenn sie vom Minister unterstützt wird. Will Frau Altmann zusammen mit Wirtschaftsminister Dr. Fischer auf Europa warten, will sie die Verantwortung auf die Europäische Kommission abschieben? Dann können sich die Länder bald ganz aus ihrer Verantwortung verabschieden! Dabei haben die Ministerpräsidenten der sechzehn Bundesländer bei ihrer Konferenz am letzten Wochenende in Berlin gerade noch einmal in Richtung Brüssel bekräftigt, daß ihre Eigenstaatlichkeit unantastbar sei und die Gestaltungsspielräume der deutschen Länder im Rahmen der föderalen Ordnung Deutschlands zu erhalten und verfassungsrechtlich unaufgebbar geboten sei. **Mit der Forderung Frau Altmanns und der Absicht Dr. Fischers (vielleicht hat er sich hier ja inzwischen korrigiert!?), sich um europäische Regelungen zu bemühen, stiehlt man sich aus der konkreten landes- und tagespolitischen Verantwortung, anstatt zu allererst originäre niedersächsische Hafenpolitik und damit allerbeste Wirtschaftspolitik für das Land zu machen!**

Man kann sich alles anhören und unser Demokratieverständnis, Recht und Gesetz verpflichten uns, allen Einwendungen und Bedenken Gehör zu schenken und in vernünftiger Streitkultur und zielführendem Diskurs das Mögliche zu tun, um Widerstände abzubauen, größtmöglichen Konsens herzustellen und kompromißfähig zu sein. Damit aber ist dem demokratischen Prozeß Genüge getan und es muß eine Entscheidung herbeigeführt und es muß gehandelt werden – auch ohne letzte Sicherheit zu haben! In diesem Sinne müssen die von den JadeWeserPort-Gegnern vorgetragenen Bedenken selbstverständlich aufgenommen und im Rahmen des bevorstehenden Genehmigungsprocedere mit Sensibilität den Einwendern gegenüber behandelt und in verantwortungsbewußter Güterabwägung schließlich entschieden werden.

Aber ich sage auch, unsere Verantwortung für die Zukunft darf sich nicht darin erschöpfen, den städtebaulichen und wirtschaftlichen Status quo unserer Stadt und unseres Lebensraumes festzuschreiben und den gegenwärtigen Zustand auf ewig bewahren und konservieren zu wollen. Politik und Wirtschaft tragen Verantwortung für die Gestaltung der Zukunft und müssen eine Vorstellung darüber gewinnen, wohin die Reise in die wirtschaftliche Zukunft unserer Region gehen soll. Und sie müssen entscheiden und den politischen „Fahrplan" festlegen! Wilhelmshaven, die Nordwest-Region braucht – nach langem wirtschaftlichen Niedergang – den „großen Wurf", braucht ihren „Masterplan" und sie hat ihn mit dem JadeWeserPort als seinem den wirtschaftlichen Fortschritt unserer Region initiierenden Herzstück! Mit dem Bau und Ausbau des JadeWeserPort in den nächsten Jahren und Jahrzehnten (!) wird ein neues Kapitel der Stadtentwicklung und der wirtschaftlichen Entwicklung der Nordwest-Region geschrieben. Der gesamtwirtschaftlich und gesellschaftlich im weitesten Sinne zu erwartende „Return on Investment" dieses hafenwirtschaftlichen Großprojekts läßt sich nicht von politischen „Erbsenzählern berechnen", sondern dieses Projekt muß vor allem politisch gewollt und in konkreten Planungsschritten konsequent umgesetzt werden!

Mit dem Bau des JadeWeserPort brechen politische Dämme und mein optimistisches Zukunfts-Szenario (s. Report vom 09.02.) wird mit der dann beschleunigten Realisierung verkehrlicher Infrastrukturmaßnahmen eine erste Bestätigung erfahren! Der JadeWeserPort bedeutet

eine politische Richtungsentscheidung des Landes, die internationalen Signalcharakter haben und die wirtschaftliche Entwicklung unserer Region in den nächsten Jahrzehnten auf noch kaum vorstellbare Weise beflügeln und beeinflussen wird. Mit dem Startschuß für den JadeWeserPort könnte Wilhelmshaven, könnte die Nordwest-Region eintreten in ein gleichsam „perikleisches Zeitalter" langfristiger wirtschaftlicher Blüte und stetiger Beschäftigungszunahme.

Es geht auch überhaupt nicht um die unmittelbar mit dem JadeWeserPort verbundenen Arbeitsplätze. Dafür brauchte man dieses Projekt nicht anschieben und in eine jahrelange zermürbende und viel Kraft kostende politische Auseinandersetzung mit den Gegnern dieses Projekts treten. Es geht nicht um 260 oder 400, nicht einmal um die von der Wilhelmshavener Hafenwirtschaft angenommenen und von den Port-Gegnern bezweifelten 4000 Arbeitsplätze, so wertvoll jeder einzelne dieser Arbeitsplätze auch ist. Es geht nicht um wenige Hundert Arbeitsplätze an der Küste, im Norden der Stadt. Die ganze Diskussion um diese ersten Arbeitsplätze ist lächerlich und es ist wirklich kleinstes Karo, wenn über das hafenwirtschaftliche Equipment, über die zu besetzenden Kräne und Gabelstapler Beschäftigungszahlen „im Dreischichtbetrieb" hochgerechnet werden. Hier muß nicht erst mit buchhalterischer Strenge bis aufs letzte Komma rechnerisch „nachgewiesen" werden, wieviel Arbeitsplätze dieses Projekt bringt. Diese Diskussion greift zu kurz und es ist eine Beleidigung dieses Riesenprojekts, ihm nur einen Beschäftigungsimpuls von wenigen Hundert Arbeitsplätzen zubilligen und dieses Projekt damit politisch diskreditieren zu wollen!

Es geht auf lange Sicht um Zehntausende (!) von Arbeitsplätzen, die im Zuge des mit dem JadeWeserPort angestoßenen wirtschaftlichen Wachstumsprozesses in der Nordwest-Region entstehen werden! Diese Region wird ein Beschäftigungswunder erleben – wenn sie die Weichen auf freie Fahrt für den JadeWeserPort stellt und alle Bremsen löst! Ich erinnere an die Beispiele Hamburg und Rotterdam, die auch einmal klein angefangen und es zu imponierender Größe gebracht haben. Beide Städte und Regionen haben ihre hafenwirtschaftlichen Ressourcen, ihre natürlichen Standortvorteile intelligent genutzt und damit einen nicht endenden, maßgeblich hafenwirtschaftlich initiierten Wachstumsprozeß in

Gang gesetzt. Wilhelmshaven, die Nordwest-Region ist nicht schlecht beraten, dem Beispiel dieser Welthäfen in Kooperation mit Bremen und Bremerhaven nachzueifern.

Oder denken Sie an den „Wilden Westen" Amerikas! Mit dem Bau der Eisenbahn – unter widrigsten Umständen – wurden die Grundlagen gelegt für die zunehmende Besiedlung und wirtschaftliche Erschließung des Landes. Die Eisenbahn und unerschütterlicher Wille mutiger Männer und Frauen waren das Vehikel zu wirtschaftlichem und gesellschaftlichem Fortschritt in Amerika. Und der JadeWeserPort kann – zugegebenermaßen unter bereits zivilisierteren Verhältnissen – zu einem ähnlichen Vehikel für die wirtschaftliche Entwicklung unseres „wilden Nordwestens", der Jade-Weser-Ems-Region werden! Es ist „Pionierarbeit" für die politischen Kräfte unserer Region, aber das große Ziel und die hohe Wahrscheinlichkeit, mit dem JadeWeserPort wirtschaftliches Wachstum und hohe Beschäftigung in die Region zu bringen und damit das „Armenhaus des Nordens" endlich zu verlassen, lohnen alle politischen Anstrengungen!

Wir sind es unseren jungen Mitbürgern, unseren Kindern schuldig, nach bestem Wissen heute darüber zu entscheiden, was wir politisch wollen. Und es ist meine Überzeugung, daß wir mit der Entscheidung für den JadeWeserPort eine gute, die bestmögliche Entscheidung treffen. Letzte Gewißheit haben wir alle nicht, wir entscheiden letztlich unter Unsicherheit, aber lassen Sie uns – im verantwortungsbewußten Abgleich der Chancen und Risiken – mit mutigen Schritten in die Zukunft gehen und uns mit dem JadeWeserPort ein Zeichen setzen für den solidarischen Willen Wilhelmshavens und unserer Region, dieser Zukunft eine vielversprechende Perspektive zu geben, für viele tausend neue Arbeitsplätze zu sorgen und insgesamt den gesellschaftlichen Wohlstand ihrer Bürger zu mehren!

Report vom 25.04.00

„Funke: Region Wilhelmshaven muß mit einer Stimme reden"
(WZ vom 20. April)
„Hafen-Entscheidung von Minister Fischer gefordert"
(WZ vom 14. April)
„JadeWeserPort bringt Tourismus zum Erliegen" (WZ vom 14. April)
„Weser-Ems-SPD: Jade-Weser-Port „Chance für die ganze Region"
(NWZ vom 10. April)
„Schützenhilfe für die JadeWeserPort-Pläne" (WZ vom 05. April)
„IHK-Rückzug aus Wilhelmshaven" (WZ vom 05. April)

So und ähnlich lauteten nach der Cuxhavener Intervention die Schlagzeilen in den letzten Tagen und Wochen. Viel verbale Unterstützung aus der Nordwest- bzw. Weser-Jade-Ems-Region für den JadeWeserPort. Minister, Bundestags- und Landtagsabgeordnete aller Parteien – mit Ausnahme der unentschlossenen Grünen –, Politik und Wirtschaft unseres Wirtschaftsraumes beziehen demonstrativ Stellung und legen ein klares Bekenntnis für die zukunftsweisenden hafenwirtschaftlichen Pläne Wilhelmshavens und seiner Kooperationspartner Bremen/Bremerhaven ab. Das ist gut so, weil damit ein – auch in Hannover – unüberhörbares Zeichen gesetzt wird für den entschlossenen Willen der Nordwest-Region, dieses Projekt gegen alle unerwartet „in den Ring gestiegene" hafenwirtschaftliche Konkurrenz politisch durchzuboxen! Man kann dieser sich jetzt mehr und mehr herausbildenden und sich politisch konstituierenden nordwestlichen Allianz pro JadeWeserPort nur wünschen, daß sie weiter große Einigkeit demonstriert, sich nicht auseinanderdividieren läßt und – im Gegenteil! – weiter mit beharrlicher Überzeugungsarbeit um politische Mehrheiten für das Ausnahmeprojekt JadeWeserPort wirbt.

Der Bürgerinitiative „Bürger gegen den JadeWeserPort" gebührt Respekt für ihre faire Gegnerschaft. Ihre vorgetragenen Gegenargumente, ihre Einwände und pessimistisches Zukunfts-Szenario aber werden argumentativ einfach „erschlagen", werden marginalisiert von der – auf lange Sicht –

alles überstrahlenden gesamtwirtschaftlichen Nutzenstiftung durch den JadeWeserPort. Kein Mensch wird in 20 Jahren noch dem Geniusstrand nachtrauern (viele Ältere werden sich aber gerne an ihn erinnern!), die „Verschlickung des Hooksieler Außenhafens" und „morphologische Effekte" werden kein Thema mehr sein. Der Tourismus wird nicht zum Erliegen kommen und auch die Verkehrsbelastungen werden durch adäquate Anpassungen der Verkehrsinfrastruktur umweltverträglich sein. Die Planungen für die Kaiserbalje oder einen Jade-Weser-Kanal haben sich dann aber – als eine wichtige verkehrliche Ergänzung des JadeWeserPort – hoffentlich bereits realisiert, ohne daß dabei die Naturschutzinteressen suspendiert worden wären. Und die Menschen werden die mit dem JadeWeserPort eingetretenen Veränderungen ihres Lebensraumes ganz sicher überwiegend begrüßen und positiv beurteilen!

Damit kein Mißverständnis entsteht. Mit der für den JadeWeserPort geforderten Priorität soll nicht dem „technischen k.o." der Cuxhavener Hafenpläne das Wort geredet werden! Nein! Cuxhaven hat ebenfalls gute Chancen, am dynamischen Wachstum der Verkehrswirtschaft zu partizipieren und kann hafenpolitisch natürlich nicht ignoriert, sondern muß eingebunden werden in das hafenpolitische Strategiekonzept des Landes Niedersachsens und der Bundesrepublik. Es geht – auf lange Sicht – um die Entwicklung einer großräumig entstehenden norddeutschen „Hafenlandschaft", um die Schaffung ausreichender hafenwirtschaftlicher Kapazität mit dem einerseits nordwestlichen Schwerpunkt Bremen/Bremerhaven/Wilhelmshaven, andererseits dem nordöstlichen Schwerpunkt Hamburg/Cuxhaven. Zusammen mit Emden würde hier langfristig ein starkes Gegengewicht geschaffen zu der heutigen Dominanz Rotterdams und dessen ebenfalls ehrgeizigen Ausbauplänen.

Es genügt aber auch der Blick auf die Landkarte, um zu erkennen, daß der Jade-Weser-Raum, die Nordwestküste vergleichsweise hafenwirtschaftliche Brache darstellt und das Land Niedersachsen mit seinem hier vorhandenen großen hafenwirtschaftlichen Entwicklungspotential über extraordinäre natürliche Ressourcen und strategische Reserven verfügt. Dieses hafenwirtschaftliche Kapital ist ein hochkarätiger „Rohdiamant", der in den nächsten Jahren und Jahrzehnten durch eine verantwortungsbewußte Wirtschaftspolitik zum JadeWeserPort „feingeschliffen" werden muß und der dann – unterstützt durch eine

weitsichtige verkehrliche Infrastrukturpolitik – gesamtwirtschaftlich seinen ganzen strahlenden, juwelen Glanz entwickeln wird! Konkret: die heute noch bestehende hafenwirtschaftliche Lücke zwischen Rotterdam und Hamburg würde mit dem JadeWeserPort geschlossen und dieses große hafenwirtschaftliche Entwicklungspotential endlich einer zukunftsorientierten wirtschaftlichen Nutzung zugeführt.

Das hafenwirtschaftliche Netz Deutschlands (und Europas!) würde – dem wachsenden Bedarf angemessen – engmaschiger geknüpft. Die mit dem wirtschaftlichen Wachstum verbundenen kontinuierlich wachsenden Verkehrs- und Güterströme würden sich nicht länger vor den Westhäfen der Nordrange und der begrenzten hafenwirtschaftlichen Kapazität Hamburgs stauen, sondern diese Staumengen würden ganz selbstverständlich ihren Weg in den sich alternativ anbietenden hafenwirtschaftlichen Großraum des Jade-Weser-Reviers finden und hier im JadeWeserPort – unterstützt durch modernste hafenwirtschaftliche Suprastruktur – logistisch professionell, d.h. wirtschaftlich und kostensparend abgefertigt. Damit einher ginge die infrastrukturelle und intensive wirtschaftliche Erschließung des „wilden Nordwestens", der strukturschwachen Nordwest-Region, mit allen ihren arbeitsmarkt- und beschäftigungspolitisch positiven Effekten.

Cuxhaven kann, wie dessen Oberbürgermeister Eilers selbstbewußt meint, im Vertrauen auf die Unterstützung der Hamburger Hafenwirtschaft („*das Finanzvolumen der Eurogate bringt die Hamburger Hafenwirtschaft allemal auf den Tisch*"), seinen eigenen hafenwirtschaftlichen Weg gehen. Mit dem forschen Auftritt dieses Herrn und seinem „Tiefschlag" gegen die hafenwirtschaftlichen Interessen Wilhelmshavens hat sich Cuxhaven selbst – ohne Not – ins politische Abseits gestellt. **Es geht überhaupt nicht um das entweder JadeWeserPort oder „Cuxport", sondern darum, wie auf lange, jahrzehntelange (!) Sicht sowohl Hamburg/Cuxhaven als auch die Häfen des Jade-Weser-Ems-Reviers angemessen am weltwirtschaftlichen Wachstum der Verkehrswirtschaft, hier insbesondere der Containerverkehre beteiligt werden können. Es geht darum, wie durch eine verantwortungsbewußte, weit vorausschauende Wirtschaftspolitik wohlstandsmehrendes wirtschaftliches Wachstum, neue Arbeitsplätze und damit insgesamt höhere Lebensqualität, sozialer Ausgleich in unserem Wirtschafts- und Lebensraum verwirklicht wer-**

den können! Wir haben hier – gemessen am Bundesdurchschnitt (westdeutsche Bundesländer) – bekanntlich erheblichen Nachholbedarf und dürfen nicht zulassen, daß unsere Region durch wirtschaftspolitische Fehlentscheidungen und mangelnde Ressourcenausschöpfung wirtschaftlich weiter abgehängt wird.

In diesem großen Zusammenhang geht es um die vielbeschworene deutsche Antwort auf die ehrgeizigen und strategisch ebenso weitreichenden hafenwirtschaftlichen Pläne Rotterdams und anderer europäischer Konkurrenzhäfen. Und diese Antwort heißt schlicht: die deutsche „Hafenlandschaft" muß mitwachsen oder besser stärker wachsen als die Konkurrenz. Wir können dies leisten, müssen es aber auch politisch wollen! Wir können uns dem intensiven europäischen Hafenwettbewerb, dem Ringen um angemessene Partizipation an der weltweit wachsenden und mit hohem Anteil auf die Nordrange zurollenden Gütertonnage nicht entziehen, sondern müssen uns hafenwirtschaftlich dem zunehmenden Mengendruck stellen und die sich bietenden Chancen wirtschaftspolitisch verantwortungsbewußt wahrnehmen. Die Landesregierung muß daher schnell zu einer gemeinsamen Linie und zu klarer hafenpolitischer Kursbestimmung finden. Die notwendigen Entscheidungen dürfen nicht länger hinausgezögert werden. Die Konkurrenzhäfen expandieren bereits, erweitern ihre Kapazitäten und stellen sich kraftvoll auf die Herausforderungen der Zukunft ein. Finden wir hier nicht schnell zu den hafenpolitisch richtigen Antworten und setzen wir nicht die hafenpolitisch richtigen (Investitions-)Schwerpunkte, dann berauben wir uns unserer großartigen Chancen und schöpfen unsere Möglichkeiten, unser Leistungspotential an der Küste nicht voll aus. Wir würden aber auch die Hoffnungen vieler junger Mitbürger enttäuschen, wenn wir nicht alle Kräfte auf die Realisierung des JadeWeserPort konzentrierten und dieses helle Fenster in eine vielversprechende Zukunft unserer Region weit öffneten. Mangelndes Wachstum, Wohlstandsverluste und anhaltend hohe Arbeitslosigkeit, weitere Abwanderung junger Menschen aus unserer Region würden dann die unerwünschten Folgen sein. Diese Entwicklung nicht verhindert und sie wider besseres Wissen nicht umgekehrt zu haben, würde unserer Generation nicht zur Ehre gereichen und es wäre überdies ein politisches Armutszeugnis für unsere Verantwortungsträger aus Politik und Wirtschaft.

Die Nordwest-Region, das Land Niedersachsen, ja, die Bundesrepublik Deutschland (!) muß also ihre naturgegebenen „strategischen Reserven" mobilisieren, und das ist nun einmal – der Blick auf die Landkarte lehrt es – das Jade-Weser-Revier mit seinem auf Jahrzehnte hinaus großen hafenwirtschaftlichen Entwicklungspotential. Mit dem JadeWeserPort geben wir der Zukunft unserer Region eine großartige Chance und stärken damit nachhaltig auch unsere nationale Position im internationalen hafenwirtschaftlichen Wettbewerb.

Cuxhaven sollte von daher seine unerwartet aufgebaute konfrontative Position noch einmal überdenken und sich an entsprechenden Konsensgesprächen, die eine vernünftige, aber doch nachrangige Einbindung der Cuxhavener Interessen zum Ziel haben, beteiligen.

Ob die Entscheidung der **IHK Oldenburg**, ihre Filiale in Wilhelmshaven zu schließen, vor dem Hintergrund der JadeWeserPort-Pläne politisch angezeigt war, darüber kann man geteilter Meinung sein. Nur die Tatsache, daß mit dem Wilhelmshavener Hans-Peter Kramer ein Wilhelmshavener zum Vizepräsidenten der IHK gewählt wurde und mit dem Allgemeinen Wirtschaftsverband in Wilhelmshaven enge Kontakte bestehen, mag die Enttäuschung darüber lindern. Besser für die Interessen Wilhelmshavens aber wäre es sicher gewesen, die IHK in Wilhelmshaven, vor Ort zu stärken und damit – nach den politischen Tiefschlägen in der Vergangenheit – endlich einmal ein demonstratives Zeichen zu setzen für die – parallel mit der wirtschaftlichen – auch institutionell erfolgende „Wiederaufrüstung" der Stadt Wilhelmshaven.

Report vom 29.05.00

Das Niedersächsische Landesamt für Statistik geht für die Stadt Wilhelmshaven von einer weiter schrumpfenden Einwohnerzahl aus. **Nach den erklärungsbedürftigen Berechnungen der Statistiker ergibt sich, daß die Einwohnerzahl Wilhelmshavens bis zum Jahre 2016 um 20 Prozent auf dann nur noch 71 000 zurückgehen wird (WZ vom 06. Mai).** Der zugrunde gelegte Basiswert beträgt danach knapp 89 000 Einwohner. Dieser Stand dürfte 1996 erreicht gewesen sein, wenn die jährlichen Abgänge *„seit Jahren jedes Jahr mehr als tausend Einwohner"* betrugen und die Stadt Ende 1999 nur noch 84 531 Einwohner zählte.

Dies ist eine sehr pessimistische „Prognose", besser Hochrechnung, denn es scheint, als hätten die Hannoveraner Rechenkünstler den Trend der letzten Jahre mit jährlich gut 1000 Abgängen einfach nur fortgeschrieben. Wahrscheinlich hat es sich in Hannover immer noch nicht herumgesprochen und ist nicht bis in die letzten Amtsstuben gedrungen, daß die Nordwest-Region wirtschaftspolitisch ehrgeizige Ziele verfolgt. Möglich auch, daß bestimmte politische Kräfte in Hannover ein Interesse daran haben, die langfristig vielversprechenden wirtschaftlichen Perspektiven und Chancen Wilhelmshavens und der Nordwest-Region mit ihren leichtfertigen Hochrechnungen politisch absichtsvoll zu verdüstern. Eine Prognose – die diesen Namen verdient – kann nicht am politischen Willen und den bereits erreichten Erfolgen dieser Region vorbeisehen, den Abwärtstrend der letzten Jahre zu brechen. Sie kann nicht die großen Chancen ausblenden, die sich der Stadt und Region mit dem Projekt JadeWeserPort bieten, sondern muß die damit verbundene, wahrscheinliche Ausnahmeentwicklung ins Kalkül ziehen und entsprechende Trendmodifikationen durchrechnen. Sie wird dann zweifellos zu einer optimistischeren Einschätzung der Entwicklung kommen. Die guten Nachrichten für die Nordwest-Region in den letzten Wochen, Erneuerung, Ausbau und Elektrifizierung der Bahnstrecken im Nordwesten und – sieht man von der politisch bedenklichen Intervention ihrer Gegner ab – positive Meldungen zur B 210 (neu)... signalisieren immerhin, daß die in Zusammenhang mit dem JadeWeserPort notwendigen Verbesserungen der verkehrlichen Infrastruktur auf gutem Wege sind. Auch das Transrapid-Projekt stärkt die wirtschaftliche Position des Nordwestens.

Dies alles steht für den Aufbruch der Nordwest-Region in die Zukunft, in das 21. Jahrhundert, steht für das Vertrauen in den technischen und gesellschaftlichen Fortschritt! Es sind wichtige vertrauensbildende Zusagen und Absichtserklärungen, die Mut machen und die nun in konsequentes politisches Handeln münden müssen. Die Sogwirkung unseres breit unterstützten politischen Wollens auf potentielle Investoren kann jedenfalls nicht hoch genug eingeschätzt werden. Die wirtschaftspolitischen Aktivitäten des niedersächsischen Ministerpräsidenten Sigmar Gabriel und erreichte Ergebnisse (s.o.), auch die Unterstützung des JadeWeserPort durch die CDU-Opposition, vermitteln insgesamt den Eindruck, daß man das wirtschaftliche Potential der Nordwest-Region richtig einschätzt und hier aus guten Gründen (hafenwirtschaftliche Standortvorteile, Strukturschwäche, hohe Arbeitslosigkeit) politische Arbeitsschwerpunkte setzt.

Es ist so, wie ich nicht müde werde, zu betonen: Mit dem JadeWeserPort als Initialzündung wird die Nordwest-Region sich auf die spannende Reise in eine Zukunft voller Chancen begeben! Dieses Projekt wird zu einem „Jahrhundert-Renner" mutieren und eine Kettenreaktion auslösen, wenn politisch ernst gemacht und dem JadeWeserPort freie Fahrt gegeben wird! Ein Wachstums- und Beschäftigungsprogramm ohne Ende! Der vergleichsweise wirtschaftlich unterentwickelte „wilde Nordwesten" gerät als attraktiver Investitionsstandort zunehmend in den Blick nationaler und internationaler Investoren und wird im Gefolge des JadeWeserPort wirtschaftlich aufblühen. Technischer Fortschritt und wohlstandsmehrendes wirtschaftliches Wachstum werden diesen regional weit ausstrahlenden langfristigen Veränderungsprozeß an der Küste human und umweltverträglich begleiten. International operierende Logistik- und Speditionsunternehmen, Industrie (s. Absichtserklärungen der Chemie-Industrie), Handel und Dienstleistungsbetriebe, Unternehmen der IT-Branche werden sich – unterstützt durch ein effizientes Industriemarketing – zur Küste hin orientieren und sich hier nach Art der Ölfleckentheorie weiter ausbreiten. Eine überdurchschnittlich wachsende Verkehrswirtschaft wird die Standortalternative am tiefen Fahrwasser und hier vorhandene modernste hafenwirtschaftliche Infra- und Suprastruktur, Zeit und Kosten sparendes High tech-Equipment und Professionalität des JadeWeserPort begrüßen und für zunehmende Auslastung sorgen. Güterimport und zunehmend auch über den Universalhafen JadeWeserPort abgewickelte Exporte, vielfältige wirtschaftliche Verflechtungen werden zu einer heute noch kaum vorstellbaren wirtschaftlichen Belebung und Internationalisierung unseres Wirtschaftsraumes führen. Die zarte Pflanze JadeWeserPort wird sich über die Jahrzehnte mit regional weit austreibenden, kräftigen wirtschaftlichen und kulturellen Trieben auswachsen zu einem prächtigen, die gesamte Region wirtschaftlich befruchtenden Baum, der gesamtwirtschaftlich reiche Früchte tragen und unserer Region und dem Land langfristig großen gesellschaftlichen Gewinn bringen wird.

Eingetrübt wird das Vertrauen in den Ministerpräsidenten indes durch die jetzt bekannt werdende Absicht der Wirtschaftsminister und -Senatoren der Länder Niedersachsen, Hamburg und Bremen, den Unternehmensberatern Roland Berger und Planco eine „Schiedsrichterrolle" im Streit Tiefwasserhafen Wilhelmshaven oder Cuxhaven zuzuweisen. Damit stiehlt sich unser niedersächsischer Wirtschaftsminister Dr. Peter Fischer einmal mehr elegant aus der politischen Verantwortung und delegiert *sein* Entscheidungsproblem an externe Berater. Die Untersuchungsberichte der Unternehmensberater sollen „*sowohl mit der Bremer Lagerhaus-Gesellschaft als auch mit der Hamburger Hafen- und Lagerhaus-Gesellschaft abgestimmt werden*" (WZ vom 27. Mai). Hamburg unterstützt bekanntlich Cuxhaven. Ob die Eurogate als Betreiber unverändert zum JadeWeserPort steht, erscheint nach der Cuxhavener „Intervention" nicht mehr sicher. Von einem in dieser Situation wünschenswerten und hilfreichen demonstrativen Bekenntnis der Eurogate-Gruppe zum JadeWeserPort ist mir jedenfalls nichts bekannt. Eine politische „Verständigung" der auch in Hamburg präsenten Eurogate mit ihren Hamburger Partnern zugunsten des Hamburger „Vorhafens" Cuxhaven und damit ihr Ausstieg aus dem beabsichtigten Wilhelmshavener Engagement kann zumindest nicht mehr ausgeschlossen werden. Also unglücklicher geht es kaum noch. Skepsis jedenfalls ist angebracht über das jetzt ministeriell beabsichtigte weitere Entscheidungsprocedere.

Da arbeitet die Wilhelmshavener Hafenwirtschafts-Vereinigung e.V. (WHV) – bestärkt hierin durch den Wirtschaftsminister – jahrelang an ihrem Projekt JadeWeserPort, glaubt sich mit der Vorstellung der mit Landesmitteln unterstützten Machbarkeitsstudie und unterstützt durch die Eurogate (als Betreiber) sowie breitesten Zuspruch aus Politik und Wirtschaft, auf gutem Wege und eigentlich schon am Ziel, um dann doch noch von

Cuxhaven abgefangen zu werden? Das wäre ein Ding aus dem politischen Tollhaus und eine Entwicklung, die man noch im Februar nicht für möglich gehalten hätte. Es ist, als würde der klar Führende eines Marathonlaufs beim 40. Kilometer frische Konkurrenz von außen bekommen und dieser späte „Einsteiger" am Ende als auch noch bejubelter Sieger durchs Ziel gehen. Solide Vorarbeit der Wilhelmshavener Hafenwirtschaft würde politisch bestraft und politisches Trittbrettfahren würde belohnt. Das darf politisch einfach nicht durchgehen und ich hoffe, daß Sachorientierung, fairer Umgang miteinander und politische Vernunft am Ende die Entscheidung bestimmen und man mehrheitlich für den JadeWeserPort votieren wird.

Über den Standort Wilhelmshaven oder Cuxhaven als Containerhafen muß in erster Linie politisch entschieden werden! Nicht in Hamburg oder Bremen, sondern in Hannover muß die Grundsatzentscheidung fallen! Für Wilhelmshaven (kooperiert mit Bremen/Bremerhaven) oder Cuxhaven (kooperiert mit Hamburg) – oder auch für beide Projekte! Warum also nicht endlich die Diskussion des Projekts im Niedersächsischen Landtag? Der CDU-Vorsitzende Herr Wulff hat doch Unterstützung seiner Fraktion für den JadeWeserPort zugesagt, und weite Teile der SPD aus der Weser-Ems-Region unterstützen das Projekt ebenfalls! Mit der wahrscheinlichen Mehrheit des Landtags für den JadeWeserPort wäre dann doch eigentlich alles klar, oder? Vorfahrt für den JadeWeserPort und – bitte schön erst nachrangig – auch Unterstützung für den Cuxhaven-Port!

Die natürlichen hafenwirtschaftlichen Ressourcen wie tiefes Fahrwasser, weiträumig dimensionierte Gewerbeflächen, großes hafenwirtschaftliches Entwicklungspotential sowie die geographische Lage zwischen den ARA-Häfen (Antwerpen, Rotterdam, Amsterdam) und Hamburg und damit auch allokative und distributive Gesichtspunkte favorisieren das Projekt JadeWeserPort. Mit der Erneuerung und Elektrifizierung der Bahnstrecken und straßenbaulichen Maßnahmen würden verkehrstechnisch zentrale distributive Bedingungen und Voraussetzungen für das Projekt erfüllt, die ebenfalls für die Entscheidung pro JadeWeserPort sprechen. Dann sollte man auch „Nägel mit Köpfen" machen, den Autobahnanschluß an den Wesertunnel beschließen und die Anbindung des einzigen deutschen Tiefwasserhafens an das Binnenwasserstraßennetz politisch forcieren.

Man muß das Entscheidungsproblem auch nicht zuspitzen auf die Frage „Wilhelmshaven oder Cuxhaven". Wie ich in vorhergehenden Reports bereits ausgeführt habe, kann Cuxhaven hafenpolitisch nicht ignoriert werden, sondern muß selbstverständlich eingebunden werden in das hafenpolitische Strategiekonzept des Landes Niedersachsen und der Bundesrepublik. Auf lange Sicht brauchen wir sowieso über den JadeWeserPort hinausgehende hafenwirtschaftliche Kapazität. Denken Sie an das prognostizierte überdurchschnittliche verkehrswirtschaftliche Wachstum der nächsten Jahre. **Das mit Abstand größte hafenwirtschaftliche Wachstumspotential aber liegt am tiefen Fahrwasser Wilhelmshavens. Deshalb macht es Sinn, wirtschaftspolitisch den Investitionsschwerpunkt primär auf die Förderung und Realisierung des JadeWeserPort zu legen, für die notwendige verkehrliche Infrastruktur zu sorgen und damit wirtschaftliches Wachstum und Beschäftigung in der Nordwest- und Weser-Ems-Region zu initiieren und nachhaltig zu fördern. Dies ist beste Regional- und Strukturpolitik und es wäre schön, wenn es hier im niedersächsischen Landtag zu einem breiten parteienübergreifenden Konsens käme!**

Die in die Hunderttausende gehenden Kosten für die Unternehmensberater wären woanders allemal besser angelegt. Der Wirtschaftsminister sollte endlich zu seiner politischen Verantwortung stehen, die politische Entscheidung im Landtag suchen und nicht immer nur in unverbindliche Statements ausweichen bzw. verschiedenste Arbeitskreise und Berater mit der Problemlösung beauftragen. Dieses Land braucht politische Entscheider mit strategischem Weitblick, keine Verwalter des Mangels, sondern unternehmerische Persönlichkeiten, die Gespür haben für die wirtschaftspolitisch richtigen Schwerpunktlegungen und auch bereit sind, die notwendigen politischen Entscheidungen zu treffen. Des Ministers unentschiedene Haltung ist ja verständlich. Als Cuxhavener Bürger muß der Minister in dieser Angelegenheit als befangen gelten, und deshalb wäre es das beste – und niemand würde es ihm verübeln –, wenn er sich vollständig aus dem weiteren hafenwirtschaftlichen Entscheidungsprozeß heraushalten und dieses Thema seinem Ministerpräsidenten überlassen würde. Analytischer hafenwirtschaftlicher Sachverstand ist im niedersächsischen Landtag, im Ausschuß für Häfen und Schiffahrt, reichlich vorhanden, man muß ihn nicht teuer (und keineswegs besser) extern zukaufen.

Mit der Beauftragung der Unternehmensberater Berger/Planco jedenfalls stellt sich die Landesregierung ein politisches Armutszeugnis aus. Es ist Flucht aus der eigenen Verantwortung und Kompetenz, Flucht in das Beraterurteil, das dann als Alibifunktion unpopuläre Entscheidungen politisch abfedern soll. So entsteht der Eindruck, als traue man es sich in Hannover nicht mehr zu, wichtige wirtschaftspolitische Entscheidungen in eigener, landespolitischer Verantwortung zu treffen – und zu dieser Verantwortung zu stehen! Die ins Feld geführte Neutralität der Berater und „Obergutachter" ist eine Schimäre, wenn man die Ergebnisse der Untersuchung an die Bedingung knüpft, sie vor ihrer Veröffentlichung mit Unternehmen der Hamburger und Bremer Hafenwirtschaft abzustimmen. Was dabei im September herauskommt, darauf darf man gespannt sein. –

Report vom 16.08.00

„Braucht Deutschland einen Tiefwasserhafen an der Nordseeküste?"
überschreibt die FAZ (vom 03. August) einen Bericht ihres Redakteurs
Axel Schnorbus. Dem an diesem Thema interessierten Leser verrät der Autor zwar nichts Neues, aber es ist ja nicht schlecht für unsere regionalen Interessen, wenn sich auch eine renommierte Tageszeitung wie die FAZ dieses Themas annimmt und ihm einen Mehrspalter in ihrem Wirtschaftsteil
widmet. Im Mittelpunkt seines Artikels steht die Konkurrenzsituation Wilhelmshaven – Cuxhaven. Hamburg und Schleswig-Holstein favorisieren
bekanntlich Cuxhaven, die Eurogate-Gruppe, Europas größter Umschlag-
betrieb plädiert für Wilhelmshaven als künftigen Standort eines Tiefwasserhafens.

Die Befürworter führen, so der Autor, das stürmische Wachstum der Containerverkehre und den Einsatz immer größerer Schiffe ins Feld. In Europa würden diese Großschiffe nur noch den neuen Hafen Gioia Tauro an der
Südspitze Italiens, Rotterdam an der Rheinmündung und eben einen noch
zu bestimmenden deutschen Tiefwasserhafen anlaufen können. Eine Monopolstellung Rotterdams dürfe es nicht geben. Die deutsche Küstenwirt-
schaft würde sich nicht damit abfinden, *„wenn sie einen großen Teil der mit
dem Containerumschlag verbundenen Wertschöpfung an den Hafen an der
Rheinmündung verlöre."* **Und: in Wilhelmshaven seien die Planungen
für einen Tiefwasserhafen am weitesten gediehen. Eine** *„umfassende
Projektstudie"* **liege bereits vor, ausreichendes Baugelände stehe zur
Verfügung. Wilhelmshaven sei „zudem bereits Tiefwasserhafen für
nasses** *(Öl)* **und trockenes Massengut** *(Kohle, Getreide)."* **So ist es. -**

Der FAZ-Autor mutmaßt: *„Neben Eurogate neigt wohl auch die niedersächsische Landesregierung – schon aus strukturpolitischen Gründen –
dieser Lösung zu. Denn Wilhelmshaven ist Krisenregion mit hoher Arbeitslosigkeit... So gesehen würde ihr ein neuer Tiefwasserhafen erheblichen Auftrieb geben."* Richtig!

„Doch braucht Deutschland überhaupt einen solchen Hafen?" fragt
Axel Schnorbus rhetorisch und artikuliert damit die von der Hamburger
Hafenwirtschaft aus naheliegenden Gründen in die Diskussion gebrachten
Zweifel an diesem Projekt. Die Wirtschaftlichkeit extrem großer Contai-

nerschiffe sei in der Fachwelt nicht unumstritten und die Einsatzmöglichkeiten schon durch ihre schiere Größe begrenzt. Die Ladungen müßten am Zielhafen (welchen Zielhafen!?) ohnehin auf kleinere Schiffe umgeladen werden. Hamburg und Bremerhaven seien für das erwartete Frachtaufkommen gut gerüstet und würden ihre Umschlagkapazitäten gegenwärtig erheblich erweitern...

Alles schön und gut – und sicher wichtig und notwendig für den nachgelagerten Güterumschlag. Aber die sich unverändert aufdrängende Frage, wo die großen Pötte ihre Fracht löschen bzw. umladen – und neue Fracht aufnehmen! –, die Frage nach diesem Ziel-, Mittelpunkt- oder Zentralhafen bleibt vorläufig unbeantwortet. Denn diese Container-Jumbos kommen, ob das Hamburg nun paßt oder nicht. Die den Hamburger und Cuxhavener Interessen zugeneigten Hafenwirtschafter werden diesen sich beschleunigenden Trend nicht mehr lange infrage stellen bzw. ignorieren können, weil diese Schiffsriesen der Containerschiffahrt (> 8.000 TEU) schon bald zu bestaunende Realität sein, die Weltmeere befahren und ihren Weg nach Europa – und hoffentlich auch nach Wilhelmshaven finden werden. Vorliegende Expertisen halten sogar den Bau von Containerschiffen mit einer Stellplatzkapazität von 18.000 TEU für möglich und wahrscheinlich.

Die folgende Darstellung veranschaulicht die Entwicklung der Schiffsgrößen im weltweiten Containerverkehr.

Eine weitere Übersicht (Seite 96) informiert über die 10 größten Containerhäfen der Welt und in Europa.

Fortsetzung auf Seite 113

Entwicklung Schiffsgrößen im weltweiten Containerverkehr

	TEU*	Länge (in Metern)	Breite (in Metern)	Tiefgang (in Metern)
Erste Generation (1960)	bis 1.000	192	24	10,00
Zweite Generation (1970)	bis 2.000	214	28	11,50
Dritte und vierte Generation, Panamax-Klasse (1972)	bis 4.900	300	32	13,50
Post-Panamax-Klasse (1992)	bis 6.000	318	38	14,00
S-Klasse von Maersk-Sealand und Nachfolger (1997-2006) (geschätzt)	> 6.000 – 9.500	320 – 370	40 – 46	15,00
Suezmax-Klasse (voraussichtlich ab 2007)	12.000	400	50	17,00
Malacca-max-Klasse (noch eineVision, aber Frachter > 12.000 TEU ab 2010-2012 realistisch)	18.000	400	60	21,00

* <u>T</u>wenty Foot <u>E</u>quivalent <u>U</u>nit (Standardcontainer)

Anmerkungen:

1. Mit „Panamax-Klasse" werden die Containerschiffe bezeichnet, die gerade noch die Schleusen des Panama-Kanals passieren können.

2. Für die „Post-Panamax-Klasse" ist eine Passage des Panama-Kanals nicht mehr möglich.

3. Die Frachter der „Suezmax-Klasse" könnten den Suez-Kanal gerade noch passieren.

4. Für die Schiffsriesen der „Malacca-Max-Klasse" setzt – wenn sie denn gebaut werden – die Malacca-Straße als eine der meist befahrenen Seestraßen der Welt und wichtigste Verbindung des Seehandels zwischen Asien und Europa das geographische Maß; um auch den Suez-Kanal passieren zu können und damit den Umweg um das Kap der Guten Hoffnung zu vermeiden, müßte der Suez-Kanal weiter ausgebaggert werden.

Die 10 größten Containerhäfen der Welt (1999)

		TEU*
1	Hongkong	16,100.000
2	Singapore	15,900.000
3	Kaoshiung	6,985.000
4	Pusan	6,440.000
5	Rotterdam **	6,400.000
6	Long Beach	4,408.000
7	Shanghai	4,210.000
8	Los Angeles	3,829.000
9	Hamburg ***	3,750.000
10	Antwerpen	3,614.000

Die 10 größten Containerhäfen Europas (1999)

1	Rotterdam **	6,400.000
2	Hamburg ***	3,750.000
3	Antwerpen	3,614.000
4	Felixstowe	2,700.000
5	Gioia Tauro	2,253.000
6	Bremen	2,200.000
7	Algeciras	2,000.000
8	Le Havre	1,380.000
9	Barcelona	1,250.000
10	Genua	1,234.000

Quelle: CI Yearbook 2000

* Twenty Foot Equivalent Unit (Standardcontainer).

** Mit einem Güterumschlag von insgesamt 310 Mio Tonnen ist Rotterdam aber der mit Abstand größte Hafen der Welt.

*** Mit „nur" 81 Mio. Tonnen nimmt Hamburg im europäischen Vergleich abgeschlagen hinter Rotterdam und Antwerpen (130 Mio.Tonnen) den dritten Rang ein.

Zum Vergleich: Mit einem Güterumschlag von 43,4 Mio. Tonnen rangierte Wilhelmshaven (nach 1999 = 39,8 Mio. Tonnen) auch im Jahr 2000 im nationalen Vergleich hinter Hamburg (85 Mio. Tonnen) an zweiter Stelle.

Tiefwasserhafen Wilhelmshaven: unten der Marinehafen mit der Jadeschleuse (früher 4. Einfahrt); Bildmitte rechts außen die Tankerumschlaganlage der Nord-West-Oelleitung (NWO), darüber die Niedersachsenbrücke (Rhenus MIDGARD), die Tankerumschlaganlage der Wilhelmshavener Raffineriegesellschaft (WRG) und die Umschlaganlage Voslapper Groden. Mit dem JadeWeserPort (1. Ausbaustufe) wird das riesige hafenwirtschaftliche Entwicklungspotential des Jade-Weser-Reviers weiter aktiviert und werden mutige Schritte in die hafenwirtschaftliche Zukunft Deutschlands unternommen.

Trafen sich auf der Messe „transport-logistic" (15.05.01) in München, von links nach rechts: **Detlev R. Gantenberg** *Messe München,* **John H. Niemann** *WHV-Präsident,* **Günther Reiche** *WHV-Vizepräsident, Bundesminister* **Kurt Bodewig,** **Wilfried Adam** *MdL,* **Dr. Susanne Knorre** *Nds. Ministerin für Wirtschaft, Technologie und Verkehr,* **Detthold Aden** *Vorsitzender des Vorstandes BLG LOGISTICS GROUP. Natürlich war der JadeWeserPort zentrales Thema der Gespräche.*

Bundesminister Kurt Bodewig:

„Herzlichen Glückwunsch Wilhelmshaven zum JadeWeserPort. Nun geht die Arbeit erst so richtig los – Ihr könnt mit meiner Unterstützung rechnen."

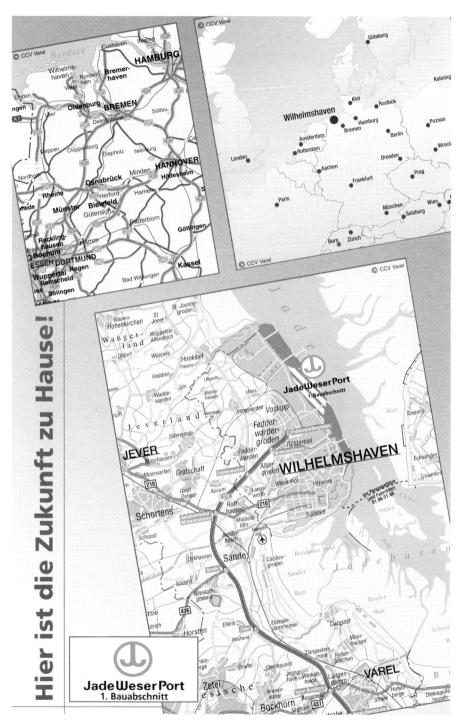

JadeWeserPort mit guter verkehrlicher Anbindung. Aber Infrastruktur muß mit dem durch den JWP induzierten wirtschaftlichen Wachstum zukunftsorientiert weiter ausgebaut und optimiert werden.

JadeWeserPort-
Sparkassenbrief

Die **Sparkasse Wilhelmshaven** wird sich mit 100.000 Euro
für die **JadeWeserPort AG** engagieren und damit nachhaltig
die historischen Chancen des **JadeWeserPorts** für die
wirtschaftliche Region unterstützen.

Mit dem
JadeWeserPort-Sparkassenbrief
gibt die Sparkasse Wilhelmshaven
Ihnen ebenfalls die Chance, sich
– wenn auch indirekt –
für die erfolgreiche Realisierung
des Jahrhundert-Projektes
JadeWeserPort zu engagieren.

Der
JadeWeserPort-Sparkassenbrief
bietet dabei alle Vorteile des
klassischen Sparkassenbriefes,
das heißt:

- **feste Laufzeit von
insgesamt 6 Jahren,**

- **garantierte marktgerechte
Verzinsung über die gesamte
Laufzeit,**

- **100% garantierte Rück-
zahlung und eine
mündelsichere Geld-
anlage ohne Spesen.**

Eine Anlage ist bereits ab
1.000 DM möglich.

Das Angebot gilt nur für
Privatkunden.

Die hierdurch angesammelten
Gelder wird die Sparkasse vorrangig im Kreditgeschäft zur
Refinanzierung von Finanzie-
rungen im Zusammenhang mit
dem JadeWeserPort einsetzen.

Sparkasse Wilhelmshaven
Die clevere Entscheidung – seit 1876

Das Luftbild zeigt vorne den Marinehafen und rechts den Ölhafen von Wilhelmshaven. Im rot markierten Areal soll – in der ersten Stufe mit vier Liegeplätzen – der JadeWeserPort, Deutschlands einziger Container-Tiefwasserhafen, entstehen. Die Wilhelmshavener Hafenwirtschaft gibt sich optimistisch und geht davon aus, daß die ersten Schiffsriesen im Jahr 2006/07 hier festmachen werden.

Mit Schlepperhilfe an die Tankerumschlaganlage der Nord-West-Oelleitung (NWO). 3 Liegeplätze für Tanker; max. 250.000 tdw (abgeladen); größtes Schiff bisher 413.000 tdw mit Teilladung! Im Jahr 2000 wurden 21, 3 Mio Tonnen umgeschlagen. Mit einem Anteil von 49,1 Prozent am Gesamtumschlag aller Hafeneinrichtungen Wilhelmshavens ist die NWO – neben der Wilhelmshavener Raffineriegesellschaft (WRG) mit 43,1 Prozent – das absolute „Schwergewicht" unter den hafenwirtschaftlichen Leistungsträgern.

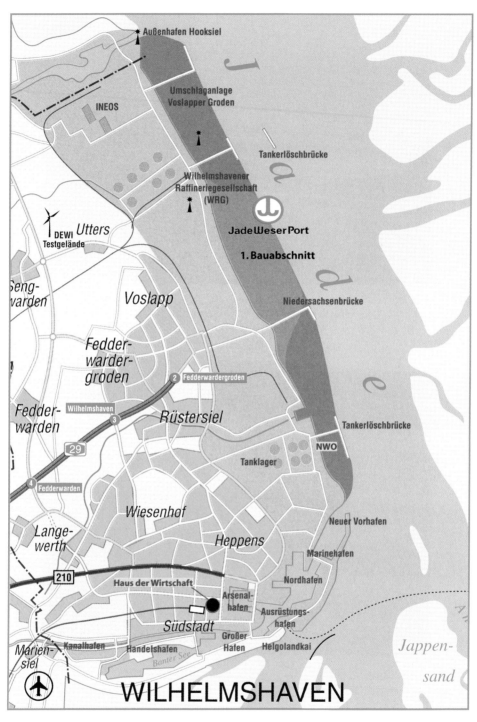

Wilhelmshaven blickt seewärts... Mit dem JadeWeserPort wird ein neues spannendes Kapitel der Stadtentwicklung aufgeschlagen.

Tankerumschlaganlage der Wilhelmshavener Raffineriegesellschaft mbH (WRG) mit 4 Liegeplätzen und Umschlageinrichtungen für Rohöl und Rohölprodukte. Mit einem Umschlag von 18,7 Mio. Tonnen und einem Anteil von 43,1 Prozent am Gesamtumschlag des Wilhelmshavener Hafens im Jahr 2000 trägt die WRG-Löschbrücke wesentlich zur hafenwirtschaftlichen Gesamtleistung bei.

Verbindungshafen mit Nordwest-, Nordost- und Südwestkai (vorne). Stückgut, Kühlgut und Schütt-gut werden hier umgeschlagen.

Großer Hafen mit Bonte-Kai rechts. Der Bonte-Kai ist ein beliebtes Touristenziel. Windjammer aus aller Welt geben sich hier regelmäßig ein maritimes Stelldichein.

Im Vordergrund der Verbindungshafen, rechts der Südwestkai; Verbindungshafen und Großer Hafen werden getrennt durch die Kaiser-Wilhelm-Brücke (links oben).

*Auch im Inneren Hafen herrscht reger Betrieb. Der Südwestkai und Nordwestkai mit guter Aus-
lastung ...*

Blick auf den Südstrand und dessen wunderschöner Promenade. Ein Anziehungspunkt, der nicht nur im Sommer ein beliebtes Ausflugsziel für Badegäste, Wassersportfreunde und Spaziergänger dar- stellt, sondern auch in den Herbst- und Wintermonaten gerne besucht wird und Besucher aus nah und fern zu ausgiebigen Spaziergängen am Wasser einlädt.

*Der Geniusstrand mit Campingplatz, eine Freizeitidylle seit Jahrzehnten. Rechts ein Teil der Nie-
dersachsenbrücke. Im Hintergrund die Raffinerie. Kommt der JadeWeserPort, dann heißt es Ab-
schied nehmen vom Geniusstrand. Die Gegner des JadeWeserPort sehen im Verlust des Geniusstrandes einen Verlust an Lebensqualität und sie befürchten wirtschaftliche Einbußen durch fernbleibende Urlaubsgäste.*

*Ein Tankerriese mit Schlepperhilfe auf dem Weg an die Löschbrücke der NWO. Die miniaturhaft wir-
kenden Schlepper vermitteln einen Eindruck von der gigantischen Größe ihres mit über 350.000 tdw
eingeschätzten Schleppobjekts. Nur Deutschlands einziger Tiefwasserhafen Wilhelmshaven kann
von diesen – den künftigen Container-Schiffsriesen und Mega-Carriern vergleichbaren – Super-
tankern angelaufen werden.*

Luftaufnahme des Rotterdamer Hafens. Mit einem Güterumschlag von 310 Mio. Tonnen in 1999 ist Rotterdam der größte Universalhafen der Welt. Hamburgs Güterumschlag liegt vergleichsweise bei „nur" 81 Mio. Tonnen. Allein für den Containerumschlag wird ein jährliches Wachstum um 10 Prozent prognostiziert. Rotterdam trägt dem dynamischen Wachstum mit dem weiteren Ausbau seiner Umschlagkapazität Rechnung.

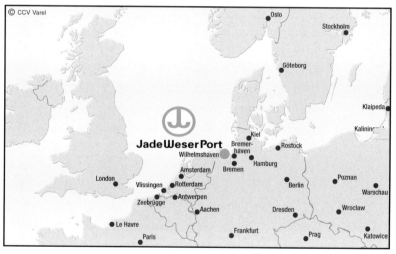

Nordrange mit den Westhäfen Le Havre, Zeebrügge, Antwerpen, Vlissingen, Rotterdam und Amsterdam sowie den deutschen Containerhäfen Bremerhaven und Hamburg. Mit dem geplanten Container-Tiefwasserhafen JadeWeserPort rüstet sich die deutsche Hafenwirtschaft für die Schiffsriesen der Zukunft, für eine neue Generation in der Containerschiffahrt, die spätestens ab dem Jahr 2007 die Weltmeere befahren wird. Außer im künftigen JadeWeserPort können in Europa nur noch Rotterdam und Gioia Tauro (Italien) die erwarteten Container-Jumbos mit 8.000 TEU und größer abfertigen.

Phantastischer Sonnenuntergang im Hamburger Hafen. Aber kein Untergang des Universalhafens Hamburg, wie ihn besorgte Hamburger Hafenwirtschafter und Medienvertreter vor dem Hintergrund der JadeWeserPort-Pläne an die Wand malen („eine verheerende Entscheidung!"). Hamburg bleibt trotz JadeWeserPort unangefochten das „Flaggschiff" unter den deutschen Nordseehäfen. JadeWeserPort aber mit riesigem Entwicklungspotential!

Die Containerbrücken am neu gestalteten Liegeplatz 1 am Container-Terminal Burchard-Kai der Hamburger Hafen- und Lagerhaus-Aktiengesellschaft (HHLA). Nach einer Umbauzeit von fast 3 Jahren und Investitionen von rund 100 Millionen Mark, wurde dieser Liegeplatz zu einer der weltweit modernsten Kai-Anlagen.

Ein voll beladenes Containerschiff unter den Containerbrücken am Container-Terminal Burchard-Kai im Hamburger Hafen. Hafenwirtschaftlicher Alltag bald auch im einzigen Tiefwasserhafen Deutschlands, dem geplanten JadeWeserPort in Wilhelmshaven?

Fortsetzung von Seite 94

Wir sind also gut beraten, uns auf diese Größenentwicklung, eine neue revolutionäre Dimension in der Containerschiffahrt einzustellen und hierfür rechtzeitig und weitsichtig die hafenwirtschaftlichen Voraussetzungen zu schaffen sowie die notwendigen verkehrlichen Infrastrukturmaßnahmen (Straße, Schiene, Wasserstraßen, Luftverkehr) zügig voranzutreiben. Weltweit dynamisch wachsende Gütermärkte, eine boomende Verkehrswirtschaft, Kostendruck und sich weiter verschärfender internationaler Wettbewerb werden diese Anpassungen ohnehin früher oder später erzwingen. Es ist aber allemal besser, selbst vorausschauend zu agieren, rechtzeitig zu entscheiden und mitzuwachsen, als zu spät zu kommen, die Chancen nicht zu nutzen und die gesamtwirtschaftlichen „Pioniergewinne" dann der Konkurrenz überlassen zu müssen. Die Experten erwarten weiteres stetiges Wachstum im Containerverkehr: Verdoppelung des Güterumschlags bis zum Jahre 2010 und eine mögliche Vervierfachung bis zum Jahre 2020. Verlängern Sie die Zeitstrecke – selbst bei bescheideneren Zuwachsraten – bis zum Jahre 2050! Die Intensivierung des internationalen Handels, europäische Integration und in diesem Rahmen die zunehmende Erschließung und Entwicklung der Ostmärkte (wachsender EG-Binnenmarkt) determinieren diesen dynamischen Wachstumsprozeß auf lange Sicht. Die europäischen Konkurrenzhäfen, allen voran Rotterdam, sehen diese Entwicklung realistisch, handeln bereits vorausschauend und sorgen – unter ungleich schwierigeren Bedingungen – für die notwendigen Anpassungen. Rotterdam würde sich glücklich schätzen, unsere hafenpolitischen Sorgen, unser Entscheidungsproblem – Wilhelmshaven oder Cuxhaven – zu haben und würde wahrscheinlich – synchronisiert mit dem wachsenden Bedarf – beide Projekte Schritt für Schritt realisieren.

Die Frage, ob Deutschland überhaupt einen Tiefwasserhafen braucht, stellt sich vor dem Hintergrund der skizzierten Entwicklung somit überhaupt nicht. Deutschland braucht diesen Tiefwasserhafen dringend und muß – wenn es an dieser stürmischen Entwicklung wirtschaftlich partizipieren und in der Weltliga der Großhäfen auch in Zukunft erfolgreich mitspielen und zu den Gewinnern gehören will – hierfür nicht zu knapp bemessene zusätzliche hafenwirtschaftliche Kapazität bereitstellen! Es braucht einen großen Wurf! Flickschusterei, Not- und Zwischenlösungen an der Elbe reichen hierfür nicht mehr aus.

Neben dem hafenwirtschaftlichen „Flaggschiff" Deutschlands, dem Universalhafen Hamburg, muß mit dem JadeWeserPort als künftigen Zielhafen für die ganz „dicken Brummer" und wichtigem europäischen Güterumschlagplatz an der geographisch richtigen Stelle ein neuer hafen- und verkehrswirtschaftlicher Schwerpunkt gesetzt werden, mit dem der Größenentwicklung in der Containerschiffahrt, deren kontinuierlichem Mengenwachstum und den damit verbundenen logistisch-verkehrswirtschaftlichen Erfordernissen kapazitiv mit modernster Infra- und Suprastruktur Rechnung getragen wird. Das Jade-Weser-Revier mit seinem konkurrenzlos tiefen Fahrwasser an der Jade, seinen Flächenressourcen und (verkehrliches) Infrastruktur-Potential im Nordwesten bilden die strategische Reserve der deutschen Hafen- und Verkehrswirtschaft! Dieses ökonomische Potential muß jetzt durch mutige politische Entscheidungen aktiviert und wohlstandsmehrend in den Dienst der Menschen gestellt werden. Die Wirtschaft insgesamt – nicht nur die heimische Großindustrie – wartet auf dieses überfällige Signal klarer hafenpolitischer Kursbestimmung. Damit wirtschaftlich endlich Fahrt aufgenommen werden kann, die unternehmerischen „Fahrpläne" zum JadeWeserPort eingehalten, projektschädliche „Verspätungen" vermieden und die sich mit dem Großprojekt gesamtwirtschaftlich verbindenden anspruchsvollen Zielsetzungen und Erwartungen wirtschaftliche Realität werden.

In der Mitte zwischen Rotterdam und Hamburg gelegen, ist das Jade-Weser-Revier, ist die Nordwest-Region geographisch, strukturpolitisch und perspektivisch der optimale Standort für einen deutschen Tiefwasserhafen! Hamburg, das Elbe-Revier ist in seinen Wachstumsmöglichkeiten vergleichsweise begrenzt. Mit dem JadeWeserPort öffnen wir neben dem Hamburger „Tor zur Welt" ein neues Portal zur Welt und nehmen die hafenwirtschaftliche Zukunft Deutschlands offensiv ins Visier. Dieses Projekt ist beste Wirtschafts-, Finanz-, Arbeitsmarkt- und Sozialpolitik! Es sollte daher ein wirtschaftliches Großprojekt von nationaler Bedeutung werden, dem sich neben der Wirtschaft auch die Politik verpflichtet fühlt!

Das vorhandene große hafenwirtschaftliche Wachstums- und Leistungspotential an der Küste durch mutige politische Weichenstellungen und Entscheidungen nicht jetzt zu aktivieren und die sich bietenden wirtschaftlichen Chancen mit einem künftigen Universalhafen JadeWeserPort nicht zukunftssichernd zu nutzen, wäre eine nicht zu verantwortende Verschwendung unserer volkswirtschaftlichen Ressourcen. Deutschland darf hafenpolitisch keine „Tippelschritte" machen und sich für kurzsichtige Minimallösungen entscheiden, sondern muß mit der Entscheidung für den JadeWeserPort seine verkehrswirtschaftliche Plattform verbreitern und damit den langfristigen verkehrs- und strukturpolitischen Erfordernissen Rechnung tragen. Nicht durch weitere verkehrspolitische Konzentration auf das ohnehin überlastete und „infarktgefährdete" Elbe-Revier, sondern durch Verbreiterung seiner hafenwirtschaftlichen Basis und Indienststellung des JadeWeserPort! Mit der Entscheidung für den JadeWeserPort muß Deutschland hafen- und verkehrspolitisch international „Flagge zeigen" und sich im Wettbewerb mit der europäischen Konkurrenz langfristig hafen- und verkehrswirtschaftlich optimal positionieren. Man mag ja ein gewisses Verständnis für die Brems- und Störmanöver Hamburgs und der natürlichen Präferenz für seinen „Vorhafen" Cuxhaven haben, aber Hamburg fiele kein „Zacken aus der Krone" und es würde seine hafenwirtschaftliche Vormachtstellung nicht infrage stellen, wenn es die langfristigen, ganz außerordentlichen hafenwirtschaftlichen Entwicklungsmöglichkeiten, das strategische Wachstumspotential Wilhelmshavens (in Kooperation mit Bremen/Bremerhaven…) und damit den künftigen JadeWeserPort als die hafenpolitisch optimale *nationale* Lösung aus der nationalen Verantwortung heraus anerkennen und politisch unterstützen würde. Cuxhaven ist damit keineswegs aus dem Rennen, muß aber seine nachrangige Bedeutung akzeptieren.

Mit dem JadeWeserPort würde nicht zuletzt ein neues Kapitel der wirtschaftlichen Entwicklung an der Küste und des Landes Niedersachsen geschrieben. Die sich mit diesem Ausnahme-Projekt bietende gesamtwirtschaftliche Großchance für die Nordwest-Region, für das Land Niedersachsen und für Deutschland (!) gilt es im Interesse der Menschen und der vielen tausend Arbeitsplätze, die im Zuge dieses Projekts und seiner vielfältigen wertschöpfenden Ergebnisse entstehen werden, zu nutzen.

Eine verantwortungsbewußte niedersächsische Wirtschaftspolitik wird sich im übrigen ihren scharfen *„Blick für die wirtschaftliche und* *verkehrspolitische Rationalität"* sicher nicht durch den HHLA-Chef Dietrich und dessen eigenwilligen Finanzierungsvorschlägen (Privatfinanzierung nicht nur der Supra-, sondern auch der terminalbezogenen Infrastruktur) **verstellen lassen, sondern mit der üblichen staatlichen Finanzierung der Infrastruktur dafür sorgen, daß dem Betreiber keine Wettbewerbsnachteile entstehen. Die** *„guten Gründe"* **des HHLA-Chefs verschleiern nur seine wahren Motive, den JadeWeserPort möglichst zu verhindern und damit die monopole Stellung Hamburgs dauerhaft zu zementieren. Es klingt zwar rhetorisch überzeugend, daß,** *„wer die Musik bestellt, sie auch bezahlen soll".* **Hier ist die Situation aber komplizierter und seine vordergründig auf politischen Sympathiegewinn zielenden Schlagworte entlarven ihn als hafenpolitischen Falschspieler. Der beabsichtigte Invest der Eurogate-Gruppe etwa in die Suprastruktur des JadeWeserPort von über 500 Millionen DM ist ja kein Pappenstiel, der aus der Portokasse gezahlt wird. Zusammen mit den darüber hinaus notwendigen Landes- bzw. Bundesmitteln – die Herr Dietrich sicher auch für seine HHLA nach üblicher Praxis in Anspruch nehmen würde – stellen sie aber eine überaus lohnende Investition in die Zukunft des Landes dar, die hohen betriebs- und gesamtwirtschaftlichen Ertrag abwerfen und langfristig für reichlich sprudelnde Steuerquellen sorgen und den gesellschaftlichen Wohlstand des Landes mehren wird.**

Zwar hat Bundesfinanzminister Eichel bekräftigt, die Erlöse aus der UMTS-Auktion ausschließlich für die Schuldentilgung des Bundes zu verwenden, andererseits fordern die Regierungschefs einzelner Länder, auch der niedersächsische Ministerpräsident, mehr Mittel für Bildungs- und Verkehrsprojekte. Ich denke mal, Herr Gabriel hat bei den Verkehrsprojekten sicher an die Finanzierung der Infrastruktur des JadeWeserPort, Unterstützung der Bahn für die Nordwest-Strecken usw. gedacht. **Bei den alle vorherigen Kalkulationen übersteigenden Rekorderlösen aus der UMTS-Auktion sollte es unserem Bundesfinanzminister daher nicht so schwer fallen, dem Land Niedersachsen 1,5 bis 2 Milliarden DM für diese Projekte zur Verfügung zu stellen und der Wirtschaft des Landes mit dieser Anschubfinanzierung einen überaus hilfreichen, kräftigen Impuls zu geben.**

Braucht Deutschland also einen Tiefwasserhafen? Alle Rhetorik einmal beiseite gelassen. Ja natürlich! Deutschland braucht diesen Tief-

wasserhafen dringend! Hamburg und Cuxhaven können es alleine nicht schaffen und wären hoffnungslos überfordert. Hafenwirtschaftliche Engpässe aber würden zu Wachstumsbremsen für die deutsche Wirtschaft! Rotterdam wäre der Nutznießer einer unverantwortlichen Blockadepolitik der Hamburger Hafenwirtschaft – oder politischer Fehleinschätzung des Landes. Dazu darf es nicht kommen. Es müssen Nägel mit Köpfen gemacht werden! Wir brauchen die große Lösung. Eine Lösung mit langfristiger Perspektive, für die nächsten fünfzig und hundert Jahre, wie sie in einem um Objektivität bemühten Vergleich nur der projektierte JadeWeserPort bietet! Wir brauchen einen über die Weltmeere strahlenden „Leuchtturm" JadeWeserPort, der seine positiven Signale, seine Versprechen – kurze und sichere Revierfahrt, professionelle, schnelle und wirtschaftliche Abfertigung, gute Verkehrs-Infrastruktur und modernste Suprastruktur! – weltweit aussendet und sich auf die lange Sicht zweifellos hafenwirtschaftlich als *die* kostenoptimale und zuverlässige Alternative zu den anderen etablierten Großhäfen der Nordrange profilieren wird. Und nicht zuletzt brauchen wir den JadeWeserPort, weil er die Initialzündung darstellt für einen dauerhaften wirtschaftlichen Aufschwung, für mehr Beschäftigung und insgesamt wachsenden Wohlstand und höhere Lebensqualität in unserer Region.

Ich vertraue mit der Wilhelmshavener Hafenwirtschaft darauf, daß es noch im September zu einer sachgerechten Entscheidung pro JadeWeserPort kommt und dieses Projekt dann ohne weitere Verzögerungen realisiert wird.

8 gute Argumente und Fakten, die für Wilhelmshaven als prioritären Stand- ort eines deutschen Container-Tiefwasserhafens und für die Nachrangigkeit Cuxhavens sprechen

1. Das mit dem JadeWeserPort zur Verfügung stehende **große hafenwirtschaftliche Entwick- lungspotential und die langfristige Perspektive des Projekts** (in der Endstufe ausbaufähig auf 24 Liegeplätze, zur Verfügung stehende Flächenressourcen); Cuxhaven ist in seinen Aus- baumöglichkeiten nach Expertenaussagen mit maximal nur 10 Liegeplätzen vergleichsweise be- grenzt.

2. **Bereits vorhandene Fahrwassertiefe** von 18 bis knapp 20 Meter unter Seekartennull (SKN); Cuxhaven vergleichsweise nur 15 Meter, Fahrwasser der Außenelbe müßte im Interesse tideun- abhängiger Erreichbarkeit Cuxhavens vertieft werden mit in der Folge wahrscheinlich hohen Unterhaltungskosten.

3. **Kurze Revierfahrt, Zeitvorteil und Kostenersparnis:** Die Revierfahrt bis zum JadeWeserPort beträgt rd. 30 Seemeilen (1 sm = 1,852 km); für Cuxhaven liegt der vergleichbare Wert bei 49 Seemeilen; im anschließenden Feederverkehr in den Ostseeraum hat Cuxhaven allerdings den Vorteil der größeren Nähe zum Nord-Ostsee-Kanal.

4. **Die potentiell höhere verkehrliche Belastbarkeit und größere Sicherheit des Jade-Reviers;** Wilhelmshaven wurde im Jahresdurchschnitt der Jahre 1990-99 von nur 1.558 (1999: 1.717) Handelsschiffen angelaufen. Auf der Jade ist vergleichsweise (noch) nichts los! Das Verkehrs- aufkommen im Elbrevier ist um den Faktor 14 höher! Cuxhaven wurde 1999 von rd. 23.000 el- baufwärts und ebenfalls rd. 23.000 seewärts fahrenden Handelsschiffen passiert. Im Elbrevier wird es also langsam eng!

5. **Bessere Manövrierfähigkeit** auf der Jade; Abstand Kaje zur Fahrrinne ca. 1000 Meter (Cuxha- ven nur 250 Meter); Wendebereich damit außerhalb der Fahrrinne; wegen des geringen Verkehrs praktisch keine besonderen Beeinträchtigungen und Gefahren durch andere ein- und auslaufen- de Schiffe. Die Verkehrsintensität auf der Elbe ist vergleichsweise extrem hoch und die Manövrierfähigkeit großer Frachter darüber hinaus durch risikoreichere Manöver im Fahrwas- serbereich sowie durch die Vorrangsberechtigung für die durchgehende Schiffahrt erschwert und mit vergleichsweise größeren Gefahren (Havarie-Risiken) verbunden.

6. Darüber hinaus legen **allokative Gesichtspunkte**, das im Vergleich zur Rhein- und Elbmündung mit dem Jade-Weser-Revier zur Verfügung stehende riesige hafen- und verkehrswirtschaftliche Entwicklungspotential (der „weiße Fleck" zwischen Rotterdam und Hamburg) es nahe, hier in den nächsten Jahren den hafen-, wirtschafts- und strukturpolitischen Schwerpunkt zu setzen und damit im strukturschwachen Nordwesten für ein überdurchschnittliches wirtschaftliches Wachs- tum zu sorgen.

7. **Die Realisierung und (langfristige) Entwicklung des JadeWeserPort (einschl. Bremens, Bremerhavens) zu einem – neben Rotterdam, Antwerpen und Hamburg – vierten logi- stisch-verkehrswirtschaftlichen Knotenpunkt und Transit-Zentrum von europäischem Rang** und die damit verbundenen Infrastrukturmaßnahmen (Straße, Schiene, Binnenwasser- straßennetz) tragen - neben dem hierdurch induzierten wirtschaftlichen Wachstum – insgesamt zu einer - auch umweltpolitisch - wünschenswerten verkehrlichen Entzerrung zur See und zur Straße bei. Die logistische Bewältigung der alternativ zum JadeWeserPort etwa weiter über Rot- terdam und Hamburg abgewickelten Gütermengen würde die ohnehin bereits kritische Engpaß- situation auf deutschen Straßen weiter dramatisch verschärfen und deutsche Autobahnen (u.a. Hansa-Linie…) zum „größten Parkplatz Deutschlands" machen.

8. Die **langfristigen wirtschaftlichen Möglichkeiten und Chancen** des Ausnahmeprojekts Jade- WeserPort (> 100 Jahre!) rechtfertigen insgesamt allemal die im Vergleich mit Cuxhaven etwa höheren Investitionen in die hafenwirtschaftliche (und nachgelagerte) Infrastruktur.

Quelle: Projektanalyse Prof. Dr. Ing. H. Nasner, Sonderdruck der Wilhelmshavener Zeitung vom 10. Juni 2000.

Brief vom 24.08.00

**An die
Unternehmensberatung
Roland Berger**

JadeWeserPort

Sehr geehrter Herr Berger,

Ihre Unternehmensberatung wurde in Zusammenhang mit dem beabsichtigten Bau eines Container-Tiefwasserhafens mit der Bewertung hierzu für Wilhelmshaven und inzwischen wohl auch für Cuxhaven vorliegender Machbarkeitsstudien beauftragt. Lt. Presseveröffentlichungen (Wilhelmshavener Zeitung vom 27.05.00) sollen die Unternehmensberater Roland Berger und Planco *„in der Streitfrage um den Standort eines Tiefwasser-Containerhafens an der deutschen Nordseeküste eine Schiedsrichterrrolle übernehmen.“* Das Ergebnis Ihrer Untersuchungen wird für Ende September erwartet.

Ich bin – wie Sie meinen anliegenden Ausführungen entnehmen werden – ein entschiedener Befürworter des Projekts JadeWeserPort und möchte Ihnen dazu gerne meine „gesammelten Werke" zur Verfügung stellen. Sie sind mit „Herzblut" geschrieben und ich bin zuversichtlich, daß Sie sich meiner – bei aller Emotion doch um Sachlichkeit bemühten – Argumentation pro JadeWeserPort nicht verschließen und Sie meine Argumente schließlich auch bei Ihrer vergleichenden Bewertung berücksichtigen werden.

Ich danke Ihnen für Ihre Aufmerksamkeit und verbleibe mit den besten Wünschen und

freundlichen Grüßen

Report vom 01.09.00

„Tiefwasserhafen: Umweltverbände fordern ein Gesamtkonzept". Unter dieser Überschrift berichtet die WZ (vom 24.08.00) über eine gemeinsame Erklärung der Aktionskonferenz Nordsee, der Umweltstiftung WWF, des Förderkreises „Rettet die Elbe" und des BUND. *„Anstatt sich von den Reedern gegenseitig ausspielen zu lassen, sollten die Hafenstädte miteinander kooperieren"* und: notwendig sei ein gesamteuropäisches Hafenkonzept, meinen die Umweltverbände und fordern: *„Anstatt nur auf regionale Planungen zu setzen und lokale Interessen im Blick zu haben, müßten bei der Planung endlich auch volkswirtschaftliche Aspekte im europäischen Rahmen berücksichtigt werden".*

Und weiter berichtet die WZ: *„Im Hinblick auf die Konkurrenz zwischen Wilhelmshaven und Cuxhaven um einen Tiefwasserhafen fordern die Umweltverbände eine wissenschaftliche Prüfung der Umweltverträglichkeit. Ehe nicht diese Prüfung und ein gesamteuropäisches Hafenkonzept vorliegen, sollte keine Entscheidung über einen Tiefwasserhafen getroffen werden."*

Ja, glauben die Umweltverbände und Gegner eines Tiefwasserhafens an der deutschen Nordseeküste denn ernsthaft an ein gesamteuropäisches Hafenkonzept? Glauben Sie, meine Damen und Herren, wirklich, daß Le Havre, Antwerpen, Rotterdam, Amsterdam, Hamburg… bereit wären, ihre vitalen hafenpolitischen Interessen, ihre Entscheidungsautonomie auf dem Polit-Altar einer sich immer mehr aufblasenden, überforderten EU-Bürokratie zu opfern? Glauben Sie, daß die Niederlande und Belgien, daß Rotterdam und Antwerpen sich durch Brüssel hafenpolitisch fremdbestimmen ließen und statt auf effizienzfördernden hafenwirtschaftlichen Wettbewerb auf zentralistische, wettbewerbsfeindliche europäische Regelungen vertrauen würden? Das funktioniert nicht und Ihr Glaube an eine Brüsseler Lösung unseres Entscheidungsproblems käme einer hafenpolitischen Kapitulation gleich!

Nein, wir können uns nicht aus unserer elementaren, eben nicht an die EU delegierbaren landes- und bundespolitischen Verantwortung für eine nationale Hafenpolitik davonstehlen, sondern müssen im eu-

ropäischen Wettbewerb, in eigener hafenpolitischer Verantwortung und Selbstbestimmung zu tragfähigen und zukunftsweisenden Entscheidungen kommen. Sensibilität ökologischen Gesichtspunkten gegenüber und schonender Umgang mit unserer Umwelt verstehen sich dabei von selbst und dürfen natürlich nicht ausgeblendet werden. Ich habe aber den Eindruck, daß die Projektverantwortlichen hier auch nicht blockieren, sondern sich im Gegenteil selbstverständlich auch ihrer umweltpolitischen Verantwortung bewußt und willens sind, bestehende Interessengegensätze und Zielkonflikte im weiteren Verlauf des Entscheidungsprozesses konsensorientiert zum Ausgleich zu bringen.

Umweltverbände und Projektgegner mögen sich zwar ihr Seelenheil davon versprechen, das Entscheidungsproblem auf die europäische Ebene zu heben und es damit der nationalen Verantwortung zu entziehen, aber diese Verhinderungsstrategie kann eine verantwortungsbewußte nationale Hafen-, Wirtschafts- und Umweltpolitik nicht ersetzen! Gegner einer nationalen Tiefwasserhafen-Lösung und notorische Ökofaschisten würden sich über ihre erfolgreiche Strategie der Problemverlagerung nach Brüssel, die gelungene „Verteidigung" ihrer biotopen Zonen und Erhalt des umweltlichen Status quo freuen, aber dieser Pyrrhus-Sieg wäre mit anhaltend hoher Arbeitslosigkeit, nationalen Wohlstandsverlusten und politischer Preisgabe der sich mit dem JadeWeserPort verbindenden großen wirtschaftlichen Chancen und Möglichkeiten teuer bezahlt. Eine zermürbende jahrelange hafenpolitische Standortdiskussion und die für uns dann wahrscheinlich enttäuschenden politischen Ergebnisse eines solchen europäischen Entscheidungsprozesses wären sicher nicht zielführend im Sinne unserer nationalen gesamtwirtschaftlichen Interessen.

Anhörung der Umweltverbände, Projektgegner und ewigen Bedenkenträger, kritische Prüfung und Güterabwägung, auch projektverträgliche Modifikationen des Konzepts im Interesse überzeugender Umweltaspekte – ja! Aber der hafenpolitische „Fahrplan" muß eingehalten, das planungsrechtliche Procedere darf nicht zu jahrelanger juristischer Blockade des Projekts führen und zu einer in ihrem Ausgang ungewissen unendlichen Geschichte werden. Es muß im wesentlichen jetzt rasch entschieden und mit der Projektrealisierung begonnen werden. Auch hier gilt: Der Schnelle schlägt den Langsamen – und unsere hafenwirtschaftliche Konkurrenz, Rotterdam voran, ist

wild entschlossen und bereits schnell unterwegs! Wir haben den Vorteil des größeren Potentials, haben somit langfristig hervorragende Chancen und hoffentlich die politische Kraft, in Kürze die richtige Entscheidung zu treffen! Und das heißt pro JadeWeserPort, zugunsten der Zukunft und der großartigen Möglichkeiten und Chancen, die sich den Menschen unserer Region mit dem Projekt JadeWeserPort auf lange, jahrzehntelange Sicht bieten. Dieses Projekt – ich wiederhole mich – wird zu einem „Jahrhundert-Renner" mutieren, wenn politisch ernst gemacht und dem JadeWeserPort freie Fahrt gegeben wird! Ein Wachstums- und Beschäftigungsprogramm ohne Ende! Es ist möglich, wenn wir es politisch wollen – und die Politik in den nächsten Wochen die Weichen hierfür richtig stellt!

Report vom 08.09.00

Eine Nachlese zum 10. Niedersächsischen Hafentag am 07.09.00 in Wilhelmshaven

„Schon Mitte der 90er Jahre habe die Wilhelmshavener Hafenwirtschaft das Thema eines großen deutschen Containerhafens am tiefen Fahrwasser der Jade aufgegriffen und damit in Fachkreisen zunächst Ungläubigkeit hervorgerufen. Inzwischen seien viele klüger geworden – ich auch. Was vorher als Vision bezeichnet wurde, sei jetzt zu einem realen Vorhaben herangereift"… Sinngemäß so zitiert die Wilhelmshavener Zeitung vom 08.09.00 den niedersächsischen Wirtschaftsminister Dr. Peter Fischer, der anläßlich des 10. Niedersächsischen Hafentages am 07.09.00 über *„Die Verkehrs- und Hafenpolitik des Landes Niedersachsen"* referierte.

Es ehrt den Wirtschaftsminister, wenn er freimütig eigene anfängliche Zweifel hinsichtlich dieses ehrgeizigen Projekts einräumt und bekennt, inzwischen ebenfalls „klüger geworden" zu sein. Dieser sich mit dem überraschenden Auftritt des Mitbewerbers Cuxhaven und Einschaltung der Obergutachter Planco/Berger fortsetzende Lern- und Entscheidungsprozeß sollte jetzt ganz schnell zu einem Ende kommen und an die Stelle letzter Zweifel und Unentschlossenheit der politischen Entscheider, die gutachterlich gestützte Überzeugung treten, daß dem Projekt JadeWeserPort tatsächlich Ausnahmecharakter zukommt, dieses Projekt ein wachstums- und beschäftigungspolitischer Volltreffer zu werden verspricht und es sowohl landes- als auch bundespolitisch alle Unterstützung verdient! Das Land Niedersachsen und die Bundesrepublik dürfen sich glücklich schätzen, mit dem Jade-Weser-Ems-Revier über die hafen- und verkehrswirtschaftlichen Ressourcen, das ökonomische Potential zu verfügen, das es erlaubt, relativ frei von kapazitiven Beschränkungen offensiv seine wirtschaftlichen Chancen zu nutzen und mit angemessenen Zuwächsen an der boomenden Verkehrswirtschaft zu partizipieren.

Die FAZ (vom 31.08) schreibt: *„Die Bundesregierung spricht sich für einen Ausbau der deutschen Flughäfen aus, um den stark wachsenden Luftverkehr bedienen zu können"* und zitiert Bundesverkehrsminister Klimmt: *„Die Umsetzung des Flughafenkonzepts entscheidet über mehrere 100 000 Arbeitsplätze in Deutschland"*. Der Bund koordiniere damit erstmals die regional orientierte Flughafenpolitik in Deutschland. *„Das ist ein Stück Industriepolitik für Arbeitsplätze und Wirtschaftswachstum"*, so der Bundesverkehrsminister.

Ebenso entschieden hätte er – vor dem Hintergrund der prognostizierten Verdoppelung des Güterumschlags im Containerverkehr bis zum Jahre 2010 (!) und hier absehbarer Engpaßsituation – auch eine bundespolitische Lanze für den Ausbau der Küstenhäfen und der eng damit verbundenen Verkehrsinfrastruktur brechen können. Hier spitzt sich die Lage ebenfalls dramatisch zu und ist in Anbetracht der langen Bauzeiten verkehrs- und wirtschaftspolitisch akuter Handlungsbedarf gegeben. Handelt das Land Niedersachsen, handelt die Bundesrepublik nämlich nicht rasch und sorgen wir nicht für die notwendigen kapazitiven Anpassungen, dann geht der breite Strom wachsender Gütermengen, gehen hohe Wachstumsanteile und hierdurch generierte Wohlstandsgewinne an uns vorbei und landen bei der auf diese Entwicklung besser vorbereiteten hafenwirtschaftlichen Konkurrenz. Und schlimmer noch: diese Gütermengen gehen mit hohen Anteilen via Rotterdam auf dem Transitweg über ohnehin schon überlastete deutsche Autobahnen und Bundesstraßen nach Osteuropa und Skandinavien! Die Verteidigung nationaler hafenwirtschaftlicher Interessen durch Investitionen in den Ausbau der hafenwirtschaftlichen Kapazität und Anpassung der Verkehrsinfrastruktur ist genauso ein wichtiges Stück Industrie- und Mittelstandspolitik für Arbeitsplätze und Wirtschaftswachstum, wie es Minister Klimmt für den Ausbau der deutschen Flughäfen hervorgehoben hat.

Eine Blockade des Projekts JadeWeserPort bzw. Verhinderungsstrategie durch die Hamburger Hafenwirtschaft oder auch durch politische Fehlentscheidungen, durch ein Nichterkennen der strategischen Bedeutung dieses Projekts wäre gesamtwirtschaftlich unverantwortlich. Auch die indirekt von Minister Fischer geforderte Ausschaltung nationalen hafenwirtschaftlichen Wettbewerbs ist nicht wünschenswert, sondern würde die wettbewerbsstimulierte hafen- und verkehrswirtschaftliche Entwicklung, den gesunden Wettbewerb der Regionen behindern! Leistungsfördernder fairer Wettbewerb dagegen fördert das gesamtwirtschaftliche Wohl und schließt gegenseitige Konsultation und eine verantwortungsbewußte Kooperation – in gleicher Augenhöhe – bei Wahrung der regionalen und lokalen Interessen ja nicht aus! Mit Ergebenheitsadressen und hafenpolitischem

Kniefall gegenüber der Hamburger Hafenwirtschaft ist den niedersächsischen Wirtschaftsinteressen jedenfalls nicht gedient. Und Hamburg muß den hafenwirtschaftlichen Wettbewerb sicher nicht fürchten. Ich verweise hierzu auch auf meinen Report vom 10.12.99. (…keine ministeriell geförderte „Kartellwirtschaft" und keinen Konsensbrei…).

Das hafenwirtschaftliche Flaggschiff der Bundesrepublik, der Universalhafen Hamburg, wird durch die Indienststellung des JadeWeser-Port nicht untergehen, sondern auch in Zukunft am stürmischen Wachstum der Containerschiffahrt partizipieren. Es wird auf die lange Sicht aber akzeptieren müssen, daß das Jade-Weser-Revier aufholt und mit dem JadeWeserPort ein starker Mitbewerber auf den Plan getreten ist, der im europäischen Wettbewerb überdurchschnittlich wachsen und zu einem nationalen Motor der wirtschaftlichen Entwicklung werden wird – wenn wir es politisch wollen und die Weichen hierfür richtig stellen! Der „Platzhirsch" Hamburg muß sich damit abfinden, daß es keinen hafenwirtschaftlichen Status quo gibt, daß es für die Hamburger Hafenwirtschaft keine Schutzzäune und kein Vetorecht geben, sondern der hafen- und verkehrswirtschaftliche Wettbewerb sich auf der europäischen Ebene weiter verschärfen wird. Mit dem Jade-Weser-Revier und dem JadeWeserPort als seinem künftigen hafenwirtschaftlichen Aushängeschild wird sich aufgrund seines ökonomischen Entwicklungspotentials aber langfristig, in selbstverständlicher Konkurrenz zu den bestehenden großen europäischen Umschlagszentren der Nordrange, Rotterdam, Antwerpen und Hamburg, als Ergebnis eines ganz natürlichen, sich gleichsam evolutorisch vollziehenden verkehrswirtschaftlichen Entwicklungsprozesses, ein neuer logistisch-verkehrswirtschaftlicher Knotenpunkt und Transit-Zentrum von europäischem Rang herausbilden. Das ist gut so, weil dies zu einer – unter regionalen Gesichtspunkten – wünschenswerten vernünftigen Verteilung knapper Produktionsfaktoren wesentlich beitra-

Bilder siehe Farbteil.

gen und bisher im Nordwesten unseres Landes brachliegendes ökonomisches Leistungspotential und arbeitsloses Humankapital volkswirtschaftlich aktiviert und einer produktiven, wertschöpfenden Verwendung zugeführt würde.

Was heißt das? Das heißt, daß die vergleichsweise etwa zu Bayern oder Baden-Württemberg wirtschaftlich unterentwickelte Nordwest-Region, das Land Niedersachsen durch Ausschöpfung seiner hafenwirtschaftlichen Ressourcen, Anpassungen der verkehrlichen Infrastruktur und hierdurch induzierter privatwirtschaftlicher Folgeinvestitionen wirtschaftlich mittel- und längerfristig mindestens den Anschluß an den Bundesdurchschnitt finden und sich mit der Entscheidung für den JadeWeserPort auf einen jahrzehntelangen stabilen Pfad wirtschaftlichen Wachstums und zunehmender Beschäftigung begeben wird.

Die strategische Dimension und volkswirtschaftliche Bedeutung eines großen deutschen Containerhafens am tiefen Fahrwasser der Jade frühzeitig und weitsichtig erkannt und mit nimmermüdem Einsatz aus dieser anfänglichen Vision ein konkretes und die Fachwelt inzwischen überzeugendes Großprojekt – mit hoffentlich noch zunehmendem bundespolitischen Aufmerksamkeitswert! – gemacht zu haben, ist – wie Minister Fischer in seiner Rede betonte – in der Tat bleibendes Verdienst der Wilhelmshavener Hafenwirtschafts-Vereinigung e.V. (WHV). Höchste Anerkennung und Krönung aber dieses verdienstvollen Bemühens wäre die Bestätigung ihres Engagements durch eine letztlich klare Entscheidung des Landes Niedersachsen – und die Unterstützung auch des Bundes für das Ausnahmeprojekt JadeWeserPort. Es ist die sachlich gebotene und auch politisch richtige Entscheidung für ein Projekt von nationaler Bedeutung und Tragweite.

Der parlamentarische Staatssekretär im Verkehrsministerium Kurt Bodewig vermittelte im Rahmen seines Festvortrags immerhin auf eine verbindliche und sympathische Weise den Eindruck, daß die Bundesregierung sich der nationalen Bedeutung eines deutschen Tiefwasserhafens und dessen gesamtwirtschaftlichen Wachstums- und Beschäftigungspotentialen bewußt sei und dieses Projekt auch durch entsprechende Verbesserungen der Verkehrsinfrastruktur unterstützen werde. Ich hoffe, daß dies nicht nur unverbindliche freundliche Worte waren, die man dem Gastgeber zu schulden meint, sondern daß der durch seinen Staatssekretär noch mehr für die hafen- und verkehrswirtschaftlichen Erfordernisse sensibilisierte Bundesverkehrsminister dieses Versprechen einlösen und – im Rahmen des weiteren Entscheidungsprozesses – mit der Unterstützung für den JadeWeserPort der wirtschaftlichen Entwicklung des „wilden Nordwestens" einen kräftigen Anschub geben wird.

„Die Gutachter entscheiden, wann und wo gebaut wird", habe Minister Fischer klargestellt, so die Wilhelmshavener Zeitung in ihrer Ausgabe vom 08.09.00. Diese „Klarstellung" des Ministers im Rahmen des Pressegesprächs aus Anlaß des 10. Niedersächsischen Hafentages am 07.09.00 ist zumindest unglücklich. In den Ohren der über 450 geladenen Gäste klang es vorher anders und so wird es der Minister wohl auch gemeint haben. Hier äußerte sich der Minister dahingehend, daß über die Ende September vorliegenden Untersuchungsergebnisse der Unternehmensberater Planco/Berger anschließend beraten werde und man auf der Grundlage dieser Untersuchungsergebnisse dann zu einer Entscheidung kommen wolle. Gutachterliche Orientierungs- und Entscheidungshilfe ja, aber doch nicht Verzicht damit auf die letztendliche Entscheidungskompetenz der Politik und Ausstieg aus der eigenen politischen Verantwortung! Die letztendliche Verantwortung für seine wirtschafts- und hafenpolitischen Entscheidungen können ihm Arbeitskreise und Gutachter natürlich nicht abnehmen.

Der Minister sprach im übrigen in seinem Referat viel über hafenwirtschaftliche Kosten, deren Budgetierung und Kostenkontrolle. Erst gegen Ende seines Referats kam er auf den alle Teilnehmer am meisten interessierenden Punkt, das Thema Container-Tiefwasserhafen und JadeWeserPort. Auch hier standen die *„abschreckenden"* Kosten und die problematische Finanzierung des Projekts im Vordergrund. Kein seine Unparteilichkeit etwa infrage stellendes Wort über dessen gesamtwirtschaftlich zu erwartenden „Return on Investment" (RoI). Damit meine ich das wahrscheinliche Ergebnis dieser Milliardeninvestition, den Beschäftigungs- und privatwirtschaftlichen Investitionseffekt, die Zehntausende von Arbeitsplätzen, die sich mit dem hierdurch induzierten wirtschaftlichen Wachstum verbinden, die entstehenden Arbeitseinkommen, Entlastung bei den Sozialaufwendungen, Stärkung des Konsums und höhere Steuereinnahmen des Staates, gesamtwirtschaftliche Wertschöpfung und Mehrung des gesellschaftlichen Wohlstandes in der Region... Alles gute und hervorhebenswerte Gründe, das Projekt JadeWeserPort zu realisieren und damit in die wirtschaftliche und gesellschaftliche Zukunft des Landes zu investieren.

Kosten und deren solide Finanzierung sind die eine Seite, die natürlich ins Investitionskalkül gezogen werden muß. Die andere Seite ist der volkswirtschaftliche und gesellschaftliche Ertrag, den man sich von dieser Investition erwartet. Es ist meine Überzeugung, daß die Unternehmensberater Planco/Berger in ihrem für Ende September erwarteten Gutachten nicht zuletzt diesem Gesichtspunkt eine zentrale Bedeutung zumessen und im JadeWeserPort eine überaus lohnende, prioritäre Investition des Landes und des Bundes in ihre wirtschaftliche Zukunft sehen und die Realisierung des Projekts empfehlen werden.

Report vom 09.10.00

Zur geplanten Ortsumgehung Schortens (B 210 neu)

Wenn ich – wie die meisten Gegner des Projekts B 210 (neu) – in dem hiervon betroffenen Gebiet wohnen würde, wäre ich aus naheliegenden Gründen wahrscheinlich ebenso ein entschiedener Gegner dieses Projekts und würde ebenso wortreich, alle ökologischen Register ziehend und um Öffentlichkeit bemüht, für den Ausbau der *alten* B 210 streiten. Objektivität und Verständnis dem Projekt „Ortsumgehung Schortens (B 210 (neu)" gegenüber kann von den Betroffenen mithin schwerlich erwartet werden und so muß deren kritische Bewertung dieses wichtigen Infrastrukturprojekts natürlich auch entsprechend relativiert werden. **Menschlich verständliche persönliche Betroffenheit und sachlich-emotionaler Protest der Projektgegner darf aber die kommunalpolitischen Verantwortungsträger nicht davon abhalten, das im demokratischen Prozeß mehrheitlich entschiedene politische Wollen – Optimierung des Verkehrsflusses, Umlenkung des Durchgangsverkehrs und Entlastung der alten B 210 durch die geplante Ortsumgehung Schortens (B 210 (neu) – bei allem Bemühen um Kompromißlösungen und projektverträgliche Modifikationen, im Interesse des Gemeinwohls letztendlich entschlossen zu exekutieren. Härtefälle sind – wenigstens materiell – großzügig zu entschädigen.**

Wie immer man es wendet und bei allem Verständnis für die immerhin um Sachlichkeit bemühten und mit viel rhetorischem Geschick agierenden Projektgegner: der Ausbau der alten B 210 anstelle der geplanten Ortsumgehung Schortens und damit die unveränderte Konzentration des wachsenden Verkehrsaufkommens ausschließlich auf diese *eine* Strecke wäre eine schlechte Lösung, es wäre eine völlig unbefriedigende Zwischenlösung und ein durch den Steuerzahler teuer bezahlter Irrtum. Der Verkehrsengpaß B 210 würde damit nicht dauerhaft beseitigt. In spätestens 5 Jahren würde man sich erneut über den notwendigen Ausbau der Verkehrsinfrastruktur, ein dichter geknüpftes Straßenverkehrsnetz und Entlastung der „bürgerunfreundlichen" alten B 210 streiten und käme an der heute kontrovers diskutierten, aber mehrheitlich gewünschten Trassenführung der geplanten Ortsumgehung Schortens durch Ostiemer Land und Mettckers Busch und Anschluß damit an die bereits fertiggestellte Ortsumgehung Jever erneut nicht vorbei. Das dynamische verkehrswirtschaftliche Wachstum läßt sich nicht stoppen und es ist nun einmal die Aufgabe verantwortungsbewußter Verkehrspolitik, vorausschauend für die notwendigen Anpassungen, das heißt für eine zukunftsorientierte, selbstverständlich umwelt- und bürgerfreundliche Verkehrswegeplanung und Verkehrslenkung zu sorgen.

Das Verkehrsministerium erwartet Wachstumsraten von 50 Prozent für den Güterverkehr und 20 Prozent für den Personenenverkehr bis zum Jahre 2015. Diese sehr vorsichtig eingeschätzte Entwicklung kann nicht mit der „Verkehrsinfrastruktur von gestern" bewältigt werden. Die zudem geplante Realisierung des JadeWeserPort und hierdurch langfristig induziertes überdurchschnittliches wirtschaftliches Wachstum in unserer Region legen es insgesamt also nahe, dieser Ausnahmeentwicklung verkehrspolitisch mit einem weitsichtigen und dem Gemeinwohl verpflichteten, bürgerfreundlichen Ausbau der Verkehrsinfrastruktur Rechnung zu tragen.

Dabei bedeutet die beabsichtigte Umlenkung eines Großteils des Verkehrsaufkommens über die den Ortskern Schortens und Jever dann großräumig umgehende B 210 (neu) natürlich keine Stillegung der alten B 210. Aber die verkehrs- und lärmgestreßten Anwohner der B 210 alt können sich freuen. Für sie wird es endlich ruhiger. Der Durchgangsverkehr (Personen- und Schwerlastverkehr) wird weitgehend „ausgesperrt"! Verkehrsintensität und Lärmpegel werden spürbar sinken und heute noch in endloser Schlange über den Engpaß B 210 fließender und sich weiter stauender Durchgangsverkehr erfährt in Zukunft eine tatsächliche, immer dringlicher werdende, bürger- und ortskernfreundliche Umlenkung über die künftige B 210 (neu). Wohn- und Lebensqualität in Schortens verbessern sich mit der erreichten Verkehrsberuhigung und Aussperrung des Durchgangsverkehrs! Und es ist meine Überzeugung, daß die heutigen Gegner des Projekts am Ende dieses Entscheidungsprozesses und nach weitestgehender Berücksichtigung ihrer Einwendungen ebenfalls ihren Frieden mit der Ortsumgehung Schortens machen und mit den erreichten Ergebnissen zufrieden sein werden.

Doch nehmen wir einmal das Schlimmste an, die Gegner der Ortsumgehung Schortens würden sich mit freundlicher Unterstützung ihrer

Verbündeten Gila Altmann (MdB und Staatssekretärin im Umweltministerium) schließlich doch noch mit ihrer Forderung – Ausbau der alten B 210 – durchsetzen, was bedeutete das für die Gemeinde Schortens? Für die Dauer des Um- und Ausbaus der alten B 210 würde wahrscheinlich – bedingt durch die baulichen Beeinträchtigungen und Langsamfahrstrecken – ein hoher Anteil des Durchgangsverkehrs (Personen- und Schwerlastverkehr) die bekannte Umwegung über die ohnehin schon stark befahrenen Plaggestraße und Klosterweg wählen. Mitten durch Wohngebiet und an stark frequentierten Schulwegen vorbei! Eine Horrorvorstellung! Bei Wiederinbetriebnahme der ausgebauten alten B 210 würde der gesamte Durchgangsverkehr erneut freie Fahrt mitten durch Schortens erhalten. Bei Staubildung würde über die inzwischen bekannte „Schleichstrecke" Plaggestraße/Klosterweg ausgewichen. Schlechte Aussichten für die Anwohner und gewiß keine wünschenswerte Alternativlösung zur geplanten einzig bürgerfreundlichen Ortsumgehung Schortens!

Report vom 20.10.00

Herzlichen Glückwunsch an die Wilhelmshavener Hafenwirtschaft! Herzlichen Glückwunsch an die Stadt Wilhelmshaven! Herzlichen Glückwunsch auch an unsere Landtagsabgeordneten, die im Verbund mit der Wilhelmshavener Hafenwirtschaft dazu beigetragen haben, daß das Projekt JadeWeserPort die notwendige überregionale Aufmerksamkeit und den ihm gebührenden hohen Stellenwert bei der Landesregierung gefunden hat!

Wilhelmshaven soll nach dem Willen der niedersächsischen Landesregierung Deutschlands Tiefwasserhafen werden! Gutachterlich gestützt wird diese Entscheidung durch die heute in Hannover veröffentlichten Untersuchungen der Unternehmensberater Berger/Planco. Man kann sich nicht vorstellen, daß diese Absichtserklärung bzw. Entscheidung des Landes in den ausstehenden Gesprächen mit den Ländern Hamburg und Bremen noch gekippt wird und Cuxhaven wider allem Erwarten doch noch den Zuschlag erhält.

Die Entscheidung für Wilhelmshaven ist eine gute Entscheidung, es ist die denkbar beste Entscheidung für Niedersachsen und für die Bundesrepublik! Es ist eine Entscheidung von historischer Tragweite für die wirtschaftliche Entwicklung der Nordwest-Region und des Landes und man kann den Ministerpräsidenten Sigmar Gabriel nur beglückwünschen, daß er mit seiner (Vor-)Entscheidung für den JadeWeserPort klare Verhältnisse geschaffen und potentiellen Investoren damit unüberhörbar signalisiert hat, wo das Land Niedersachsen in den nächsten Jahren und Jahrzehnten seinen hafenwirtschaftlichen Schwerpunkt setzen will. Und natürlich würde man sich wünschen, wenn auch die Hamburger Hafenwirtschaft – bei aller verständlichen ersten Enttäuschung – die überzeugende Argumentation der Gutachter respektieren, die Vorentscheidung des niedersächsischen Ministerpräsidenten Sigmar Gabriel akzeptieren und sich an der weiteren konzeptionellen Ausgestaltung und Realisierung dieses Projekts beteiligen würde. Es ist keine Frage, daß das hafenwirtschaftliche Knowhow, Wissen und Erfahrung der Hamburger Hafenwirtschaft und deren internationalen Kontakte hier im weiteren Verlauf der Projektplanung und -realisierung des JadeWeserPort überaus wertvolle Hilfe und Unterstützung leisten könnte. Funktioniert es mit der gewünschten Kooperation aber nicht, verweigert man sich und kommen Hamburg und Cuxhaven nicht aus ihrer Schmollecke heraus, dann allerdings müssen Bremen, Bremerhaven und Wilhelmshaven ihren hafenwirtschaftlichen Weg ebenso entschlossen allein gehen.

Einflußreiche Teile der Hamburger Hafenwirtschaft (HHLA) lehnen – so die WELT vom 20.10.00 – alle „Kooperationsansätze" ab. Oberste Priorität für Hamburg müsse dem neuen Hamburger Terminal Altenwerder zugemessen werden. *„Für den Hamburger Hafen und die Wirtschaft der Hansestadt wäre das* (der JadeWeserPort) *eine verheerende Entscheidung"* kommentiert Oliver Schirg von der WELT-Redaktion Hamburg. Und auch der Cuxhavener Oberbürgermeister hat ja noch nicht alle Hoffnungen fahren lassen und vertraut weiter auf die Unterstützung seiner, das Cuxhaven-Projekt favorisierenden Hamburger Freunde. Der hafenwirtschaftliche Goliath Hamburg macht mobil gegen den JadeWeserPort und erweist sich – den Pressemeldungen- und -Kommentaren zufolge als ein schlechter Verlierer.

Die Hamburger Reaktionen belegen immerhin, daß man sich über die ganz außerordentliche Bedeutung und strategische Dimension dieses Projekts inzwischen klar geworden ist. Lange genug hat die Hamburger Hafenwirtschaft das Projekt JadeWeserPort ignoriert und nicht wirklich ernst genommen. Jetzt ist „Holland in Not" und man versucht zu retten, was noch zu retten ist. Unter *„norddeutscher Zusammenarbeit"* (Uwe Bahnsen) hat man sich wohl vorgestellt, daß unter der ewigen „Dirigentschaft" Hamburgs auch in Zukunft die hafenwirtschaftliche Musik und Leitmelodie gespielt wird und Niedersachsen/Bremen ein bißchen Hintergrundmusik machen dürfen. Nun ahnt man, daß mit dem JadeWeserPort ein ehrgeiziges hafenwirtschaftliches Schwergewicht mit riesigem Potential die Bühne betritt und im Konzert der Großhäfen eigenes herausgehobenes Profil gewinnen will. Anstatt nun diesen langfristigen hafenwirtschaftlichen Veränderungsprozeß an der Deutschen Bucht positiv, selbstbewußt und konstruktiv zu begleiten und ihn (hoffentlich) kooperativ mitzugestalten, hagelt es – in ersten Reaktionen – schroffe Ablehnung. Nein, Herr Bahnsen (WELT-Kommentator), den *„Lernprozess"*, von dem Sie sprechen, wird Hamburg wohl durchmachen müssen. Man muß nämlich lernen, auch verlieren zu können, wenn man denn überhaupt in der Entscheidung für den JadeWeserPort eine Niederlage für die Hamburger

Hafenwirtschaft sehen will. Ich denke im Gegenteil, daß auch Hamburg langfristig zu den Gewinnern dieses Projekts gehören und sich kooperativen Lösungen nicht verschließen wird!

Mit dem JadeWeserPort jedenfalls wird ein neues Kapitel hafenwirtschaftlicher Zukunftsgestaltung aufgeschlagen und es wäre eine tolle Sache, wenn Hamburg mit seiner politisch schließlich doch noch offensiven Unterstützung dieses Projekts und seiner hafenwirtschaftlichen Kompetenz einen wichtigen Beitrag zum Gelingen leisten und im weiteren Verlauf der Projektrealisierung zu einem herausragenden Mitspieler statt Spielverderbers werden würde. Mit der gemeinsamen Festlegung auf den JadeWeserPort können sich die Ministerpräsidenten und Bürgermeister der Nord-Länder Niedersachsen, Hamburg und Bremen um dieses Projekt verdient machen. Dieses Projekt ist einfach beste Wirtschafts- und Beschäftigungspolitik für die Nord-Länder und die *„einflußreichen Teile der Hamburger Hafenwirtschaft, insbesondere in der HHLA"*, sollten ihre – man versteht es ja – lokalen egoistischen Interessen zurückstellen und das im nationalen Interesse liegende Projekt JadeWeserPort aktiv unterstützen. Von dem mit dem JadeWeserPort initiierten Wachstumsschub und Sogwirkung dieses Projekts wird auch Hamburg, wird die gesamte „Hafenlandschaft" an der Nordseeküste, übrigens auch der Ostseeraum, wirtschaftlich profitieren.

Dabei macht die Schlagzeile der WELT vom 20.10.00 in ihrem regionalen Teil „HAMBURG" eigentlich Mut. „Nord-Länder planen „Deutsche Bucht AG" – Bremen, Hamburg und Niedersachsen wollen kooperieren – Gutachten für Tiefwasserhafen Wilhelmshaven". Das klingt freundlicher und so sollten die hafenwirtschaftlichen Interessen der Nord-Länder – nachdem die Grundsatzentscheidung nunmehr wohl zugunsten des JadeWeserPort gefallen ist – jetzt auch einmünden in eine vertrauensvolle Zusammenarbeit und faire Partnerschaft der norddeutschen Häfen mit dem Ziel, das Jahrhundertprojekt JadeWeserPort gemeinsam zum Erfolg zu führen, weil es eine auf lange Sicht bessere Alternative nicht gibt.

„Wo es regnet, tröpfelt es auch", heißt es so schön, und so werden auch die anderen niedersächsischen Häfen – Leer, Papenburg, Nordenham, Brake, Oldenburg… – in ganz außerordentlichem Maße wirtschaftlichen Nutzen aus diesem Projekt ziehen. Deren hafenwirtschaftlicher Beitrag zur wirtschaftlichen Leistungserstellung Niedersachsens verdient im übrigen Hervorhebung und sollte bei allem Streit um den optimalen Standort für einen deutschen Tiefwasserhafen nicht zu kurz kommen und hier auch einmal ausdrücklich erwähnt werden.

Es waren gute Nachrichten, die uns am Wochenende aus Hannover erreicht haben und sie haben überwiegend große Freude in unserer Region ausgelöst. Das Projekt JadeWeserPort scheint auf gutem Wege, aber es ist auch ein noch sehr beschwerlicher langer Weg, der allen Beteiligten in den nächsten Monaten großes Stehvermögen abverlangt. Auch die Restrisiken des Projekts (endgültige Entscheidung der Länder Niedersachsen, Hamburg und Bremen, Finanzierung, Planfeststellungsverfahren usw.) müssen möglichst konsensorientiert noch ausgeräumt werden. Nach der positiv beschiedenen Machbarkeitsstudie wurde mit der am Wochenende erfolgten Absichtserklärung und Vorentscheidung des Landes Niedersachsen für den JadeWeserPort jedenfalls ein weiteres wichtiges Etappenziel erreicht. Das Projekt JadeWeserPort hat berechtigterweise zu bundesweiter Aufmerksamkeit geführt und ich denke, wir haben guten Grund, auch hinsichtlich des weiteren Entscheidungsprozesses zuversichtlich zu sein. Allen Beteiligten, die zum bisherigen Erfolg beigetragen und ihn durch beharrliche Überzeugungsarbeit auf allen politischen Ebenen erst ermöglicht haben, gilt mein Respekt und gelten meine guten Wünsche für die weitere Zielerreichung!

Anerkennung verdienen aber auch die Untersuchungen der Unternehmensberater Berger/Planco, deren überzeugenden Ergebnisse die Landesregierung letztendlich veranlaßt und es ihr erleichtert haben dürften, sich auf der Grundlage dieser neutralen Entscheidungshilfe für den JadeWeserPort als deutschen Tiefwasserhafen und damit gegen den CuxPort auszusprechen.

Report vom 27.10.00

Alles schien klar, der Sekt war schon kaltgestellt. Jetzt die Ernüchterung. Die Entscheidung – Tiefwasserhafen in Wilhelmshaven oder Cuxhaven – wurde erst einmal bis Ende März 2001 vertagt! Als hätte man alle Zeit der Welt und lebte nicht in einer Welt des globalen Wettbewerbs, in der schnell entschieden und gehandelt werden muß! Nach dem mit Spannung erwarteten Zusammentreffen der Länderchefs Sigmar Gabriel, Ortwin Runde und Henning Scherf ist man nun genauso schlau wie vorher. Immer noch keine Entscheidung in Sachen Tiefwasserhafen an der deutschen Nordseeküste. Ministerpräsident Sigmar Gabriel rudert sogar zurück, relativiert seine Absichtserklärung für Wilhelmshaven und macht Cuxhaven neue Hoffnungen. Man nimmt sich erneut kostbare Zeit und delegiert das Entscheidungsproblem erst einmal an eine Projektgruppe, die alle vorliegenden Untersuchungsergebnisse noch einmal analytisch wiederkäuen und sich dabei bis Ende März 2001 Zeit lassen soll. Als politischen Fortschritt verkauft man, daß man jetzt gemeinsam an einem Strang ziehen wolle. Henning Scherf spricht von einer *„historischen Einigkeit der beiden Stadtstaaten in der Frage, daß der Tiefwasserhafen an der niedersächsischen Küste gebaut werden soll"*! Daran hat es doch eh´ nie irgendwelche Zweifel gegeben, oder? Die Hamburger Hafenwirtschaft kann – nach dem ersten Schock – jedenfalls aufatmen und gewinnt wieder Oberwasser. Ihre Strategie, erst einmal Zeit zu gewinnen, ist voll aufgegangen.

Angst vor der übermächtigen Hamburger Hafenwirtschaft lähmt den politischen Willen. Dabei sind sich Niedersachsen und Bremen eigentlich einig. Hamburgs Ortwin Runde muß mit Rücksicht auf die Interessen und politisches Gewicht der Hamburger Hafenwirtschaft taktisch blockieren und sieht noch *„erheblichen Beratungsbedarf"*. So sieht also die vielbeschworene und rhetorisch überstrapazierte hafenwirtschaftliche Kooperation aus. Man redet miteinander, klopft sich gegenseitig auf die Schulter, demonstriert Einigkeit, kommt aber zu keinen konkreten gemeinsamen Ergebnissen und vertagt die Entscheidungen.

Die sonst so selbstbewußt auftretenden Henning Scherf und Sigmar Gabriel ebenso wie Ortwin Runde boten im Regionalfernsehen („Hallo Niedersachsen") – jedenfalls in dieser kurzen Reportage und Momentaufnahme

– ein trauriges Bild politischen Lavierens, und man hätte ihnen ein stärkeres Kreuz, mehr politisches Rückgrat und Entscheidungswillen gewünscht. Mit ihrem (also doch!) hafenpolitischen Kniefall gegenüber der die politischen Strippen ziehenden Hamburger Hafenwirtschaft leisten sie ihren landespolitischen Interessen und auch den Bundesinteressen einen Bärendienst, den man ihnen wahrscheinlich nicht danken wird.

Rotterdam, die bereits jetzt massiv nachrüstenden ARA-Häfen und andere werden sich freuen über die Entscheidungsschwäche unserer politischen Verantwortungsträger. War es bisher aktueller Sachstand und erklärtes Ziel, daß die ersten Container-Jumbos in einem deutschen Tiefwasserhafen Anfang 2006 festmachen würden, so schiebt man diesen Termin jetzt auf das Jahr 2010! Arg- und ahnungslos stolpert Sigmar Gabriel in die ihm von den Kritikern des Projekts gestellte Falle. Man stehe *„nicht unter Zeitdruck, denn die Entwicklung zu größeren Schiffen mit zunehmendem Tiefgang vollziehe sich auch nicht von heute auf morgen"*. Eine schlimme und – anbetrachts der vorliegenden Prognosen – eigentlich nicht entschuldbare Fehleinschätzung der Situation.

Wie kann es vor dem Hintergrund der Wachstumsprognosen im Containerverkehr und den damit verbundenen großen wirtschaftlichen Chancen zu einem solch plötzlichen Sinneswandel und Terminverschiebung um vier Jahre (!) kommen? Oder ist das schon der faule Kompromiß mit jenen einflußreichen Kräften der Hamburger Hafenwirtschaft, die einen deutschen Tiefwasserhafen überhaupt nicht – oder frühestens erst ab 2010 – für notwendig halten und die aus naheliegenden Gründen am liebsten alles beim alten lassen würden oder wenn schon, dann erst einmal ihren „Vorhafen" Cuxhaven nachrüsten möchten.

Man muß es noch einmal in Erinnerung rufen: bis zum Jahre 2010 wird sich – seriösen Prognosen zufolge – der Containerumschlag in den Häfen der Nordrange verdoppeln! Dies unterstellt durchschnittliche jährliche Zuwachsraten von gut sieben Prozent. Im Jahre 2005 sind danach bereits vierzig Prozent Steigerung erreicht! Die jüngsten Statistiken bestätigen das überdurchschnittliche Wachstum gerade in der Containerschiffahrt. Glauben Sie, meine Herren, daß die an Kostenoptimierung interessierten Reedereien zunehmenden Engpässen tatenlos zusehen, daß ihre Containerschiffe brav in der Elbe- und Wesermündung „parken" und auf ihre Abfertigung in deutschen Küstenhäfen warten werden? Doch wohl nicht. **Das heißt, wenn die deutschen Häfen mit angemessener Wertschöpfung an dieser Entwicklung partizipieren wollen und *nicht* wollen, daß diese Gütermengen anderswo gelöscht werden, dann müssen sie ihre Umschlagkapazitäten diesem dynamischen Wachstum anpassen. Aber nicht erst in ferner Zukunft, im Jahre 2010, sondern wie geplant, bis 2006/07!**

Diese kapazitiven Anpassungen sind völlig unabhängig von der Schiffsgrößenentwicklung, zunehmenden Tiefgängen und alternativen Transportkonzepten eine schlichte, jedem einleuchtende wirtschaftliche Notwendigkeit. Wir können nicht auf die „Elefanten der Meere", die Großschiffe der Suezmax- und Malacca-max-Klasse warten, sondern müssen bis zum Eintreffen dieser Schiffsriesen (ab 2007) auch bereit sein für die Abfertigung kleinerer, submaximaler Schiffsgrößen der S-Klasse von Maersk-Sealand, Panamax- und Post-Panamax-Klasse. Die vorhandenen Umschlagskapazitäten reichen nach vorliegenden Einschätzungen nun einmal nicht aus und den Luxus, teure Überkapazitäten vorzuhalten, kann sich niemand leisten. Technische und auch intensitätsmäßige Anpassungen im Güterumschlag stoßen sehr schnell an ihre Grenzen. **Wie also kann Ministerpräsident Sigmar Gabriel behaupten, man stehe nicht unter Zeitdruck? Wer hat ihm das bloß eingeflüstert? Im Gegenteil: die Zeit drängt und wir haben schon viel zu viel kostbare Zeit verloren! Wir verschenken bares Geld, verzögern auf unverantwortliche Weise mögliches wirtschaftliches Wachstum und zusätzliche Beschäftigung! Alles vergebene Chancen für unsere Region, für das Land Niedersachsen und für die Bundesrepublik! –**

Verweigert sich die Politik den notwendigen raschen Anpassungen und neigt sie zu obigen unbefriedigenden Kompromissen, dann nimmt sie billigend und politisch fahrlässig in Kauf, daß hohe Wachstumsanteile – und Wohlstandsgewinne! – in den nächsten Jahren bei unserer hierauf besser vorbereiteten europäischen Konkurrenz landen, die Reeder sich hafenwirtschaftlich umorientieren und die wachsenden Verkehrs- und Güterströme sich – an den deutschen Küstenhäfen und unseren nationalen Interessen vorbei – verkehrswirtschaftlich

neu strukturieren. Diese verloren gehenden Marktanteile später zurückzugewinnen, wird so einfach nicht sein und uns teuer zu stehen kommen! Damit das nicht passiert, muß es weiterhin das strategische Ziel niedersächsischer bzw. nationaler Hafenpolitik sein, den deutschen Tiefwasserhafen Anfang 2006, spätestens Anfang 2007 und nicht erst im Jahre 2010 in Dienst zu stellen!

Die Politik kapituliert – so darf vermutet werden – **vor der Hamburger Hafenwirtschaft. Sie kapituliert in einem Moment, wo es statt des verkrampften Bemühens, Zeit zu gewinnen und die überfällige Entscheidung mit pflaumenweicher Begründung weiter zu verzögern, einer klaren hafenpolitischen Kursbestimmung und Bestätigung bedurft hätte für den gutachterlich hochfavorisierten JadeWeserPort und damit für einen mutigen Schritt in die hafenwirtschaftliche Zukunft Deutschlands. Das von dem Treffen der Ministerpräsidenten erwartete Signal an die investierende Wirtschaft, der endliche „Startschuß" für den JadeWeserPort blieb vorläufig aus!** Dieses jahrelange politische „Herumgeeiere", erst auf der Ebene der Wirtschaftsminister, jetzt auf der Ebene der Ministerpräsidenten, macht einen vor dem Hintergrund der gebotenen Eile zornig und es ist eine Zumutung für die auf eine verbindliche Entscheidung wartende Wilhelmshavener Hafenwirtschaft! Hier steht man – ermutigt durch die Landesregierung – seit Jahren in den Startlöchern, hat wie ein Musterschüler alle Auflagen und Voraussetzungen (Machbarkeitsstudie, Berger/Planco-Gutachten) erfüllt und wartet auf den erlösenden politischen Startschuß, der partout nicht fallen will. Die Politik „kommt nicht in die Pötte", kann sich nicht entscheiden und geht den hafenpolitischen Einflüsterern, Lobbyisten und Falschspielern auf den Leim!

Konsens, Kooperation mit der Hamburger Hafenwirtschaft ist zwar wünschenswert, aber nicht um jeden Preis, nicht um den Preis der hafenpolitischen Selbstverleugnung und schon gar nicht um den Preis des hafenwirtschaftlichen (noch) Rohdiamanten JadeWeserPort! Verhärten sich die Fronten weiter und verweigert die Hamburger Hafenwirtschaft die angebotene faire Kooperation und Beteiligung an diesem Projekt, dann müssen Bremen und Niedersachsen ihren hafenpolitischen Weg mit dem Schwerpunkt JadeWeserPort allein fortsetzen und den Hamburger Bremsern ganz schnell die „rote Karte" zeigen. Es mag dann zwar etwas schwieriger werden, aber der JadeWeserPort wird – wegen seiner überzeugenden langfristigen Perspektiven – auch ohne die Unterstützung Hamburgs zu einer Erfolgsstory werden. Und Hamburg wird sich, wenn Bremen und Niedersachsen gemeinsam Ernst machen mit dem JadeWeser-Port und dem massiven Druck Hamburgs nicht nachgeben, der konstruktiven Mitarbeit an diesem Projekt ganz sicher auch nicht auf ewig verweigern. Hamburg ist jedenfalls herzlich zur partnerschaftlichen Zusammenarbeit eingeladen! Die Unterstützung Hamburgs und dessen verantwortliche Einbindung wäre *natürlich* ein Gewinn für das Projekt JadeWeserPort und es wäre tatsächlich ein vielversprechender Einstieg in eine nationale Hafenpolitik! Doch davon sind wir den doch sehr zurückhaltenden Presseberichten und allgemeiner Stimmungslage zufolge noch ein gutes Stück entfernt.

Die *„einflußreichen Teile der Hamburger Hafenwirtschaft, insbesondere in der HHLA"* haben jedenfalls jetzt erst einmal Zeit gewonnen, können jetzt in Ruhe ihre weitere Strategie festlegen, „ihre Truppen" sammeln und sich in eine für sie vorteilhaftere Stellung gegen den von ihnen abgelehnten JadeWeserPort bringen. Niedersachsen, Wilhelmshaven muß sich in den nächsten Wochen und Monaten auf ein hanseatisches Stör- und Trommelfeuer und viel politische Untergrundarbeit einer alle hafenpolitischen Register ziehenden Hamburger Allianz gegen das (auch) Prestigeprojekt JadeWeserPort einstellen. Und es ist schade, daß – so hat es jedenfalls den Anschein – auch ein sonst so überzeugender Sigmar Gabriel auf der Zielgeraden zum JadeWeser-Port politisch doch noch „schwere Beine" kriegt! Ich möchte ihm zurufen: Machen Sie jetzt – auf den letzten paar Metern – bloß nicht schlapp, sondern beweisen Sie beste „Steherqualitäten", lassen Sie sich durch die Hamburger Hardliner, die ihren „Vorhafen" Cuxhaven auf „Biegen und Brechen" und gegen alle besseren Argumente durchboxen wollen, nicht verunsichern! Halten Sie fest an Ihrem für gut erkannten Kurs oder finden Sie – gemeinsam mit Henning Scherf – zurück auf klaren Kurs JadeWeserPort. Denn dies ist der – auch gutachterlich überzeugend gestützte – langfristig beste Kurs in die hafenwirtschaftliche Zukunft Deutschlands und es ist beste Wirtschafts- und Beschäftigungspolitik für das Land Niedersachsen, für das Sie besondere Verantwortung tragen! Und, sehr geehrter Herr Ministerpräsident, warten Sie mit Ihrer Entscheidung nicht bis Ende März 2001, sondern mahnen Sie zu größerer Eile, treffen Sie Ihre endgültige Entscheidung kurzfristiger und bestätigen Sie damit – unmißverständlich für alle – Ihre anläßlich der Präsentation der Berger/Planco-Gutachten gegebene Absichtserklärung!

Es sollte im übrigen niemanden verwundern, wenn die Hamburger Hafenwirtschaft Ende März, wahrscheinlich vorher, ihr fertiges Konzept für einen Tiefwasserhafen Cuxhaven mit Fertigstellung 2006 vorstellt, alles von privater Hand finanziert und damit die Länderchefs vor vollendete Tatsachen stellt. Die Gefahr, mit diesem Schachzug am Ende doch noch über den Tisch gezogen zu werden, ist riesengroß. Ortwin Runde wird es im Zweifel recht sein und Sigmar Gabriel und Henning Scherf könnten – lassen Sie es mich bissig formulieren – ihren hafenpolitischen Tiefschlaf dann in Ruhe fortsetzen! Ein gemeinsames Votum der Länderchefs für einen deutschen Tiefwasserhafen hätte sich durch einen solchen nicht auszuschließenden hafenpolitischen Alleingang der Hamburger Hafenwirtschaft erledigt. Diesen Coup jetzt in Ruhe vorzubereiten, hat die – dem Presse-Echo und den Stellungnahmen aus Kreisen der Hamburger Wirtschaft nach – zu allem entschlossene Hamburger Hafenwirtschaft jetzt ja ausreichend Zeit. Die unsägliche Last hafenpolitischer Verantwortung wäre den Politikern endlich abgenommen – und erst in ein paar Jahren würde man sich über zusätzliche Umschlagkapazitäten an der deutschen Küste wieder Gedanken machen müssen. Vielleicht kann man dann ja die alten Pläne für den JadeWeserPort wieder aus der Schublade ziehen…

Noch muß Wilhelmshaven, muß die Nordwest-Region nicht alle Hoffnungen fahren lassen und meine Grundstimmung bleibt auch optimistisch. Aber mit der Vertagung der Entscheidung bis Ende März nächsten Jahres hat sich die Stimmung verdüstert und sind Wolken aufgezogen, die nachdenklich stimmen und für die nächsten Wochen und Monate noch so manchen Sturm und „schwere See" für den JadeWeserPort erwarten lassen. Ich hoffe bei aller geäußerten Kritik sehr, daß Ministerpräsident Sigmar Gabriel auch in hafenpolitisch stürmischer Zeit letztendlich unbeirrt guten Kurs hält und sich in den anstehenden Beratungen der Projektgruppe mehrheitlich die Einsicht durchsetzen wird, daß es zum JadeWeserPort keine wirkliche Alternative gibt und auch Hamburg von der langfristigen Vorteilhaftigkeit dieses Projekts – nicht zuletzt im Hinblick auf die eigenen Interessen – überzeugt werden kann.

Zur Finanzierung des Projekts noch soviel: natürlich darf eine wirtschaftspolitisch so weit in die Zukunft reichende Standortentscheidung nicht allein von der Höhe privatwirtschaftlicher Finanzierung abhängig gemacht werden. Privatfinanzierung darf nicht zum k.o.-Kriterium werden. Privatfinanzierung ist auch kein, wie Runde meint, *„Regulativ"*, das anzeige, ob das Projekt an dem gewünschten Standort überhaupt eine Realisierungschance hat. Objektive Kriterien bei der Standortentscheidung, die das Projekt JadeWeserPort favorisieren, blieben bei dieser verengten Sichtweise auf der Strecke und kurzsichtige, lokalpatriotisch eingefärbte wirtschaftliche Interessen privater Investoren – denen das Hemd näher ist als die Hose – erhielten ein unverhältnismäßiges Gewicht. Immerhin räumte Ortwin Runde ein, daß *„sich die Hansestadt über Hafenbetreiber (stadteigene Hamburger Hafen- und Lagerhaus AG (HHLA) beteiligen werde, aber mehr auf unternehmerischer Seite"*. Eine entsprechende Umwegfinanzierung und Beteiligung der Länder Niedersachsen und Bremen über die Betreiber des JadeWeserPort bleibt den Ministerpräsidenten Bremens und Niedersachsens ebenfalls unbenommen.

Mit den besten Erfolgswünschen weiterhin für den JadeWeserPort!

Report vom 02.11.00

Heute trafen sich die Bürgermeister der Hansestädte Hamburg und Bremen, Ortwin Runde und Henning Scherf, um ihre Gespräche fortzusetzen und über *„hafenpolitische Kooperationsmöglichkeiten"* zu beraten. Angestrebt werde eine Kooperation der Hamburger Hafen- und Lagerhaus AG (HHLA) und der Bremer Lagerhaus-Gesellschaft (BLG). Dabei war das Thema Tiefwasserhafen an der deutschen Nordseeküste – Wilhelmshaven oder Cuxhaven – natürlich kein nur Randthema, sondern im Kontext der Gespräche das eigentliche Zentralthema dieser Unterredung. Denn es geht um die hafenpolitische Strategie der Zukunft, um die langfristig richtigen hafenpolitischen Weichenstellungen. Wie reagieren die norddeutschen Küstenländer auf die hafenpolitischen Herausforderungen, wie stellen wir uns hafenwirtschaftlich im schärfer werdenden europäischen Wettbewerb richtig auf, wie positionieren wir uns und wo setzen wir hafen- und verkehrspolitisch – unter langfristiger Perspektive! – die auch gesamtwirtschaftlich richtigen Investitionsschwerpunkte? Wie soll das hafenpolitische Konzept, der hafenwirtschaftliche „Fahrplan" für die nächsten 10 und 20 Jahre und darüber hinaus aussehen und – die entscheidende Frage – wie organisieren wir die politisch für notwendig gehaltene enge hafenwirtschaftliche Zusammenarbeit der norddeutschen Küstenländer so, daß – bei fortbestehendem fairen Wettbewerb – für alle Beteiligten ein wirtschaftliches Optimum dabei herauskommt, möglichst alle Gewinner sein werden und es eben keine Verlierer dieses weit in die Zukunft reichenden hafenwirtschaftlichen Veränderungsprozesses geben wird?

Der niedersächsische Ministerpräsident Sigmar Gabriel nahm an diesem Gespräch nicht teil. Natürlich muß man den beiden Hansestädten zubilligen, daß sie zunächst einmal für sich – in bilateralen Gesprächen – ihre „besonderen hafenpolitischen Beziehungen" klären und ausloten, was hafenpolitisch gemeinsam möglich ist und wie nach jahrhundertelanger Konkurrenz eine künftige, mehr auf Partnerschaft setzende hafenwirtschaftliche Zusammenarbeit aussehen könnte. Ob hieran seitens der Hamburger (HHLA) und Bremer (BLG) Hafengesellschaften überhaupt ein ernstzunehmendes (auch) unternehmerisches Interesse besteht und die an ein solches hafenpolitisches Bündnis geknüpften Hoffnungen tragen, wird sich in den nächsten Wochen und Monaten zeigen. Zu wünschen wäre es. Die bisherigen Wortmeldungen der HHLA und ihr zähes Festhalten an ihrem Tiefwasserhafen-Favoriten Cuxhaven bzw. überhaupt noch nicht ausdiskutierte Handlungsalternativen (weitere Vertiefung von Elbe und Weser…) machen immerhin deutlich, daß es bis zu einer vertrauensvollen und interessenmäßig gut ausbalancierten Partnerschaft noch ein weiter Weg ist, der allen Beteiligten einiges an Kompromißbereitschaft abverlangen wird. Aber es ist ein lohnender Weg, der alle Anstrengungen rechtfertigt. Ein politischer Anfang jedenfalls wurde gemacht. Jetzt ist die Hafenwirtschaft am Zuge.

Wo aber bleibt bei diesem hafenpolitischen „Schmusekurs" der beiden Hansestädte das Land Niedersachsen? Was ist mit dem JadeWeser-Port? In jedem Fall geht es auch um vitale niedersächsische Landesinteressen und ein selbstbewußt auftretender Sigmar Gabriel vermittelt – bei aller Verbundenheit mit seinen Parteikollegen – den letzten Pressemeldungen zufolge nicht den Eindruck, als wolle er sich in diesen hafenpolitisch zentralen Fragen mit einer Statistenrolle abfinden, die sich nur noch auf das Abnicken Hamburger Absichts- und Willenserklärungen beschränkt.

Hafenpolitischer Lokalpatriotismus ehrt die Hamburger Hafenpolitiker und Hafenwirtschafter und ihr primäres Interesse an einem „vor ihrer Haustür" gelegenen Tiefwasserhafen Cuxhaven ist insoweit nur konsequent. Ihnen gleichzeitig zugebilligte hanseatische Weltoffenheit, nüchternes betriebswirtschaftliches Kalkül und strategische Orientierung sollte sie aber auch befähigen, den Planungshorizont über die Jahre 2010, 2020 hinaus weiter in die Zukunft zu spannen, die langfristigen Möglichkeiten und Chancen des „*Ergänzungshafens*" (?) JadeWeserPort (Ortwin Runde) nicht gering zu schätzen, sondern in diesem Projekt realistisch die hafenpolitische Optimallösung – auch im langfristigen Interesse Hamburgs – zu sehen. Ich habe mir in den vergangenen Monaten hierzu die „Finger wundgeschrieben" und verweise hierzu auf meine diversen vorangegangenen Reports, mit denen ich die öffentliche Diskussion dieses Themas positiv-kritisch begleite und argumentativ für die Realisierung des Jahrhundertprojekts JadeWeserPort werbe.

Nun schreibt die WELT (vom 02.11.00), daß Hamburg und Bremen die begründete Sorge haben, daß ein Tiefwasserhafen Wilhelmshaven ih-

re eigene Zukunft gefährde. Wie das? *„Wer könne schon garantieren, daß in einem Tiefwasserhafen in der Deutschen Bucht lediglich die „ganz großen Pötte festmachen" und die mittleren und kleineren Containerschiffe weiter Bremen und Hamburg ansteuerten"*, **formuliert die WELT diese Bedenken.** Wo die WELT recht hat, hat sie recht! Auf die „Elefanten der Meere" kann nicht gewartet werden. Diese Schiffsriesen werden erst ab 2007 (sicher nicht erst ab 2010) die Weltmeere befahren, aber ja noch nicht mit nennenswerten Anteilen an der Gesamttonnage. Der künftige deutsche Tiefwasserhafen sollte daher nicht ausschließlich fixiert sein auf die kommenden Dickschiffe, sondern sich selbstverständlich auch an der Abfertigung submaximaler und mittlerer Größenklassen beteiligen und seine Umschlagmöglichkeiten somit bereits ab 2006/07 voll ausschöpfen. Hamburg wird über kurz oder etwas länger an seine hafenwirtschaftlichen Grenzen stoßen und kapazitätsmäßig überfordert sein – oder heute noch nicht definierte gravierende Effizienzverbesserungen in die Wege leiten müssen. Wir würden aber Marktanteile verlieren, wenn wir die überschießenden Mengen bis 2010 der Konkurrenz überließen, statt sie mit angepaßter Umschlagkapazität spätestens ab 2006/07 übergangsweise – bis die *„ganz großen Pötte"* kommen – auch in einem dann zur Verfügung stehenden deutschen Tiefwasserhafen zu löschen.

Die deutschen Küstenhäfen müssen also auch in der Zwischenzeit – bis die Jumbo-Schiffe kommen – wertschöpfend mitnehmen, was möglich ist und sich gleichzeitig kapazitiv auf die neue Jumbo-Generation in der Containerschiffahrt einstellen. Es wird ein fließender Übergang zu den größeren Schiffseinheiten stattfinden, ohne daß die kleineren Containerschiffe dabei bedeutungslos würden. Immer mehr und immer größer werdende Containerschiffe nehmen mit wachsenden Gütermengen Kurs auf Europas Küsten und suchen nach freier Umschlagkapazität und kostenoptimalen Verkehrswegen! Man muß es immer wieder betonen: Jahr für Jahr steigt die Gütertonnage den Prognosen nach um 7 Prozent. Im Jahre 2005 bedeutet das eine kumulierte Steigerung um 40 Prozent und im Jahre 2010 hat sich die Gütertonnage an der Nordrange voraussichtlich verdoppelt! Schreiben Sie diese Entwicklung mit moderaten Zuwachsraten fort und streichen Sie hiervon noch x Prozent. Die vorhandenen Umschlagkapazitäten plus alle Ausbaumaßnahmen an der Nordrange (Rotterdam, Vlissingen, Bremerhaven, Altenwerder…) werden diesem stetig anschwellenden Güterstrom nicht lange standhalten.

Es braucht also zusätzliche großzügig bemessene hafenwirtschaftliche Kapazität und eine ebenfalls angepaßte Verkehrsinfrastruktur, um dieses dynamische Mengenwachstum auf wirtschaftliche Weise zu kanalisieren und logistisch zu bewältigen. Der wachsende EU-Binnenmarkt, insbesondere die Ost-Erweiterung der EU und deren wirtschaftlicher Aufholprozeß sind Garanten für ein überdurchschnittliches Wirtschaftswachstum in diesen Ländern und wir sind im eigenen wirtschaftlichen Interesse gut beraten, vorausschauend für die notwendigen kapazitiven Anpassungen zu sorgen – und hierfür auch Geld in die Hand zu nehmen! Deshalb kann nicht bis zum Jahr 2010 gewartet werden, sondern die deutschen Küstenhäfen und nachgelagerte Verkehrsinfrastruktur müssen mitwachsen, besser noch: schneller und stärker wachsen als die Konkurrenz! Die Milliardeninvestitionen hierfür rechnen sich und werden gesamtwirtschaftlich reichen Ertrag abwerfen.

Mit dem JadeWeserPort und Jade-Weser-Revier verfügt Deutschland über Ressourcen, mit denen es auf lange Sicht hafenwirtschaftlich wuchern und im Konzert mit den anderen deutschen Küstenhäfen der europäischen Konkurrenz Paroli bieten kann! Der immer größer werdende „Handelskuchen" reicht für alle! Er reicht für Hamburg, er reicht für die deutschen Küstenhäfen und er wird auch den möglichen JadeWeserPort zunehmend auslasten. Der JadeWeserPort nimmt den Hamburgern nichts, im Gegenteil: in seinem strahlenden Glanz wird sich auch die Hamburger Hafenwirtschaft mit angemessenen Zuwächsen wirtschaftlich sonnen können und betriebswirtschaftlich excellente Ergebnisse erzielen, wenn sie als sehr willkommener starker Partner – meinetwegen auch in Primus-inter-pares-Funktion! – mitmacht und dieses Projekt gemeinsam mit den anderen Küstenländern Bremen und Niedersachsen zum Erfolg führt. Es sollte von daher eine bare Selbstverständlichkeit verantwortungsbewußter nationaler Hafenpolitik sein, dem überdurchschnittlichen Wachstum in der Verkehrswirtschaft, hier der Containerschiffahrt, mit dem Ausbau und Modernisierung der hafenwirtschaftlichen Kapazitäten und Verkehrsinfrastruktur Rechnung zu tragen und die sich mit dem JadeWeserPort bietenden großartigen Chancen wirtschaftlichen Wachstums und zunehmender Beschäftigung nicht in ganz unhanseatischem Geiste zu blockieren.

Ortwin Runde liegt im übrigen völlig daneben, wenn er in dem künftigen deutschen Tiefwasserhafen lediglich einen *„Ergänzungshafen"* sieht. Das mag für Cuxhaven gelten, nicht aber für den JadeWeserPort! Der JadeWeserPort ist kein nur *„Ergänzungshafen"*, sondern er wird im Rahmen der angestrebten hafenwirtschaftlichen Allianz der Küstenländer – wenn man es politisch will und die Weichen richtig stellt – langfristig eigenes unverwechselbares Profil gewinnen und der hafen- und verkehrswirtschaftlichen Entwicklung der Bundesrepublik einen kräftigen Impuls geben. **An geographisch richtiger Stelle – zwischen den Großhäfen Rotterdam und Hamburg gelegen – wird sich mit ihm langfristig ein neuer logistisch-verkehrswirtschaftlicher Knotenpunkt und Transit-Zentrum von europäischem Rang herausbilden.**

Im „Fahrwasser" des JadeWeserPort aber werden auch alle anderen deutschen Küstenhäfen ebenfalls „an wirtschaftlicher Fahrt gewinnen", mehr Güter umschlagen und zu wertvollen Mitspielern und Gewinnern des Projekts werden. Mit der Realisierung der großräumig zusammenwachsenden „Hafenlandschaft" in der Deutschen Bucht, mit Hamburg, Bremen, Bremerhaven, Cuxhaven, Emden... und nicht zuletzt mit dem Riesenpotential des Ausnahmeprojekts JadeWeserPort wird – wenn denn strategische Weitsicht die Entscheidung leiten wird und die HHLA und BLG in gemeinsamer Verantwortung ihre unternehmerischen Kräfte auf dieses höhere Ziel hin konzentrieren – ein insgesamt hocheffizientes hafenwirtschaftliches Netzwerk entstehen. Dieses eng geknüpfte hafenwirtschaftliche Netz entlang der deutschen Nordseeküste muß den Wettbewerb nicht scheuen und wird sich als selbstbewußte „deutsche Antwort" auf die hafenwirtschaftlichen Herausforderungen und Anstrengungen unserer europäischen Mitbewerber hervorragend bewähren. Mit allen gesamtwirtschaftlich positiven Effekten für die norddeutschen Küstenländer und die Bundesrepublik!

Report vom 18.11.00

Heute möchte ich weit zurückgehen und Ihnen im folgenden einen **Vortrag** zur Kenntnis geben, den der Geschäftsführer der Wilhelmshavener Raffineriegesellschaft mbH, Herr Johan Anton van Weelden, bereits im **Oktober 1993** vor Vertretern der Wasser- und Schiffahrtsdirektion Nordwest **zum Thema** *„Zukunft und Perspektiven des Ölhafens Wilhelmshaven"* gehalten hat. Im Rahmen dieses Vortrages und anschließender Diskussion war **erstmalig die Rede von einem Containerhafen und wurde hierfür der Begriff Jade-Port geprägt und in die Diskussion eingebracht.**

Anfang 1994 wurde der Wasser- und Schiffahrtsdirektion Nordwest (Aurich) – initiiert von Herrn van Weelden – eine Studie des Ingenieursbureau Svasek BV zusammen mit Ballast Nedam Engineering **ein Konzept-Entwurf für den „JADEPORT, eine Zukunft für Wilhelmshaven" vorgestellt.**

Sicher ist es nicht übertrieben, in diesem Konzept-Entwurf und Arbeitstitel so etwas wie die geistige Geburtsstunde und „Grundsteinlegung" des Jade- bzw. JadeWeserPort zu sehen. Das Projektmanagement der Wilhelmshavener Hafenwirtschafts-Vereinigung e.V. (WHV) mit seinen „Vorarbeitern" John H. Niemann und Detlef Weide hat sich in der Folge mit seinem professionellen Engagement, dieses Ausnahmeprojekt über die Jahre politisch seriös und sachlich überzeugend zu vermarkten, herausragende Verdienste erworben, aber bis zum ersten Spatenstich ist – wie wir sehen – noch weitere politische Schwerarbeit nötig.

Zwar ist die Entscheidung noch nicht endgültig gefallen, aber es ist schwer vorstellbar, daß Ministerpräsident Sigmar Gabriel nach seinem wiederholt bekräftigten Bekenntnis zum JadeWeserPort („Das bekommen wir hin") noch einen politischen Rückzieher machen und Wilhelmshaven „im Regen stehen lassen" wird.

Es sind bemerkenswerte Überlegungen und Überzeugungen, die Herr van Weelden schon 1993 vor einem sachverständigen Expertenkreis entwickelt hat. Sieben Jahre weiter ist aus dieser anfänglichen Vision ein realistisches Projekt von nationaler Bedeutung entstanden, über dessen Realisierung bekanntlich bis Ende März 2001 entschieden werden soll.

PS. Ich möchte aber auch der Vollständigkeit halber anmerken, daß es auch schon 1971 hafenpolitische Visionäre und Strategen in Wilhelmshaven gegeben hat, die sich Gedanken gemacht haben über die hafenwirtschaftliche Zukunft Wilhelmshavens und des Nordwestens. Es gab – man höre und staune – schon damals unter der Leitung von Dipl. Ing. Ulrich Tappe eine Planungsgruppe Jade-Weser-Port, die unter dem Arbeitstitel *„Jade-Weser-Port – Deutschlands Universalhafen"*, ein Planungskonzept für den Jade-Weser-Raum vorlegte. Die Wilhelmshavener Zeitung berichtete hierüber in ihrer „Lokalen Dokumentation 1971". Damals war die Zeit aber wohl politisch noch nicht reif für dieses kühne Projekt…

Und ganz aktuell: die **Frankfurter Allgemeine Zeitung** berichtet in ihrer Ausgabe vom 15. November 2000 in einem interessanten Artikel (Wirtschaftsteil, Seite 18) ausführlicher über die hafenpolitische Annäherung zwischen Hamburg und Bremen und den geplanten Tiefwasserhafen. **Ich zitiere hieraus:** *„Für einen Tiefwasserhafen macht sich schon seit vielen Jahren der energische Oberstadtdirektor von Wilhelmshaven, Arno Schreiber, stark."* Und weiter: *„Die zähe Arbeit Schreibers im Hintergrund zahlte sich aus."* Ich finde es gut, daß wir wenigstens aus der FAZ erstmals von der diskreten, aber offensichtlich sehr effizienten „Hintergrundarbeit" unseres Oberstadtdirektors in Zusammenhang mit dem Jade-WeserPort erfahren. Hätten Sie es gewußt? Die lokale Presse wird seine Verdienste sicher ebenfalls noch angemessen würdigen.

Die FAZ berichtet weiter: *„Als Flaschenhals für einen Tiefwasserhafen könnte sich hierzulande freilich die Infrastruktur erweisen. Bahn- und Straßennetze im Nordwesten müßten stark ausgebaut werden, weil der weitaus größte Teil der Anlandungen weitertransportiert werden muß. Dafür sind Investitionen in Milliardenhöhe notwendig, die größtenteils der Bund aufbringen müßte. Die Chancen für eine Einigung mit Hamburg beurteilt Hattig (Bremer Wirtschaftssenator) positiv. „Wenn aber Hamburg nicht mitmacht", sagt er, „machen wir das mit Niedersachsen allein."*

Das hört sich nicht schlecht an. Es sind jedenfalls positive Signale, die Sigmar Gabriel und der Bremer Wirtschaftssenator Josef Hattig zugunsten des JadeWeserPort aussenden, und man kann nur hoffen und wünschen, daß ihre mutigen Bekenntnisse zum JadeWeserPort schließlich auch die Unterstützung Hamburgs finden und man dieses Jahrhundert-Projekt in gemeinsamer Verantwortung zum Erfolg führt.

Rotterdam und andere europäische Konkurrenzhäfen erweitern ihre Kapazitäten bereits und stellen sich mit ehrgeizigen Projekten auf die hafen- und verkehrswirtschaftlichen Herausforderungen ein. Denn das Wachstum in der Containerschiffahrt ist ungebrochen und die Container-Jumbos der Suezmax- und Malacca-max-Klasse (vielleicht etwas kleiner) kommen, und sie kommen schneller als erwartet. Deshalb müssen Hamburg, Bremen und Niedersachsen – im langfristigen eigenen Interesse – zusammenfinden, die damit verbundenen wirtschaftlichen Chancen nutzen und der europäischen Konkurrenz Paroli bieten. Mit dem JadeWeserPort und ebenfalls massiver Aufrüstung ihrer hafenwirtschaftlichen Umschlagkapazitäten. Wir haben keine Zeit bis 2010, sondern müssen jetzt – alarmiert auch durch die letzten Entwicklungen (Rotterdam...) – endlich durchstarten! Mit klarer gemeinsamer Zielsetzung und festem politischen (und unternehmerischen!) Willen: Indienststellung des JadeWeserPort – wie von Anfang an geplant – im Jahre 2006!

Doch jetzt zum Vortrag J. A. van Weeldens bei der Wasser- und Schiffahrtsdirektion Nordwest über die „Zukunft und Perspektiven des Ölhafens Wilhelmshaven" am 21. Oktober 1993 in Aurich:

Meine sehr verehrten Damen und Herren,

David hat Goliath nur mit einem kleinen Stein getötet – und wir wollen versuchen, es ihm heute nachzumachen.

Die Frage – und mein Thema ist die „Zukunft und Perspektiven des Wilhelmshavener Hafens" – ist nicht nur die Zukunft Wilhelmshavens, sondern die Zukunft der Bundesrepublik. Die Zukunft liegt in der **Standortfrage.** Und ich glaube, wenn sogar die Behörden hier Probleme haben, sollte einmal die Frage gestellt werden: „Was wollen wir mit einem Standort Bundesrepublik Deutschland?"

Wollen wir pro Woche 10.000 Arbeitsplätze abbauen durch 5 % unserer Bevölkerung, obwohl 100 % froh wären, wenn diese Arbeitsplätze erhalten blieben oder werden wir in 10 Jahren nur ein behördlicher Staat sein? Wir müssen uns das einmal gut überlegen.

Die Standortfrage. Man muß auch einmal nein zu den Behörden sagen können. Ein neuer Helmut Schmidt muß kommen. Wir brauchen Steuern! Es kann nicht sein, daß 5 % von unserer Bevölkerung das ausmachen, was 100 % unserer Bevölkerung angeht.

Die Zukunft von Wilhelmshaven hat ein ehemaliger Oberbürgermeister Wilhelmshavens, Arthur Grunewald, einmal so ausgelegt: „**Die Zukunft Wilhelmshavens liegt am Wasser**", Wilhelmshaven blickt seewärts.

Ich habe hier eine BETA-Flagge, denn auch BETA ist ein Bestandteil des Wilhelmshavener Hafens. Ich werde mir nicht anmaßen, in die Fußstapfen Arthur Grunewalds zu treten. Aber ich werde hier eine Behauptung hinzufügen, die meines Erachtens große Wichtigkeit hat: **Die Zukunft Wilhelmshavens liegt <u>auch</u> im Sand**. Und Sie werden sich jetzt fragen: Ist das ein Witz oder ist es Realität?

(JAVW schüttet eine Flasche Sand auf die Flagge) Ich werde Ihnen während dieses Vortrages zeigen: es ist Realität.

Ich zeige Ihnen auf, wo die Chancen für Wilhelmshaven liegen, denn Ihre Behörde ist auch zuständig für den Sand, der gebaggert wird – in Wilhelmshaven an der Jade.

Die Zukunft des Ölhafens: wir müssen einmal Revue passieren lassen, was in den letzten zwei Jahren in Wilhelmshaven passiert ist. Sie sehen hier eine Grafik (Bild 3), die angibt, wie sich seit 1985, nach der Schließung der Raffinerie durch die Mobil, die Umschlagszahlen entwickelt haben. Noch 1984 verstärkte Mobil den Gesamtumschlag auf gesamt 21 Mio. t Ölumschlag. 1985 gab es einen rapiden Rückgang auf 15 Mio. Tonnen Rohölimport. Seit 1991 hat BETA mit einem Anteil von 14 Mio. t dazu beigetragen, den Gesamtdurchsatz auf 32 Mio. t zu bringen. Das hat schon eine Bedeutung für WHV.

Ich möchte Ihnen die Bedeutung von WHV in der gesamten BRD zeigen, d.h. daß in der BRD 133 Mio. to Öl verbraucht werden (Bild 5). Der Import beträgt 47 Mio. t, der Export liegt aber nur bei 15 Mio. t. Das heißt, daß die BRD ein Importeur von Mineralölprodukten ist, obwohl man über genügend eigene Raffineriekapazitäten verfügt, wobei nicht das gesamte Volumen ausgenutzt wird. Wenn wir diese Zahlen in die Verbrauchsstatistiken umsetzen (Bild 4), dann sehen wir, daß der pro-Kopf-Verbrauch in der BRD im Vergleich zu den USA und Japan noch am niedrigsten ist. Wir verbrauchen etwa 1,5 t pro Jahr pro Kopf, USA das Doppelte und Japan ca. 30 Prozent mehr. Es zeigt sich, daß die Verbrauchszahl für die BRD ca. bei 1500 Kilo pro Kopf und Jahr liegt.

Ich werde nun zu den Mineralöl-Transportmitteln kommen und dann langsam nach Wilhelmshaven übergehen (Bild 6). Im Transportbereich sehen wir in der BRD die Importe der Produkte, die 133 Mio. t. Diese Daten von 1991 beinhalten: 13 Mio. t Pipeline, Seeschiffahrt 16 Mio. to 1991 – hauptsächlich WHV – die Binnenschiffahrt, vorrangig Rheinschiffahrt von Rotterdam, 43 Mio. to. Die Eisenbahn hat den größten Rückgang nach 25 Mio. t zu verzeichnen und der Straßenverkehr ist durch seine Flexibilität auf 22 Mio. t gestiegen. Die Binnenschiff-Flotte ist von 630 auf 450 Schiffe zurückgegangen. Die verfügbaren Kapazitäten sind hierbei also erheblich reduziert worden.

Was hat BETA jetzt dazu beigetragen? (Bild 7) Seit 1991 sind durch uns abgefertigt im TKW-Bereich 73.000 LKW, das sind 1,1 Mio. t.   Kesselwagen ca. 1 Mio. t. Bitte merken Sie sich die Zahl für den Schiffsexport: 11,6 Mio. to. Im Rohölbereich sind für unsere Raffinerie importiert worden: 14,65 Mio. to.

Im nächsten Bild (8) sehen Sie die Schiffsbewegungen, die hieraus entstanden sind und die dafür sprechen, die Fahrwassertiefe beizubehalten: das sind etwa 8,8 Mio. t Rohöl-Import und 6,5 Mio. to Export, und die Prognose für 1994/1995 sieht so aus, daß sich die Anzahl der Schiffe erheblich reduziert. Das bedeutet, daß die Produkte mehr über Schiene und Straße die Raffinerie verlassen werden und wir umschalten von einer Export- auf eine Importraffinerie, um den Verbraucher innerhalb der BRD zu beliefern. Wir erwarten also einen Rückgang im Schiffsverladebereich von 4,5 Mio. t.

Auch da liegt für WHV eine Chance (Bild 9). Sie sehen nun noch einmal das Verhältnis zwischen Import und Export am Beispiel unserer Raffinerie

(Schätzwerte): Während die Rohöl-Importmenge zwischen 1992 und 1995 konstant bleibt bei 8,8 Mio. t, reduziert sich der Export per Schiff von 6,5 auf 1,8, während sich die Transportmenge per Bahn und Tankwagen verdreifacht (Bild 10).

Es gibt noch ein weiteres Transportmedium, das BETA leider nicht zur Verfügung hat und welches jedoch gerade in der letzten Zeit oftmals öffentlich diskutiert wurde. Das sind die Pipelines (Bild 11). Sie erkennen, daß es zur Zeit bereits eine verfügbare Durchsatzkapazität von 187 Mio. t gibt. Der Raffineriedurchsatz liegt davon etwa bei 90 Mio. t, die verfügbare Kapazität ist 110 Mio. t, ist also noch nicht ausgeschöpft. Der Produktenverbrauch liegt bei 132 Mio. to (1993). Es zeigt sich, daß es schon genügend Rohölpipelines gibt, um die Versorgung der Bundesrepublik sicherzustellen und daß eine Rohölpipeline entweder WHV-Leuna oder Hamburg-Leuna überflüssig ist. Was Sinn macht, und das habe ich bereits vor 3 Jahren gesagt, ist eine Produktenleitung von WHV nach Hannover.

Und jetzt zum aktuellen Thema: „**Fahrwasser-Tiefgänger abgelehnt**" (Bild 14). Sie wissen, daß die anfallende Baggermenge durch das lange Riff zukünftig erheblich zunehmen wird, da es sich jetzt in Richtung Fahrrinne versetzt. **Aber wir brauchen für unsere Tanker 20 m Tiefgang.**

Das heißt, daß mehr und mehr auf uns zukommt – was beispielsweise jetzt in Emden passiert – die Umwelt leidet (Bild 16). Die Fischer fordern, es solle nicht gebaggert werden, denn ihre Krabben- und Schollenkulturen fallen weg. Deswegen gilt auch hier: Wenn das lange Riff sich verlagert, dann muß die Fahrrinne verlegt werden (Bild 15). Und damit kämen erhebliche Baggerkosten auf uns zu.

Einerseits müssen wir uns darüber im klaren sein: **Wollen wir WHV als Standort für Ölverarbeitung behalten?** Wenn die Antwort ja ist, so kann das nur heißen: baggern!

Deswegen, meine Damen und Herren, habe ich hier Sand auf den Boden gestreut. Wir können die Rinne versanden lassen – oder wir können sie offen halten. Sie sehen schon, daß die Anforderungen immer höher werden. Wenn Baggerarbeiten in der Jade stattfinden sollen, dann muß das Baggergut in der Nähe von Helgoland (Bild 17) verklappt werden. Sie sehen selbst, daß wir hier oben Klappstelle „null" haben. Das bedeutet, daß die Klappschiffe sechs Stunden länger unterwegs sein würden, um das Baggergut zu verklappen.

Und jetzt die positive Wendung meines heutigen Vortrages, meine sehr verehrten Damen und Herren. Ich sagte eingangs: Die Zukunft Wilhelmshavens liegt im Sande. Eine Chance für WHV liegt in diesem Baggergut!

Was können wir mit diesem Baggergut tun? Statt es umständlich vor Helgoland zu verklappen, um es drei Tage später wieder vor unserer Haustür zu haben, sollten wir in Wilhelmshaven einen Einsteckhafen bauen (Bild 15). Dafür benötigen wir ein Gelände von 5 qkm, das dann als Hafen für Containergüter gebraucht werden könnte (Bild 18). Das Baggergut von 5 bis 10 Jahren kann hier aufgelandet werden. Das hat folgende positive Effekte:

a) die Fischer behalten ihre Fischkulturen.

b) es entsteht hier ein sehr preisgünstiger Containerhafen für ca. 50 % der Normalkosten, denn das Baggergut fällt an.

c) man braucht sich in Bremerhaven, das ohnehin schon andere Probleme hat, über diese Investition keine Gedanken mehr zu machen, denn WHV baut zum halben Preis.

Das größte Problem ist also nicht das Baggern selbst, sondern: **Wohin mit dem Baggergut?** Und das vergißt man.

Die Fischer haben es erkannt. Sie sagen, das Baggergut dürfe nicht durch einen Eckbagger o. ä. verklappt werden, was Umweltschäden verursachen würde und damit ihre Arbeitsplätze gefährde.

Warum legen wir dann nicht folgendes fest: Die Baggerkosten reduzieren sich insgesamt um die Hälfte und das verklappte Baggergut wird in dem Einsteckhafen aufgeschüttet. Dadurch haben wir gleichzeitig einen preiswerten und sinnvollen Wilhelmshavener Containerhafenkomplex für Seeschiffe gebaut, der umweltfreundlich ist, neue

Arbeitsplätze schafft und darüber hinaus die Arbeitsplätze der Fischer beibehält.

Wichtig ist, daß unsere Kommunalpolitiker hier mitziehen. Man sollte nicht davon reden, wie etwas Bestehendes instandgehalten wird. Denn das ist billige Politik, z. B. „wir wollen den Tiefgang von 20 m behalten“. Das ist etwas, das wir bereits haben. Die Politiker sollten Vorausschau halten, um das Notwendige zu veranlassen. Nämlich den Standort Wilhelmshaven zu verbessern. Und da sind wir <u>alle</u> gefordert, die Möglichkeiten zur Standortverbesserung zu schaffen.

Sie werden sich sicher jetzt fragen: Was hat das mit dem Thema „Zukunft des Ölhafens Wilhelmshaven“ zu tun? Und hier schließt sich der Kreis.

Wenn wir keine entsprechende Fahrwassertiefe haben, dann haben wir auch keinen Hafen. Und dieser Hafen ist für den Umschlag von Öl, aber auch für Containergüter. Man muß die Zukunft sehen und sich nicht an den bereits vorhandenen Dingen aufhalten.

Zusätzliche Möglichkeiten für WHV liegen auch darin, mit Hilfe des Containerhafens die Binnenschiffe in die Jade zu bringen. Auch hier sind schon einige Gespräche geführt worden. Sie haben vielleicht in der Zeitung verfolgt, daß es einen Plan gibt, ein Trägerschiff, den „Wilhelmshavener Shuttle“ zu bauen. Er kann bis zu 8 Binnenschiffe von WHV über die Jade bis zur Wesermündung transportieren (Bild 13). Wilhelmshaven sollte in das Binnenwasserstraßennetz eingebunden werden.

Auch die eingangs erwähnte Möglichkeit, eine Pipeline zu bauen, gehört zu den Strategien, die dezentrale Lage Wilhelmshavens zu überbrücken, um den Standort für die Wirtschaft attraktiv zu machen.

Am Beispiel Rotterdam wird deutlich, daß 40 Millionen t über das Wasser mit Binnenschiffen transportiert werden. Das können wir hier in Deutschland auch! Wir müssen nur das Binnenschiff an unsere Anleger bringen. Man hat eine Möglichkeit, die Kaiserbalje auszubaggern. Mit Rücksicht auf die Umwelt sollte man dies jedoch nicht tun. Wir haben den Butjadingen-Kanal – Kostenaufwand eine halbe Milliarde DM. Ich glaube nicht, daß dieses in der jetzigen Konstellation befürwortet werden kann.

Bleibt also das Projekt „Wilhelmshavener Shuttle". Hierüber wurde kürzlich eine wissenschaftliche Durchführbarkeitsstudie erstellt. Dieses Projekt wird noch in diesem Jahr beim Bundesverkehrsministerium vorgestellt.

Es gibt noch mehr Dinge, die für den Standort Wilhelmshaven und seine Position in der Bundesrepublik von Bedeutung sind. Die internationale Presse schreibt, was hier passiert: z. B. Emder Werft oder Thema Energie. Ich habe Ihnen hier einen Auszug mitgebracht, ein internationaler Vergleich von Ölraffinerien (Bild 19). Nachdem Deutschland Fußballweltmeister war, sind hier noch mehr Weltmeisterschaften zu feiern. Eine Meisterschaft liegt in den Energiepreisen, auch hier ist Deutschland die Nummer eins. Unsere Preise sind, im Vergleich zu den Mitbewerbern, viel zu hoch. Wir bezahlen etwa 4 Pf mehr als die Nutzer in den Niederlanden, England oder Frankreich.

Das sind weitere Argumente, die die wirtschaftliche Entwicklung in Deutschland generell hemmen, nicht nur Wilhelmshaven und nicht nur BETA! Auch „DIE WELT" hat diese Argumente vor zwei Wochen thematisiert (Bild 20). Sie sagt: „Beim Strompreis die Nummer 1 – Deutschland im EG-Vergleich am teuersten". Ich brauche Ihnen nicht zu sagen, was jetzt mit dem Kohlepfennig passiert ist. Das sind ernste Fragen, die wir jetzt ansprechen – und sie sind <u>tödlich</u> für den Standort Deutschland.

Nächstes Thema: Arbeitskosten. Auch hier ist Deutschland Weltspitze mit 42 DM pro Arbeitsstunde im Vergleich zu England, wo die Kosten durchschnittlich 23 DM betragen. Sogar Norwegen und die Schweiz liegen 3 DM unter dem deutschen Niveau (Bild 21).

Nach all den negativen Aspekten: Was sind denn nun also die Möglichkeiten von Wilhelmshaven? Wir haben viele Möglichkeiten, aber da müssen wir uns zusammenreißen! Da müssen wir aufhören, in Büchern nach den Ursachen zu suchen.

Die Behörden werden von uns Steuerzahlern bezahlt und sollten so agieren – Regularien finden -, daß eine konstruktive Zusammenarbeit auf einer guten Vertrauensbasis zustande kommt.

Die Perspektiven für Wilhelmshaven aus Sicht der BETA sind:

Weiterverarbeitungsanlage für atmosphärische Rückstände

Bei der Herstellung von Mineralölprodukten fallen ca. 2,5 Mio. t Rückstände an, die momentan nach England und den USA zur Weiterverarbeitung exportiert werden.

Bio-Kraftstoff – Verarbeitung von Raps

Insbesondere für die Heizöl- und Dieselproduktion, anteilig 10 bis 20 %. Das ist ein Projekt, welches zusammen mit der Landwirtschaft in Ostfriesland durchgeführt werden könnte. Somit können auch die Bauern von dieser Perspektive profitieren.

zusätzliche Rohölverarbeitungsanlage

wobei wir die Anforderung stellen: Leuna sollte überhaupt nicht gebaut werden. Auch dieses Thema ist wiederum zu einem Politikum geworden, und dieses politische Tauziehen hat auch leider hier der Sache mehr geschadet als geholfen.

Ich hatte zu Beginn meines Vortrages darauf hingewiesen, daß die **Infrastruktur** des Standortes wesentlich ist für die Zukunft unserer Region. Wir stehen in Verhandlungen mit der Bahn, um einen möglichst niedrigen Beförderungspreis für unsere Kesselwagen zu bekommen.

Pipeline – auch ein Politikum. Einige niedersächsische Städte sperren sich gegen den Bau eines Tanklagers in ihrer Region, obwohl dadurch hohe Kommunalsteuern in das Stadt- bzw. Gemeindesäckel fließen würden. Das bedeutet für uns, daß wir die Pipeline nicht bauen könnten. Der Binnenschiffträger ist eine Möglichkeit, um das Binnenschiffahrtsnetz zu erreichen. Das Thema Elektrizitätskosten habe ich schon erläutert.

Baggerkosten – und dieses Thema geht insbesondere auch Ihre Direktion an. Wir haben bereits vor einiger Zeit zusammengesessen, um über eine gemeinsame Lösung des Baggerproblems auf der Jade zu sprechen. Auch wir geben ca. 4 bis 5 Mio. DM jährlich für Baggerungen aus. Und auch wir erfahren, daß unsere Klappstelle immer weiter draußen liegt.

Und wir glauben, daß, wenn wir die Politiker überzeugen können, wir hier etwas für WHV tun können. Nämlich die Schaffung eines gemeinsamen Werkes, ein Containerterminal mit Einsteckhafen. Mit dieser Lösung wäre allen geholfen, denn die Kosten für die WSD (Wasser- und Schiffahrtsdirektion), aber auch die Kosten für die Wilhelmshavener Hafenanrainer würden erheblich gesenkt werden. Wir sollten uns möglichst bald darüber zusammensetzen. Wir sind bereit, mit der WSD zusammenzuarbeiten.

Noch einmal: die behördlichen Auflagen sollen weniger werden! Es wird uns zu schwer gemacht. Auch sollte sich die Politik weniger in industrielle Belange einmischen, das schadet nur (Beispiel Leuna). Auch Ihr Geld geht da mit hinein, meine Damen und Herren, denn wenn Leuna in Betrieb geht, haben die Steuerzahler 3 Mrd. DM dazu beigetragen.

Wir wollen nicht die Wirtschaft tot machen; wir wollen nicht an einem wöchentlichen Arbeitsplatzabbau von 10.000 pro Woche mitwirken. Die Behörden und die Politiker sollten den hier verbliebenen Firmen das (Über-)Leben erleichtern und nicht erschweren!

Zum Abschluß noch ein Video von unserer Raffinerie. Dieses neue Video hat 50.000 DM gekostet und soll Ihnen einen Eindruck geben, wie das Rohöl verarbeitet wird und ein Beispiel statuieren von einem modernen Ölverarbeitungsbetrieb an der Jade.

Ich danke Ihnen für Ihre Aufmerksamkeit und stehe Ihnen im Anschluß an das Video noch gern für Fragen zur Verfügung.

Anmerkung: in der folgenden Fragestunde schlug der Vortragende die Errichtung eines „Jadeport" vor.

Report vom 23.11.00

In einem Interview der WELT (vom 22.11.00) beantwortet der Vorstandsvorsitzende der Hamburger Hafen- und Lagerhausgesellschaft (HHLA), Peter Dietrich, Fragen des WELT-Redakteurs Peter Michael Wolf. Erstmals habe sich Peter Dietrich *„öffentlich in die Kritik um veraltetes Zahlenmaterial, unprofessionelle Gutachter-Arbeit und den Vorwurf politisch motivierter Gefälligkeitsstudien eingeschaltet."* Was für eine Ansammlung unverschämter Kritik an den Gutachtern! Wurden diese nicht im Vertrauen auf ihre anerkannte Kompetenz und mit ausdrücklicher Zustimmung der drei Küstenländer Bremen, Niedersachsen und Hamburg beauftragt? Unkritisch übernimmt der Fragesteller einleitend persönliche Meinungsäußerungen der erklärten Gegner des JadeWeserPort und hantiert mit diesen politisch absichtsvollen Bewertungen, als wären dies unstrittige harte Fakten und nicht bösartige Polemik enttäuschter Hamburger Hafenwirtschafter und ihrer Cuxhavener Verbündeten.

Mit seinem **inszenierten „Interview"** und den Peter Dietrich drehbuchgerecht servierten Fragen reiht sich Peter Michael Wolf ein in den Chor seiner Redaktionskollegen, die in einer möglichen Entscheidung für den JadeWeserPort schon den Untergang des Hamburger Hafens befürchten („eine verheerende Entscheidung"…) und als mediale Speerspitze mit verbissenem Lokalpatriotismus für die Interessen der Hamburger Hafenwirtschaft streiten. Der tendenziöse Charakter ihrer Berichterstattung springt jedem ins Auge. Da können sich Peter Dietrich und Handelskammer-Präses Nikolaus Schües als Protagonisten eines hafenwirtschaftlichen Alleinvertretungsanspruchs Hamburgs ja glücklich schätzen, aus den Redaktionsstuben der WELT so viel willfährige Unterstützung zu erfahren.

Etwas mehr hanseatische Gelassenheit und Souveränität, mehr Contenance statt verbalen Kontrollverlustes hätte man schon von den Herren erwartet. Da mahnt der Vorstandsvorsitzende der HHLA, Peter Dietrich: *„Eine faire und vor allem auch verständliche und hoffentlich sogar noch richtige Entscheidung stellt hohe Ansprüche an die politische und professionelle Kultur der Beteiligten"*. Richtig, sollte man meinen! Diese Kompetenz und Befähigung aber wird den *Beteiligten* mit Vorwürfen wie *„unprofessionelle Gutachter-Arbeit"*, *„politisch motivierte Gefälligkeits-*

studien" und massiven Zweifeln an ihrer Entscheidungskompetenz auf schon ehrverletzende Weise von den Hamburger und Cuxhavener „Besserwissern" abgesprochen! Sind denn das alles Stümper gewesen, Ahnungslose, von keiner Sachkenntnis getrübt, die da ihre Gutachten erstellt und sich in verantwortungsbewußter Abwägung für den JadeWeserPort ausgesprochen haben? Haben sich Hamburg, Bremen und Niedersachsen mit ihrer einvernehmlichen Bestellung Planco/Bergers, nur weil das Ergebnis nicht den Hamburger Erwartungen entspricht und der HHLA nicht in den Kram paßt, etwa geirrt und Hunderttausende in den Sand gesetzt?

Peter Dietrich spricht von *„hohen Ansprüchen an die politische und professionelle Kultur der Beteiligten"* **und stellt sich – ebenso wie Handelskammer-Präses Schües – mit arroganter Rhetorik gegen den JadeWeserPort selbst immer mehr ins politische Abseits. Mit ihrem andauernden verbalen „Kreuzzug" gegen den JadeWeserPort und die gutachterlichen Empfehlungen geben diese – völlig zu Unrecht – um die hafenwirtschaftlichen Pfründe Hamburgs fürchtenden Herren ein schlechtes Beispiel politischer Streitkultur und kultivieren stattdessen mit eigenen Stellungnahmen und der Duldung schlimmer Verdächtigungen aus ihrem hafenwirtschaftlichen Umfeld üble politische Unkultur!** Man versteht ja ihre Enttäuschung, daß die prestigeträchtigen Schiffsriesen der Suezmax- und Malacca-max-Klasse, die größten Frachter der Welt, nicht in Hamburg, sondern wahrscheinlich ab 2006/07 im JadeWeserPort festmachen werden; aber der Universalhafen Hamburg wird damit doch nicht zum „Absteiger" in die Zweitklassigkeit oder aufs „Altenteil" geschickt, sondern bleibt unangefochten das hafenwirtschaftliche „Flaggschiff" Deutschlands! Darüber freuen wir uns und teilen mit der Hamburger Hafenwirtschaft den Stolz auf die freie Hansestadt Hamburg und ihre große hafenwirtschaftliche Tradition!

Aber wir müssen weiter in die Zukunft schauen und können dabei nicht auf Hamburg als „ewigen hafenwirtschaftlichen Mittelpunkt und Nabel der Welt" (oder vielleicht doch etwas bescheidener, der Bundesrepublik) fixiert bleiben. Hafenpolitisch und gesamtwirtschaftlich weiterführende Entwicklungsmuster und -Szenarien an der Deutschen Bucht dürfen nicht am Widerstand der Hamburger Hafenwirtschaft (HHLA) scheitern. Das weltwirtschaftliche Wachstum, zunehmender Welthandel zwingen uns zu hafenwirtschaftlicher Expan-

sion über den Großraum Hamburgs hinaus! Hamburg wird in diesem Prozeß ja nicht mit Nullwachstum oder hafenwirtschaftlichen Einbußen wirtschaftlich zurückfallen, sondern mitwachsen. Aber das Jade-Weser-Revier wird mit dem JadeWeserPort – wenn denn so entschieden wird – aufgrund seines größeren Potentials in Zukunft stärker wachsen. Das ist doch in Ordnung so und liegt in unser aller gesamtwirtschaftlichem Interesse.

Als eine der führenden Industrie- und Handelsnationen sind wir dem technischen Fortschritt und verantwortungsbewußter Aktivierung unserer ökonomischen Ressourcen, hier des Jade-Weser-Reviers, verpflichtet. Der schärfer werdende internationale Wettbewerb und Ausweitung des Welthandels, internationaler Warenaustausch zwingen von daher zu ständiger hafenwirtschaftlicher „Nachrüstung" und Modernisierung unserer hafenwirtschaftlichen Strukturen. Mit dem JadeWeserPort wollen wir weiterspringen und damit auch gegenüber den bereits sehr aktiven europäischen Konkurrenzhäfen richtig „Flagge zeigen" und ein deutliches Signal setzen, daß wir die hafenwirtschaftliche Herausforderung annehmen und uns diesem Wettbewerb im Vertrauen auf die eigenen Kräfte und Möglichkeiten selbstbewußt stellen!

Wie wir wissen, werter Herr Dietrich – Ihre öffentlichen Auftritte lassen hieran bislang keine Zweifel – paßt Ihnen und Ihren hafenpolitischen Freunden die ganze Richtung nicht und ich schließe überraschende Volten der Hamburger Hafenwirtschaft im andauernden Entscheidungsprozeß um einen deutschen Tiefwasser-Containerhafen nicht aus (siehe hierzu meinen Report vom 27.10.00)! Es nützt aber alles nichts. Sie müssen lernen, über ihren hafenpolitischen Tellerrand des Elbe-Reviers hinauszublicken. Sie können das große strategische Potential des Jade-Weser-Revier nicht länger ignorieren, sondern müssen akzeptieren, daß mit dem JadeWeserPort und der hafenwirtschaftlichen Schwerpunktlegung auf die Entwicklung des Jade-Weser-Reviers sich die Gewichte verschieben und sich neben Hamburg/Cuxhaven, dem Elbe-Revier, mit dem JadeWeserPort und dem Jade-Weser-Revier langfristig ein weiteres hafenwirtschaftliches Zentrum von europäischem Rang herausbilden und sich mit überdurchschnittlichem Wachstum international profilieren wird. Das ist gut für Niedersachsen, gut für die Bundesrepublik Deutschland – und es ist auch gut für Hamburg, das von dieser Entwicklung ebenfalls wirtschaftlich profitieren wird.

Mit der Erschließung des Jade-Weser-Reviers und dem Bau des Jade-WeserPort wird die hafen- und verkehrswirtschaftliche Zukunft der Bundesrepublik mutig und ambitioniert fortgeschrieben, wird ein neues Kapitel nationaler Hafenpolitik aufgeschlagen und tragen wir den langfristigen wachstumsbestimmten Herausforderungen und unserer nationalen Verantwortung bestmöglich Rechnung. Diese historische Chance – auch für Hamburg! – zu erkennen und anzuerkennen, muß man – bei allem Respekt vor Ihrer Unternehmensverantwortung und Ihren lokalen politischen Verpflichtungen – auch von dem Vorstandsvorsitzenden der HHLA und dem Präses der Handelskammer Hamburg erwarten können. Erforderlich hierfür sind allerdings ehrliches Bemühen um Objektivität und die Fähigkeit zur Distanz. Scheuklappenmentalität und Fixierung nur auf das kurz- und mittelfristige Interesse Ihrer Klientel ist wenig hilfreich und dient der Sache nicht.

Ich denke, es wäre verdienstvoll, wenn die Hamburger Hafenwirtschaft und Handelskammer unter ihren kämpferischen „Vormännern" Peter Dietrich und Nikolaus Schües langsam von ihrem „hohen Roß absteigen", ihren hafenpolitischen Irrweg beenden, die gutachterlichen Empfehlungen respektieren und sich auf eine strategische Partnerschaft mit Bremen und Niedersachsen verständigen würden. Denn hier, in der konzeptionellen Ausgestaltung dieser wünschenswerten strategischen Partnerschaft und weitgesteckter gemeinsamer hafenpolitischer Zielsetzung, meine Herren, liegt Ihre politische und schließlich unternehmerische Verantwortung! Sie liegt nicht in dem hartnäckigen nur Bewahrenwollen der Monopolstellung Hamburgs, der Geringschätzung hafenpolitischer Alternativen im Jade-Weser-Revier und dem Verzicht damit auf zusätzliche Wachstums- und Beschäftigungschancen in der Bundesrepublik.

Leider hat es den letzten Presseveröffentlichungen zufolge den Anschein, als wollten Sie Ihren hafenpolitischen Irrweg unbeirrt und taub gegen die insgesamt überzeugenden Argumente renommierter Unternehmensberater und Hafenwirtschafts-Experten fortsetzen.

Auch die FAZ soll als Multiplikator Ihres rüden Feldzuges gegen den JadeWeserPort mobilisiert werden. Keine Sorge, Herr Schües, die geographische Lage des JadeWeserPort – zwischen Rotterdam und Hamburg – ist geradezu ideal dafür geeignet, das ebenfalls an kapazitive Grenzen stoßende Rotterdam zu „entlasten" und dieses strategische Potential gilt es auch von daher zu erschließen. Ausbau der verkehrlichen Infrastruktur und Anschluß an das Binnenwasserstraßennetz sind dabei selbstverständlich Bestandteil der mit dem JadeWeserPort langfristig verbundenen Planungen – und natürlich überhaupt kein Hinderungsgrund, den JadeWeserPort etwa deshalb nicht zu bauen! All dies ist Ausdruck mutigen politischen Gestaltungswillens! Es sind überaus lohnende Investitionen, wie ich Ihnen nicht weiter erläutern muß und wir sollten – ohne weitere taktische Verzögerungen! – schnellstmöglich mit der Realisierung beginnen.

Ministerpräsident Sigmar Gabriel, Henning Scherf und sein Wirtschaftssenator Josef Hattig haben die sich mit dem JadeWeserPort verbindenden großen Chancen erkannt. Auch Sie und Ihre hafenpolitischen Mitstreiter sollten den destruktiven Weg des Zweifels und enttäuschter Hoffnungen verlassen und in einzig zielführender strategischer Partnerschaft gemeinsam mit Bremen und Niedersachsen mit dem hafenwirtschaftlichen „Dombau" JadeWeserPort beginnen! Vollenden werden wir Lebenden diesen Dom nicht. Auch Hamburg hat etwas länger gebraucht. Aber wir können die soliden Fundamente für diesen Dom legen und damit das Tor in die hafenwirtschaftliche Zukunft der Bundesrepublik weit aufstoßen!

„Beide Standorte (Wilhelmshaven und Cuxhaven) haben einen entscheidenden Nachteil: Es sind Durchgangshäfen. Die dort gelöschte Ladung muß weiterverteilt werden", schreibt die FAZ (vom 23.11.) weiter. Was ist denn daran nachteilig? Gerade hier hätten Häfen wie Hamburg, die 100 Kilometer landeinwärts liegen, Standortvorteile, argumentiert Axel Schnorbus (FAZ-Redakteur) mutig und macht sich zum willigen Sprachrohr seiner wenig überzeugenden Hamburger Gesprächspartner. So eine schwache, schmalbrüstige Argumentation habe ich noch nicht gehört. Auch Hamburg ist nicht Endstation, sondern Umschlagplatz und Transit-Zentrum von europäischem Rang. Das gilt ebenso für Rotterdam, Antwerpen, Amsterdam…, die alle entlang einer höchst arbeitsteiligen Wertschöpfungskette für die weitere physische Distribution der Güter an ihre jeweiligen nationalen und internationalen Bestimmungsorte und Adressaten sor-

gen. Und 100 Kilometer auf immer dichter befahrener Strecke die Elbe hoch, mitten hinein ins Ballungszentrum? Wie soll das denn in 5, 10 und 20 Jahren aussehen? Der verkehrliche Kollaps im Elbe-Revier wäre programmiert und die limitierten Bedingungen Hamburgs setzten dem hafen- und verkehrswirtschaftlichen Wachstum natürliche Grenzen. Darüber hinausgehende Wachstumschancen könnten mangels verfügbarer zusätzlicher Umschlagkapazität nicht wahrgenommen werden. Wir würden unser ökonomisches Potential nicht ausschöpfen und kostenbewußte Reeder würden sich sehr schnell umorientieren.

Diese politisch motivierten und publizistisch unterstützten Einwendungen müssen nicht wirklich ernstgenommen werden. Es sind Marginalien vor dem Hintergrund der auf die Nordrange zurollenden Mengenflut, die uns eben nicht von der Notwendigkeit entbindet, hierfür großzügig bemessene zusätzliche Umschlagkapazität bereitzustellen. Denn das ist der Punkt: die Güterflut steigt weiter! Jahr für Jahr um prognostizierte durchschnittlich sieben Prozent. Im Jahr 2005 bedeutet das Mengensteigerungen von über 40 Prozent, im Jahre 2010 haben sich die verkehrswirtschaftlich / logistisch zu bewältigenden Gütermengen verdoppelt! Dann aber ist das Ende der Fahnenstange noch lange nicht erreicht. **Das Jade-Weser-Revier mit Bremen/Bremerhaven und dem künftigen JadeWeserPort ist – neben dem Elbe-Revier mit Hamburg/Cuxhaven – das große Auffangbecken, die hafenwirtschaftlich jetzt zu aktivierende strategische Reserve, die diesem Mengendruck mit möglichst schnell (bis zum Jahre 2006/07!) zu realisierender modernster Verkehrsinfra- und hafenwirtschaftlicher Suprastruktur langfristig standhalten wird.** Die Milliardeninvestitionen für dieses Projekt rechnen sich und werden vielfältigen gesellschaftlichen Gewinn abwerfen. **Deshalb nochmals ja zum JadeWeserPort, ja zu den großartigen Chancen, die sich unserer Nordwest-Region, dem Land Niedersachsen, Bremen, Hamburg und der Bundesrepublik mit diesem Mega-Projekt auf lange Sicht bieten!**

Die Hamburger Hafenwirtschaft ist herzlich eingeladen, hier mitzumachen, denn das wäre das Beste und das, was wir uns – bei allem gegenwärtigen Streit und Dissens – nur wünschen können: in schließlich gemeinsamer Verantwortung und mit klarer Zielsetzung – miteinander und nicht gegeneinander! – in die hafenwirtschaftliche Zukunft Deutschlands! Lassen Sie uns in diesem Sinne gemeinsam mit dem „Dombau" beginnen!

Report vom 25.12.00

Ein gedankliches Potpourri zum Jahreswechsel 2000/2001: Das Jahr 2000: War es das erste Jahr im dritten Jahrtausend oder doch nur das letzte Jahr im 2O. Jahrhundert? – Computerisierte und vernetzte Welt hielt dem Jahrtausendwechsel stand, kein DV-Chaos! – Was hat Wilhelmshaven, die Nordwest-Region regionalpolitisch bewegt? – Die EXPO am Meer, ein wirtschaftliches Fiasko? – Unser Oberstadtdirektor: diskret, aber hocheffizient im Hintergrund – JadeWeserPort: weiter klaren Kurs halten!

Das Jahr 2000 geht zu Ende. Und? War es denn nun das erste Jahr im 21. Jahrhundert? War es der Start in ein neues Millennium, ins dritte Jahrtausend oder haben wir uns, eine Mehrheit, geirrt und die Kritiker und Besserwisser haben doch Recht mit ihrer Behauptung, erst jetzt mit dem Jahreswechsel 2000/2001 beginne das neue, das dritte Jahrtausend? Wurden wir schnöder kommerzieller Interessen wegen irregeleitet und sind wir den Geschäftemachern auf den Leim gegangen? Stimmt es etwa nicht, daß wir das 20. Jahrhundert, das zweite Jahrtausend in der „Millisekunde" nach 24.00 Uhr des 31. Dezember 1999 und damit nach Vollendung des Jahres 2000, verlassen und im Zeitpunkt des Jahres „größer 2000" in das dritte Jahrtausend eingetreten sind? Tritt nicht auch, wer das 20. Lebensjahr vollendet hat, im Bruchteil eines Wimpernschlages, im nächsten Moment danach ein in sein drittes Lebensjahrzehnt und verrinnen hier nicht schon die ersten Sekunden des 21. Lebensjahres? Wurde also nicht doch mit dem Glockenschlag 24.00 Uhr des 31.12.99 und Vollendung damit des Jahres 2000 das dritte Jahrtausend eingeläutet?

Wie dem auch sei – und egal, wer recht hat. Wir nehmen die Vorlage der Zweifler und Besserwisser, daß es doch eigentlich erst jetzt richtig mit dem neuen Jahrtausend losgehe, gerne auf und stoßen in wenigen Tagen – auch wenn wir zum Jahreswechsel 1999/2000 nach bestem Wissen schon kräftig auf das neue Jahrtausend angestoßen haben – noch einmal auf das neue Jahrtausend an und wiederholen und bekräftigen unsere guten Wünsche vom Vorjahr auch gerne noch einmal!

Der Jahreswechsel 1999/2000: Schlimmste Befürchtungen wurden geäußert. Würde unsere computerisierte und vernetzte Welt dem An-

sturm des neuen Jahrtausends standhalten und den Datumswechsel mitmachen? Alle Electronic-Geräte und DV-Systeme mußten „2000-fähig" sein oder „2000-fähig" gemacht werden, um den befürchteten großen Daten-Crash und seine katastrophalen Folgen zu vermeiden. Spannung bis zuletzt! Und was passierte? Nichts! Ein (auch) *technisch* gelungener Einstieg in das dritte Jahrtausend! Alle Befürchtungen erwiesen sich (Gott sei Dank!), von wenigen Ausnahmen abgesehen, als unbegründet. Kein Absturz der Systeme, kein Politik und Wirtschaft, die Gesellschaft lahmlegendes DV-Chaos. Man hatte das Risiko im Griff, beherrschte die Situation und alle Warner und Schwarzmaler wurden widerlegt. Die Welt ging nicht unter und die Sonne sandte auch nach diesem mit besonderer Spannung erwarteten Jahreswechsel ihr strahlendes Licht auf eine allerdings überreichlich mit Feuerwerkskörpern malträtierte und geschundene Mutter Erde. Unsere Computer bestanden alle Prüfungen und übersprangen die kritische Hürde des Jahrtausendwechsels im allgemeinen problemlos. Aber Vorsicht! War das so selbstverständlich nach all den für möglich gehaltenen und „mit Lust am Untergang" ausgemalten Horror-Szenarien? Eben nicht! Was wäre wohl passiert, wenn man einfach alles sorglos hätte laufen lassen? Die IT-Branche jedenfalls hat das Risiko erfolgreich gemanagt, hat unfreiwillig für eine Sonderkonjunktur ihres Wachstumsmarktes gesorgt und damit gutes Geld verdient. Was eine programmtechnische Unterlassung (Jahrtausendwechsel) vor Jahrzehnten doch mehr als 30 Jahre später für weltweite Irritationen und milliardenschwere Nacharbeit ausgelöst hat!

Und was hat Wilhelmshaven, die Nordwest-Region im zu Ende gehenden Jahr 2000 regionalpolitisch bewegt? Natürlich die „EXPO am Meer" und das Mega-Projekt „JadeWeserPort". Beide Projekte waren die herausragenden Themen unserer Region und beherrschten die lokalpolitische Diskussion dieses Jahres. Die „EXPO am Meer" war hinsichtlich ihres werblichen Effekts und der Imagepflege für die Stadt Wilhelmshaven zweifellos ein Erfolg. Eine in den ersten Wochen unglückliche Preispolitik schmälert den insgesamt guten Eindruck nicht. Bekanntheitsgrad und Image der Stadt haben überregional eine Aufwertung erfahren. Wilhelmshaven hat sich gut verkauft! Hinsichtlich ihres wirtschaftlichen Erfolgs dagegen war sie – wenn man das Ergebnis der EXPO nur auf die dem Veranstalter direkt zurechenbaren Kosten und Erlöse oder Einnahmen und Ausgaben reduziert und die positiven gesamtwirtschaftlichen, externen Effekte ignoriert – ein Fiasko!

Der Oberstadtdirektor Arno Schreiber bezifferte das EXPO-Defizit *„nach heutigem Stand"* mit 16 Millionen DM! Eine sehr vorsichtige Aussage des obersten Verwaltungschefs der Stadt Wilhelmshaven, die Zweifel weckt, ob es das schon gewesen ist. Welche – aufgrund des Vorbehalts – wahrscheinlich höheren Verluste werden darüber hinaus noch auflaufen, morgen und übermorgen? Oder kann man dieses Ergebnis noch gesundbeten? Stellen diese Millionenverluste, der nicht geplante Kapitalverzehr – positiv gewendet – nicht vielleicht doch eine immer noch lohnende Investition in die Zukunft dieser Stadt dar, deren wirtschaftliche Früchte wir in den nächsten Jahren – über eine allerdings verlängerte „Pay back-Period" – erst noch ernten werden? Wie auch immer man es betrachtet, es bleibt ein fader Beigeschmack. Die – wie zufällig mit der Offenlegung des (vorläufigen) Verlustergebnisses zusammenfallende – sehr plötzliche Demission des u.a. für die EXPO am Meer verantwortlichen Geschäftsführers der Wilhelmshaven Projekt GmbH (WPG), Rüdiger Kramp, sowie ein beinahe komplizenhaft empfundenes öffentliches Schweigen des Aufsichtsrates hierzu, nähren eher den Verdacht, daß hier hinter den Kulissen mit härteren Bandagen gekämpft wurde und mehr gewesen ist, als das, was man hierzu verharmlosend bisher in der lokalen Presse lesen konnte. Hat Rüdiger Kramp sich der Politik als „Bauernopfer" zur Verfügung gestellt – stellen müssen? Das innerhalb weniger Monate „erwirtschaftete", der Öffentlichkeit brutal auf den Tisch geknallte und der Stadt ans Bein gebundene 16-Millionendefizit der „EXPO am Meer" ist – gemessen an den vergleichsweise optimistischen Planungen – ein finanzielles Desaster, eine wirtschaftliche Katastrophe und man fragt sich schon, wie ein überwiegend mit öffentlichen Mitteln arbeitendes Unternehmen so weit am Ziel vorbeischießen konnte.

Dem kritischen Beobachter stellt sich in diesem Zusammenhang aber auch die Frage nach dem dichten politischen Filz, der in engem parteienübergreifenden (?) Schulterschluß – so scheint es – dafür sorgt, daß die Reihen nach außen fest geschlossen bleiben, über Verantwortlichkeiten öffentlich nicht oder kaum gesprochen und über das offenbar werdende Mißmanagement der EXPO ein politisch bedenklicher „Mantel des Verschweigens" ausgebreitet wird. Denn das, was wir bisher zu diesem Thema gehört und gelesen haben, wird allgemein als äußerst dürftig empfunden, und ich halte es für an der Zeit, daß die Stadt sich zu ihrer Verantwortung für ihre Tochter (WPG) bekennt und der Öffentlichkeit gegenüber ausführlich Rechenschaft ablegt und eine selbstkritischere, ungeschminkte EXPO-Bilanz zieht. Laue, von der hiesigen Presse (WZ vom 21.12.) noch gestützte Entschuldigungen und Erklärungsversuche überzeugen nicht und tragen nichts zur Erhellung bei.

Mit der geltend gemachten, angeblich mangelnden finanziellen Ausstattung der WPG durch ihre Muttergesellschaft (Stadt Wilhelmshaven), kann das EXPO-Management die eigene unternehmerische Verantwortung und Schwächen ihres Planungs- und Kontrollsystems oder die politische „Vergewaltigung" (?) jedenfalls nicht überkleistern. Dieses Defizit ist den Herren ja nicht aus heiterem Himmel auf den Kopf gefallen, sondern es zeichnete sich intern wahrscheinlich frühzeitig ab und kumulierte in der Folge als düstere Wolke kontinuierlich von Monat zu Monat weiter zu einem zweistelligen Millionenverlust. Was aber auch machen, wenn man sich ergebnismäßig bereits im freien Fall befindet und keiner bereit ist und den politischen Mut aufbringt, die Reißleine zu ziehen und den Kapitalverzehr zu beenden? Hätte man in Anbetracht des wachsenden Defizits früher an die Öffentlichkeit gehen und Farbe bekennen sollen? Fragen über Fragen, die noch einer Antwort harren. Man hat – auch in Anbetracht des absehbaren Millionendefizits – ungeniert weiter über seine eigentlich limitierten Verhältnisse gelebt, jeden Gedanken an eine vorzeitige Beendigung des EXPO-Engagements oder „Redimensionierung" von sich gewiesen und glaubte sich in der politischen Pflicht, dieses ehrgeizige Projekt „um jeden Preis" und „ohne Rücksicht auf Verluste", bis zum vorgesehenen Ende durchstehen zu müssen. Für die auf ein eher ausgeglichenes Ergebnis eingestimmte ahnungslose Öffentlichkeit kam es dann am Ende ganz dicke und wurde es ein „Ende mit Schrecken". Alle Gutgläubigen fielen unsanft aus ihren schönen Ergebnisträumen und tauchten wieder ein in die Realität der ungeschminkten, nüchternen (tiefroten) Zahlen.

Man muß sich das mal vorstellen: gerechnet hat man mit 690.000 Besuchern – und es kamen nur 300.000 oder 43 Prozent, weniger als die Hälfte! Die Differenz von 390.000 multipliziert mit dem erzielten Durchschnittserlös von knapp 40 DM ergibt rechnerisch das vorläufig ausgewiesene Defizit von rd. 16 Mio.DM. Alles klar? Oder ist dies nachträglich etwa nur so hingerechnet worden? Ähnlich daneben lag man in Hannover bei der Expo 2000. Hier kamen nur 17 statt erwarteter 40 (!) Millionen. Also – welch ein Zufall – auch hier nur 43 Prozent Sollerfüllung! 40 Millionen Besucher? Das hätte – wie sich heute besser beurteilen läßt – nie funktioniert! Hannover, die Organisatoren der Expo 2000 wären hoffnungslos überfordert gewesen. Das gleiche gilt für Wilhelmshaven. 690.000 Besucher hätten den Rahmen gesprengt und den organisatorischen und verkehrlichen Infarkt für die Jadestadt bedeutet. Planungsschwächen, Realitätsverluste hier wie dort. Kann man das alles nur mit fehlenden Erfahrungen begründen? Über hochgejubelte Besucherzahlen und Eintrittspreise jedenfalls hat man sich Ergebnisse schöngerechnet und der Öffentlichkeit präsentiert, die – wie wir heute besser wissen – illusorisch waren und wohl doch nur dem Zweck dienten, eine lange skeptische Öffentlichkeit von der (auch) Wirtschaftlichkeit des Projekts zu überzeugen. Man wollte die EXPO um jeden Preis und „rechnete" solange, bis es den ehrgeizigen Planern in ihrem „Wolkenkuckucksheim" politisch paßte.

Man hätte im Vorfeld ehrlicher, redlicher argumentieren und frei von jedem politischem Wunschdenken vorsichtiger planen sollen. Etwa, daß die EXPO-Veranstalter unter Zugrundelegung realistisch-vorsichtiger Annahmen voraussichtlich zwar betriebswirtschaftlich Verlustergebnisse für sich bilanzieren würden, man in dieser Kostenunterdeckung – als Folge nicht kostendeckender Erlöse – realistisch aber eine Investition in die Zukunft sehen müsse, die sich zusammen mit den Investitionen in die Infrastruktur volkswirtschaftlich, unter Einschluß also der (kalkulierten) positiven externen Effekte, mittel- und längerfristig rechne. Eine solche transparente Gesamtrechnung der EXPO 2000 und ihrer Außenstellen (als Profit Center) zu erstellen ist zugegebenermaßen zwar problematisch, wäre aber ein höchst verdienstvolles Bemühen und geeignet, fortbestehende Zweifel der Öffentlichkeit am wirtschaftlichen Sinn oder Unsinn der EXPO 2000 zu entkräften.

Gerne hätte man vom Oberstadtdirektor, dem „Vorstandsvorsitzenden der Wilhelmshaven AG" zum Jahresende eine schneidige Rede, einen Rechenschaftsbericht zur wirtschaftlichen Lage und Entwicklung der Stadt Wilhelmshaven im zu Ende gehenden Jahr 2000 erwartet. Mit ausführlicher Würdigung der Schwerpunktthemen dieses Jahres „EXPO am Meer" und des Megaprojekts „JadeWeserPort" sowie einer den politischen Willen dokumentierenden Zukunftsbeschreibung der Stadt. Statt dessen eine – glaubt man der WZ – insgesamt wenig überzeugende Vorstellung des höchsten Verwaltungsbeamten gegenüber dem Rat der Stadt – und ein schwacher Rat, der sich mit dessen unverbindlichen und defensiv geprägten Ausführungen zufriedengegeben hat. Aber vielleicht war es hierfür auch noch zu früh und Herr Schreiber wird dies in den nächsten Wochen, wenn alle Zahlen, Planungen und Zielprojektionen auf dem Tisch liegen, nachholen.

Hans-Jürgen Schmid hat so unrecht nicht, wenn er bissig formulierend (WZ vom 22.12.) feststellt: *„In der Spitze der Stadtverwaltung wird promoviert, oder es werden Bücher geschrieben".* Ob sich diese privaten Aktivitäten konfliktfrei mit den Aufgaben und Pflichten, dem anspruchsvollen Tagesgeschäft eines Spitzenbeamten vereinbaren lassen oder diese darüber etwa vernachlässigt werden, sei einmal dahingestellt. Schließlich kann jeder in seiner Freizeit machen, was er will. Aber ist nicht der Beamte – nach eigener Definition – immer im Dienst und gibt es für ihn überhaupt freie Zeit? Große perspektivische Entwürfe und Konzepte, einen überzeugenden „Marschplan" in die Zukunft der Stadt Wilhelmshaven und starke, offensive Führung nach außen und innen kann man wahrscheinlich aber auch nicht mehr als selbstverständlich von jemandem erwarten, dessen Amtszeit spätestens in zwei Jahren zu Ende geht und der sich schon jetzt erfolgreich damit beschäftigt, seine 16-jährige Tätigkeit als Oberstadtdirektor in einem naturgemäß sehr persönlichen, subjektiven Rückblick publizistisch aufzuarbeiten. Mag sein, daß Herr Schreiber sich in der öffentlichen Wahrnehmung zu unrecht verkannt fühlt und er tatsächlich, zwar diskret, aber sehr energisch und effizient im Hintergrund wirkt, wie die FAZ vom 15.11.2000 in Zusammenhang mit dem JadeWeserPort sinngemäß berichtete.

Für umso bedauerlicher – für eine persönliche Tragik geradezu – halte ich es, daß es ihm offensichtlich in den langen Jahren seiner Amtszeit nicht gelungen ist, sich im Bewußtsein der Öffentlichkeit – seinem hohen Amt angemessen – stärker zu profilieren, als unermüdlicher Motor der städtischen Entwicklung, und hier auch die Anerkennung zu erfahren, die er in seinem Buch („Stadt – Leben – Zukunft") für sich reklamiert. Tatsache bleibt, daß er wichtigen Veranstaltungen, öffentlichen Verpflichtungen, bei denen es um zentrale wirtschaftliche Fragen der Stadt ging, oft ferngeblieben ist und es seinem Stellvertreter überlassen hat, diese Termine wahrzunehmen. Das kann Enttäuschung bei denen hervorrufen, die statt Flucht aus der Verantwortung oder bescheidener persönlicher Zurücknahme (?) eine doch offensivere Präsenz ihres Oberstadtdirektors und Wahrnehmung seiner öffentlichen Verpflichtungen bei solchen Veranstaltungen und aktive

Beteiligung am politischen Diskurs erwarten. Nur mit Terminnot oder persönlicher Bescheidenheit kann man diese gepflegte öffentliche Abstinenz nicht erklären. Herr Schreiber ist vielen Wilhelmshavenern, bei aller sonstigen Wertschätzung und Anerkennung seiner Verdienste für die Stadt Wilhelmshaven, irgendwie fremd geblieben und hat im öffentlichen Bewußtsein nie die Popularität seiner Amtsvorgänger (Arthur Grunewald, Dr. Gerhard Eickmeier) erreicht.

Wie gut, daß wir mit dem Ersten Stadtrat, Herrn Frank, einen hochbefähigten, harten Arbeiter haben, der seinen Chef zweifellos enorm entlastet und diesem mutmaßlich auch die Freiräume für sein (auch) publizistisches Wirken verschafft. Aber reicht das und ist Herr Frank in seiner Doppelfunktion als Erster Stadtrat und Geschäftsführer der Wirtschaftsförderung nicht überfordert? Die großen Herausforderungen und ambitiöse Zielsetzungen der Stadt mit dem alles überstrahlenden Megaprojekt JadeWeserPort verdienten es, daß sie mit Höchstleistungen der städtischen „Doppelspitze" Schreiber/Frank, nein, der „Trias" Schreiber/Frank/Menzel und Konzentration aller politischen (und unternehmerischen) Kräfte auf die Zielerreichung angenommen werden. Denn es geht nicht nur um die „nur" Verwaltung des Bestehenden, einer – trotz erreichter Verbesserungen – immer noch unbefriedigenden wirtschaftlichen Situation unserer Stadt, nein, es geht vor allem um die Gestaltung der Zukunft, um ein gesundes, solide fundamentiertes, Beschäftigung förderndes, wirtschaftliches Wachstum der Stadt, um eine die Zukunft gleitend erobernde, die Bürger dabei mitnehmende (!), verantwortungsbewußte Stadtentwicklungspolitik. Und es wäre nicht schlecht und Ausdruck guten stilbildenden Verhaltens der Exekutive, wenn die „Belegschaft" (Bürger) der „Wilhelmshaven AG" von ihrem „Vorstandsvorsitzenden" Arno Schreiber (oder den Herren Menzel oder Frank) in einem – auch vertrauensbildenden – „Bericht zur wirtschaftlichen Lage" periodisch (quartalsweise oder halbjährlich?) etwas mehr erführe über erreichte und nicht erreichte Ziele, aktuelle Projektstände und strategische Vorwärtsorientierung ihres „Unternehmens" Wilhelmshaven. Ein solches institutionalisiertes „Reporting" schafft Vertrauen in der „Belegschaft", sorgt für betriebliche Transparenz, belebt konstruktiv den Zielbildungs- und Entscheidungsprozeß und fördert das „Wir-Gefühl" und Zielidentifikation aller Beteiligten mit „ihrem" Unternehmen, ihrer Stadt Wilhelmshaven.

Immerhin muß man – dies sei seinen Kritikern gesagt – Arno Schreiber zubilligen, daß er mit seinem Führungsstil der Verantwortungsdelegation auch Erfolg hat. Er hat es offensichtlich verstanden, Verantwortung zu teilen und mit Herrn Frank einen leitenden Mitarbeiter „an die Front" zu schicken und einen „Kapitän" zu bestellen, der ihm viel Arbeit abnimmt und mit guter „Seemannschaft" und konstruktiven wirtschaftlichen Kontakten dafür sorgt, daß das Schiff Wilhelmshaven – trotz schwerer See und den Risiken politischer Untiefen – sich insgesamt auf gutem Kurs in das 21. Jahrhundert befindet. Eine hervorragende Figur macht – das sei hier ruhig einmal festgestellt – auch unser Oberbürgermeister Eberhard Menzel, der mit engagiertem öffentlichen Auftritt und beherzter Rede kommunikative Schwächen der Verwaltung ausgeglichen und die Stadt Wilhelmshaven als ihr „Erster Bürger" nach außen hin stets überzeugend vertreten hat.

Und so wünsche ich denn der Stadt Wilhelmshaven, unserer Nordwest-Region und dem Land Niedersachsen am Ende des ausgehenden Jahres 2000, daß sie bei allem scharfen Gegenwind, der ihnen (aus Hamburg und Cuxhaven) entgegenbläst und allen fortbestehenden Risiken, weiter klaren politischen Kurs „JadeWeserPort" halten! Denn hier, am tiefen Fahrwasser des Jade-Weser-Reviers, liegt – wie ich gerne noch einmal betone – die Zukunft, liegt auf lange Sicht das große Entwicklungspotential, die strategische hafenwirtschaftliche Reserve des Landes – und des Bundes (!), die in den nächsten Jahren wachstums- und beschäftigungsfördernd aktiviert werden muß. Im Interesse der Menschen, der Region und des Landes. Rotterdam und andere Großhäfen, auch Hamburg, beneiden uns um dieses riesige Potential – und wir machen uns die Entscheidung so schwer. Schade! Deshalb noch einmal – und ich wiederhole meinen Appell auch an die Adresse der Hansestädte Hamburg und Bremen: Lassen Sie uns in zielführender hafenwirtschaftlicher Kooperation, in vertrauensvoller strategischer Partnerschaft die Weichen in die Zukunft stellen und so schnell wie möglich gemeinsam mit dem „Dombau" JadeWeserPort beginnen! Lassen Sie uns den „häßlichen Frosch", das natürliche tiefe Fahrwasser an unserer Küste und räumliche Ressourcen, gemeinsam „wachküssen", auf daß daraus ein wunderschöner, strahlender Prinz JadeWeserPort, ein hafenwirtschaftliches Juwel werde, von dessen Glanz wir alle langfristig, auch Hamburg und die anderen Küstenhäfen, gesamtwirtschaftlich vielfältig profitieren werden!

In diesem Sinne alle guten Wünsche für das Neue Jahr!

Report vom 10.02.01

„Vor dem Nautischen Verein Cuxhaven griff jetzt der Bremer Hafenma-
nager Detthold Aden in die Diskussion (um einen deutschen Tiefwasser-
hafen) ein und gab – wie von der WZ berichtet – ein klares Bekennt-
nis für Wilhelmshaven ab. Er scheue sich nicht, so Aden vor rund 250
Besuchern – darunter auch ein paar Hafen-Gegner aus dem Wilhelms-
havener Stadtnorden -, „in der Höhle des Löwen deutlich Stellung zu be-
ziehen." So weit die Wilhelmshavener Zeitung (WZ) in ihrer Ausgabe
vom 25. Januar.

„In der Höhle des Löwen deutlich Stellung zu beziehen", weckt hohe Erwartungen bei allen, die sich dem JadeWeserPort verbunden fühlen und in
diesem Projekt eine historische Chance für die Nordwest-Region und für
Deutschland sehen. Die meisten Passagen seines Referats kann man nur
dick unterstreichen. **Zwei wichtige Aussagen bzw. sein Plädoyer für den**
JadeWeserPort einschränkende Bewertungen Detthold Adens aber
machen stutzig und mißtrauisch. Denn in der „Höhle des Löwen" hat
der eigentlich unverdächtige Detthold Aden sich den erklärten Geg-
nern des JadeWeserPort, der Hamburger und Cuxhavener Hafen-
wirtschaft gegenüber zwar nachdrücklich für den JadeWeserPort aus-
gesprochen und dies argumentativ auch überzeugend begründet, er
hat aber auch erklärt, daß *„bei realistischer Betrachtung den Großcon-*
tainerschiffen kaum vor Ende dieses Jahrzehnts Tiefwasserliegeplätze in
Deutschland angeboten werden können".

Was heißt das – und wie wirken solche mutlosen und wenig ehrgeizigen
Selbsteinschätzungen auf die europäische Konkurrenz? Können wir nicht,
was andere uns vormachen oder wollen wir gar nicht? Will man sich noch
mehr Zeit lassen und statt des strategisch gebotenen großen Wurfs im Jade-Weser-Revier weiter hafenwirtschaftliche Flickschusterei betreiben?
Oder ist das der Kotau vor der Hamburger Hafenwirtschaft? Unterstützt
man jetzt eine Hamburg entgegenkommende Politik der kleinen hafenwirtschaftlichen „Tippelschritte"? Es sieht so aus und die hafenpolitisch
vergleichsweise offensive, vor Selbstbewußtsein strotzende europäische
Konkurrenz, allen voran Rotterdam, wird sich ins Fäustchen lachen über
die hafenpolitischen Bremser und Defensivkünstler an der deutschen Küste. **Statt hafenwirtschaftlich zu klotzen und sich mit dem JadeWeser-**
Port und dessen Indienststellung 2006 ein wirklich herausforderndes
ehrgeiziges Ziel zu setzen, würde mit der wahrscheinlicher werdenden

zeitlichen Streckung des Projekts hafenpolitisch erst einmal wieder abgerüstet und das notwendige hohe Tempo in die hafenwirtschaftliche Zukunft der Bundesrepublik unverantwortlich verlangsamt. Die Äußerungen Detthold Adens hierzu jedenfalls stimmen nachdenklich.

Der bisherige „Fahrplan" – Indienststellung des JadeWeserPort mit ersten Liegeplätzen im Jahr 2006 – würde damit erneut infrage gestellt. Bedauerlicherweise hat sich der niedersächsische Ministerpräsident Sigmar Gabriel schon Ende Oktober letzten Jahres ähnlich geäußert – ohne daß ihm öffentlich widersprochen wurde. Anstatt diesen Fahrplan noch einmal nachdrücklich zu bestätigen und der investierenden Wirtschaft und den Reedereien weltweit damit ein klares und unmißverständliches Signal zu geben, daß mit dem JadeWeserPort und ersten Liegeplätzen ab 2006 jetzt Ernst gemacht wird, muß also befürchtet werden, daß man dieses Projekt nun doch weiter auf die lange Bank schiebt und man der Hamburger Hafenwirtschaft damit einen zweifelhaften Freundschaftsdienst erweist.

Die Terminierung des JadeWeserPort auf das Jahr 2010 hätte wahrscheinlich aber auch zur Folge, daß alle bisherigen akquisitorischen Anstrengungen vergebens waren, bereits laufende Anbahnungen und Verhandlungen mit potentiellen Investoren abgebrochen würden und auch das Interesse der Reedereien am JadeWeserPort wegen der fehlenden Geschäftsgrundlage (Betriebsaufnahme 2006) vorläufig erlöschen würde. Frühestens im Jahre 2006 würde man, wenn überhaupt, wieder in neue Verhandlungen eintreten. Vier wertvolle Jahre hafenwirtschaftlicher Entwicklung und Erfahrung wären verloren, Milliarden-Investitionen in die wirtschaftliche Zukunft der Nordwest-Region und wirtschaftliche Erträge dieses Milliarden-Invests würden an uns vorbeigehen. Das Thema JadeWeserPort wäre erst einmal abgehakt und würde aus den Schlagzeilen verschwinden, der große Schwung ginge verloren. Aber auch die vermeintlichen (deutschen) Gewinner dieses drohenden „Startverzichts" des JadeWeserPort im Jahre 2006 zählten letztlich zu den Verlierern. Das große hafenwirtschaftliche Potential des Jade-Weser-Reviers, die wirtschaftlichen Möglichkeiten und Chancen nicht nur für unseren Wirtschaftsraum, würden eben nicht optimal ausgeschöpft. Diese Chancen politisch fahrlässig zu verspielen, ist unverantwortlich. Die ihre hafenwirtschaftlichen Kapazitäten und Infrastruktur massiv ausbauende europäische Konkurrenz wäre der Nutznießer dieser halbherzigen und (von wem?) auf defensiven Kurs abgedrängten deutschen Hafenpolitik. Aber auch alle mit dem JadeWeserPort verbundenen Infrastrukturplanungen für die Nordwest-Region (Straße, Bahn…) würden vorerst zu Makulatur.

Von einer angekündigten „deutschen Antwort" auf die beeindruckenden hafenwirtschaftlichen Anstrengungen unserer europäischen Mitbewerber kann bei dieser kleinkarierten und ängstlichen Hafenpolitik der deutschen Hafenwirtschaft keine Rede sein. Nichts von dem vorwärtsdrängenden politisch/unternehmerischen Pioniergeist, der jetzt für mutige innovative Schritte in die hafenwirtschaftliche Zukunft Deutschlands nötig wäre und der sich nicht durch Hamburger Proteste politisch ruhig stellen ließe. Anstatt sich mit dem JadeWeserPort *jetzt* einen auf die Zukunft zugeschnittenen hafenwirtschaftlichen „Maßanzug" zu leisten und das hafenwirtschaftliche Netz an der deutschen Küste enger zu knüpfen, den hafenwirtschaftlichen Quantensprung (!) zu wagen, wird hafenpolitisch endlos „gemauert" und scheint man sich auf eine Hafenpolitik der kleinen Schritte, des kleinsten gemeinsamen Nenners, zu verständigen. Schade!

Die Hamburger Hafenwirtschaft jedenfalls wird sich freuen, gewönne sie mit ihrer erfolgreichen Blockade doch Zeit und – kommt Zeit, kommt bekanntlich Rat. Aber wahrscheinlich ist diese den JadeWeserPort in weite Ferne rückende Aussage Detthold Adens ja auch schon die zwischen der Hamburger und Bremer Hafenwirtschaft im (doch?) hafenpolitischen Alleingang vereinbarte neue Sprachregelung, ein Zugeständnis der Bremer Hafenwirtschaft und der Eurogate im andauernden Poker um einen deutschen Tiefwasserhafen. Ein Stück „strategischer Partnerschaft" gewissermaßen – ohne Rücksichtnahme auf die niedersächsischen und ohne Rücksicht auch auf die gesamtwirtschaftlichen Interessen der Bundesrepublik. Ob sich die Eurogate bei dieser Konstellation – die ihr ja größere Wachstums- und Ertragschancen vorenthält! – noch an ihre Absichtserklärung, eine über 500 Millionen-Investition in den JadeWeserPort, gebunden fühlt?

Auf der einen Seite spricht sich Detthold Aden – in der „Höhle des Löwen" – vor versammelter Presse vollmundig für den JadeWeserPort aus, und hebt dessen überragende Bedeutung hervor, während in den Hinterstuben gekungelt (?) und der befürchteten JadeWeserPort-Konkurrenz mit terminlichen Zugeständnissen (2010) an die Hamburger Hafenwirtschaft gleichzeitig „alle Zähne gezogen" werden. So neutralisiert man das Riesenprojekt JadeWeserPort erst einmal auf

Jahre, verhindert wirtschaftliches Wachstum und mehr Beschäftigung in Niedersachsen und streckt die Waffen vor der Hamburger Hafenwirtschaft. Bei solchen Zugeständnissen und politischem Kniefall, der „Kastration" des JadeWeserPort, wird es – wetten? – Hamburg nicht schwerfallen, bis zum 30. März seine grundsätzliche Zustimmung zum JadeWeserPort (ab 2010) zu erklären, hat man sein Ziel doch erreicht und hält man sich davon unabhängig doch alle Optionen (Cuxhaven, Elbvertiefung…) offen. Bis zum Jahr 2010 ist es ja noch eine Weile hin und in ein paar Jahren wird man weitersehen. Die drohende Verspätung des JadeWeserPort bedeutet aber auch, daß die europäische Konkurrenz nicht nur ihren Vorsprung hält, sondern sich überdurchschnittliche Wachstumsanteile sichern und ihre hafenwirtschaftlich starke Position – unbedrängt vom JadeWeserPort – weiter in Ruhe befestigen und ausbauen wird.

Ich will mich hier nicht gebetsmühlenhaft wiederholen, sondern verweise hierzu auf meine vorangegangenen Reports. Nur soviel: Es muß terminlich – wenn man den Kurs tatsächlich gewechselt hat – schnellstens wieder umgesteuert und der alte Kurs und Zeitplan (2006/07) fest ins Visier genommen werden. Das Ziel muß vor dem Hintergrund des dynamischen Wachstums in der Containerschiffahrt und bis zum Jahre 2010 erwarteter Verdoppelung der Gütermengen (!) klar sein und das heißt: Indienststellung des JadeWeserPort mit ersten Liegeplätzen – wie geplant – spätestens 2006/07! Damit würden die Weichen gestellt für eine angemessene wirtschaftliche Beteiligung unserer Region an der überdurchschnittlich wachsenden Verkehrswirtschaft mit allen positiven Einkommens- und Beschäftigungseffekten für unseren Wirtschaftsraum! Der Termin 2006/07 muß daher im Interesse politischer Glaubwürdigkeit und nicht zuletzt der Planungssicherheit unserer Partner sehr schnell verbindlich festgestellt und öffentlich kommuniziert werden!

Auch die zweite problematische Aussage Detthold Adens in der „Höhle des Löwen" trägt eher defensive Züge und muß wohl als ein weiteres Zugeständnis an die Hamburger Hafenwirtschaft verstanden werden. Vielleicht lag es nicht in seiner Absicht, aber so kommt es an: „*Wilhelmshaven sei mittel- und langfristig die ideale Ergänzung für Bremerhaven und Hamburg*" zitiert ihn die WZ. Diese Bewertung des JadeWeserPort nur als eine Ergänzung wird der historischen Bedeutung dieses Projekts nicht gerecht. Damit redet man den JadeWeserPort klein und das hat er nicht verdient. Denn mit dem JadeWeserPort wird ein bedeutendes, ein herausragendes Kapitel der hafenwirtschaftlichen Zukunft Deutschlands geschrieben und wir sollten uns selbstbewußt dazu bekennen. Der JadeWeserPort ist kein Appendix Hamburgs oder Bremerhavens, keine „nur" Ergänzung, sondern mit ihm und der hafenwirtschaftlichen Erschließung des Jade-Weser-Reviers, wird sich, neben dem Elbe-Revier mit Hamburg und Cuxhaven – wie ich in meinem Report vom 23.11.00 bereits ausgeführt habe -, langfristig ein weiteres eigenständiges hafenwirtschaftliches Zentrum von europäischem Rang herausbilden und sich mit überdurchschnittlichem Wachstum international profilieren – wenn wir es politisch wollen!

Schauen Sie auf die Karte! Im Westen die Rheinmündung mit Rotterdam, im Nordosten die Elbmündung mit Hamburg/Cuxhaven und in der Mitte hafenwirtschaftliche Brache, der „weiße Fleck", das vergleichsweise unterentwickelte Jade-Weser-Revier mit seinem tiefen Fahrwasser und seinem riesigen hafenwirtschaftlichen Potential! Deshalb – aufgrund seiner geographischen Lage und seiner langfristigen Perspektiven, aber auch strukturpolitisch – verdient der JadeWeserPort alle politische Unterstützung! Es ist ein Trauerspiel, wie mit diesem hafenwirtschaftlichen Kapital politisch verantwortungslos umgegangen wird und welche Chancen für qualitatives wirtschaftliches Wachstum, mehr Beschäftigung und wachsenden Wohlstand hier Tag für Tag vergeben werden. Dieses brach liegende Kapital – hören Sie es nicht?! – schreit förmlich nach sozialverantwortlicher, wohlstandsmehrender hafenwirtschaftlicher Anlage und Aktivierung. Wir sollten die gesellschaftliche Rendite des Projekts JadeWeserPort nicht länger durch politische Kungeleien und kartellartige Absprachen (?) ängstlicher Hafenwirtschafter zur Disposition stellen, sondern mit dem JadeWeserPort endlich zukunftsorientiert einer mutigen und hochambitionierten Hafenpolitik zum Erfolg verhelfen!

Allen durchsichtigen Versuchen, das Projekt JadeWeserPort nach hinten auf die lange Bank zu schieben und dem JadeWeserPort – seine Bedeutung herabstufend – nur die Rolle eines Ergänzungshafens – wie sich das anhört – zuzuschreiben, muß energisch widersprochen werden. Sie könnten als Ergebenheitsadresse an die Hamburger Hafenwirtschaft mißverstanden werden.

Report vom 26.02.01

„Tiefwasserhafen – Hamburg gibt nach, Hansestadt will offenbar Wilhelmshaven als Standort akzeptieren – Geheimtreffen der drei Regierungschefs" titelt DIE WELT in ihrem regionalen Teil (24.02.) für Hamburg. Aber Achtung! Die daran von der Hansestadt geknüpften Bedingungen haben es in sich. Den Informationen der WELT zufolge muß *„das Projekt privat finanziert werden"*, es soll *„nach betriebswirtschaftlichen Kriterien funktionieren"* (selbstverständlich!) und *„außerdem legt Hamburg besonderen Wert darauf, daß über dieses Projekt nicht primär unter strukturpolitischen, sondern unter hafenpolitischen Gesichtspunkten entschieden wird"* (beide Punkte sind wichtig!). Und natürlich erwartet man als Gegenleistung auch noch die Zustimmung Niedersachsens zur weiteren Elbvertiefung (Vorsicht!). Der Bereichsleiter Infrastruktur der Handelskammer Hamburg, Reinhard Wolf, setzt allem noch die Krone auf und fordert – ganz auf der Linie seines Präses Nikolaus Schües – unverblümt gar die weitere Verschleppung des Projekts! *„Die Kammer"*, so Wolf, *„plädiere dafür, die endgültige Entscheidung über den Standort erst im Spätherbst zu treffen. Bis dahin sei genügend Zeit, alle offenen Fragen zu klären."*

Sonst noch was? Was denn *noch* für offene Fragen? Also plumper, durchsichtiger und unverschämter geht es nicht – und man sollte sich wirklich nicht mehr länger von der Hamburger Hafenwirtschaft vorführen lassen, sondern diesen hafenpolitischen Autisten endlich die Freundschaft aufkündigen und alle diplomatische Rücksicht fallen lassen. Mit der immer offenbarer werdenden Hamburger Verzögerungsstrategie sollte es spätestens am 30. März ein Ende haben und sollten Niedersachsen/Bremen notfalls im hafenpolitischen Alleingang die hafenwirtschaftliche Entwicklung des Jade-Weser-Reviers vorantreiben und mit ihrer Entscheidung für den „Dombau" JadeWeserPort das Tor in die hafenwirtschaftliche Zukunft Deutschlands endlich weit öffnen. Der Versuch der drei Länder hafenwirtschaftlich miteinander zu kooperieren und ein wirtschaftliches Optimum für die drei Küstenländer, für die deutsche Hafenwirtschaft zu erreichen, gerät doch immer mehr zur Farce, wenn Kooperation nach Hamburger Lesart bedeutet, daß Hamburg in wenig partnerschaftlichem Geist die Bedingungen diktieren und den JadeWeserPort „in Hamburger Ketten legen" will! Der JadeWeserPort von Hamburger Gnaden, unter der hafenwirtschaftlichen Knute und Vormundschaft Hamburgs?! So hätte es die Hamburger Hafenwirtschaft gerne – und vielleicht schaffen es die Schües und Dietrich… sogar, ihren hafenpolitischen Gegnern – von einer Partnerschaft kann ja wohl (noch) keine Rede sein! – den hafenpolitischen Schneid im weiteren Verlauf noch abzukaufen!

Uwe Bahnsen (Regionalredaktion Hamburg) unterstützt in lokalpatriotischer Pflichterfüllung die Hamburger Hafenwirtschaft. Angesichts der A380-Endlinienfertigung in Hamburg sei es *„aus hamburgischer Sicht wahrscheinlich klüger, auf die Offerte aus Hannover prinzipiell einzugehen und den Standort Wilhelmshaven zu akzeptieren, allerdings unter glasklar definierten Voraussetzungen"* kommentiert er ein mögliches Einlenken Hamburgs. Welche anmaßende Arroganz! Uwe Bahnsen weiter: *„Ein Tiefwasserhafen muß die Entwicklungsparameter des Hamburger Hafens abstützen, statt sie zu beeinträchtigen. Dieses Projekt wird überaus sorgfältig zu verhandeln sein, bevor der erste Spatenstich möglich wird."* Man weiß es ja: **Am liebsten würden die Hamburger Hafenwirtschaft und Uwe Bahnsen einen riesigen Schutzzaun um den Hamburger Hafen errichten, jede (auch die Hamburger Wirtschaft belebende!) deutsche Konkurrenz auf ewig ausschalten und das Projekt JadeWeserPort „totverhandeln". „Totverhandeln" bedeutet auch, dem Drängen der Hamburger Hafenwirtschaft nachzugeben und den JadeWeserPort mit ersten Liegeplätzen – wenn überhaupt – erst im Jahre 2010 oder später an den Start gehen zu lassen. Ich hoffe nicht, daß Niedersachsen/Bremen diesem unseriösen Drängen nachgeben und sich damit ihrer eigenen hafenwirtschaftlich extraordinären Entwicklungsmöglichkeiten und Chancen begeben werden. Die Zustimmung Hamburgs wird – dies zeichnet sich immer mehr ab – wohl erst zu haben sein, wenn man das Projekt JadeWeserPort mit einer Fülle von entwicklungshemmenden Bedingungen zu einem zahnlosen Tiger gemacht und es damit praktisch zu Tode geprüft und verhandelt hat.**

Das Schlimmste, was passieren könnte, wäre am 30. März etwa die folgende Schlagzeile: *„Arbeitskreis spricht sich für den JadeWeserPort als deutschen Tiefwasserhafen aus und empfiehlt Indienststellung ab 2010".* **Manches Indiz spricht für eine solche Fehlentscheidung (siehe meinen Report vom 10.02.01) und faulen Kompromiß. Damit hätte**

Hamburg erst einmal Ruhe vor den hafenpolitischen Störenfrieden aus Wilhelmshaven und behielte sich im übrigen alle Optionen offen. Die deutschen Hafenpolitiker könnten ihren hafenpolitischen Tiefschlaf fortsetzen! **Bis zum Jahre 2010 würden hafen- und verkehrspolitisch vollendete Tatsachen geschaffen. Die europäischen Großhäfen wären mit dem JadeWeserPort eine potentielle Konkurrenz los und könnten das bis dahin prognostizierte Wachstum in der Containerschiffahrt von 100 Prozent, also eine Verdoppelung der Gütermengen bis zum Jahre 2010(!), unbedrängt von der Konkurrenz des JadeWeserPort, schön unter sich aufteilen. Politik und Wirtschaft würden sich verkehrspolitisch und logistisch darauf eingestellt haben und Milliarden würden – an der Nordwest-Region vorbei – in die Anpassung der nordöstlichen Verkehrsinfrastruktur investiert worden sein. Der „gesamten hamburgischen Interessenlage" (Uwe Bahnsen) würde man mit dieser Fehlentscheidung in den wesentlichen Punkten entsprochen haben. Der Nordwesten, Niedersachsen und auch Bremen, ja die Bundesrepublik Deutschland wären der große Verlierer dieser möglichen politischen Fehlleistung. Kein die Nordwest-Region wirtschaftlich beflügelnder Impuls, kein Aufbruch in die hafenwirtschaftliche Zukunft, keine nur mit dem JadeWeserPort (ab 2006/07!) gewährleisteten Investitionen in die Infrastruktur, keine Schlange stehenden Investoren, die sich zu Recht wirtschaftlichen Gewinn durch den JadeWeserPort versprechen.**

Natürlich wird die deutsche Hafenwirtschaft auch ohne den JadeWeserPort in den nächsten Jahren weiter wachsen und am überdurchschnittlichen Wachstum der Verkehrswirtschaft partizipieren. Aber es macht doch einen Unterschied, ob wir durchschnittlich, überdurchschnittlich oder unterdurchschnittlich wachsen. Der Grad wirtschaftlichen Wachstums bestimmt auch das Maß an Beschäftigung und gesellschaftlichem Wohlstand in unserem Land. Und eine Entscheidung für den JadeWeserPort erst ab 2010 würde bedeuten, daß vier Jahre an wertvoller hafenwirtschaftlicher Entwicklung und Erfahrung verloren wären und die deutsche Hafenwirtschaft ihr großes Potential eben nicht nutzenoptimal ausschöpfen würde. Nutzenoptimal hieße angemessene Partizipation und damit ein Maximum an neuen Arbeitsplätzen, wirtschaftlicher Leistungskraft und gesellschaftlichen Wohlstand in Norddeutschland zu erreichen.

Die deutschen Hafenplanungen (siehe auch Darstellung am Ende des Reports) sehen ausgehend vom Basisjahr 1998 die Erweiterung ihrer Container-Umschlagkapazitäten bis 2005 um 2,4 Mio. TEU bzw. 38 Prozent vor. Die Westhäfen der Nordrange erweitern ihre Kapazitäten im gleichen Zeitraum um 9,1 Mio. TEU oder 62 Prozent und verfolgen damit ungleich ehrgeizigere hafenwirtschaftliche Ziele. Korreliert man die geplanten kapazitiven Anpassungen mit den für die Nordrange prognostizierten Wachstumsraten im Containerumschlag bis 2005 (bei Basisjahr 2000 = plus 40 Prozent und Verdoppelung bis 2010), dann liegen die Westhäfen mit 42 Prozent stramm auf Zielkurs, während die deutschen Häfen mit Kapazitätserweiterungen von nur 21 Prozent ihre größeren Möglichkeiten nicht ausschöpfen und entsprechende Marktanteile verlieren werden. Die erkennbare tendenzielle Westverlagerung der hafenwirtschaftlichen Umschlagkapazitäten (bei zunehmender Bedeutung der Ostmärkte!) wird sich – so ist zu befürchten – fortsetzen und noch verstärken, wenn die deutsche Hafenwirtschaft sich nicht beeilt und mit der Inbetriebnahme des JadeWeserPort ab 2006/07 diesem Trend entgegenwirkt. Eine mit der Implementierung des JadeWeserPort mögliche Beteiligung der deutschen Häfen von > 25 bis 40 Prozent in den nächsten 10 bis 20 Jahren und eine damit verbunden recht massive Umlenkung des auf Europas Küsten anrollenden Containerverkehrs in das Jade-Weser- und Elbe-Revier (!) wäre ein ehrgeizigeres, realistisches Ziel, für das zu arbeiten sich lohnt.

Denn dies ist der Punkt: Wir können alles so weiterlaufen lassen wie bisher und in geschäftlicher Routine verharren. Bremerhaven, Altenwerder, Vertiefung der Elbe und sonstige Modernisierungsschritte und Effizienzverbesserungen bieten noch gewisse Kapazitätsreserven und gewährleisten damit weiteres natürliches hafenwirtschaftliches Wachstum in den nächsten Jahren. *Aber* wir können auch Großes wollen und uns politisch/unternehmerisch herausfordernde Ziele setzen. Wir können größere Schritte in die hafenwirtschaftliche Zukunft Deutschlands unternehmen und (mit dem JadeWeserPort ab 2006/07!) stärker wachsen als unsere kapazitiv limitierten europäischen Mitbewerber, die ihrerseits alle Anstrengungen unternehmen, sich hafenwirtschaftlich optimal zu positionieren. Wir müssen unsere Schritte aber auch beschleunigen und vermeiden, daß hafenpolitische Bremser aus Hamburg immer neue Hürden aufbauen und wir hafenwirtschaftlich links und rechts überholt werden und in der hafenwirtschaftlichen Gesamtbilanz weiter zurückfallen! Das Tempo muß jetzt angezogen werden, damit wir wieder Anschluß finden an das Wachstumstempo der hafenwirtschaftlichen Spitzenklasse Europas, den Westhäfen der Nordrange. Wir haben alle Chancen, dürfen diese Chancen aber nicht politisch unklug und leichtfertig dadurch verspielen, daß der „Zeitrahmen" (Wilhelmshavener Zeitung vom 24.02) nicht eingehalten wird, – wir zu spät an den Start kommen und die süßen wirtschaftlichen Wachstumsfrüchte bereits verteilt sind.

Dieses „Paradies der Möglichkeiten" und großen Chancen für die deutsche Hafen- und Verkehrswirtschaft insgesamt nicht erkennen und mit unerträglicher Arroganz und nicht für möglich gehaltener hanseatischer Scheuklappenmentalität nur die Hamburger Karten spielen zu wollen, stellt die Hamburger Hafenwirtschaft ins politische Abseits. Ich denke, wir sind an einem Punkt angekommen, wo es die Selbstachtung und landespolitische Verantwortung verlangen, daß Niedersachsen gemeinsam mit Bremen ein klares Bekenntnis für den JadeWeserPort, für die Entwicklung des Jade-Weser-Reviers, ablegen, den Termin 2006/07 fest ins Visier nehmen und sich im übrigen jede hamburgische Bevormundung verbieten. Hamburg kann jederzeit einsteigen und sich am Dombau JadeWeserPort aktiv und kooperativ beteiligen, aber es sollte keine unerfüllbaren, den Partner beleidigenden Bedingungen und Forderungen stellen! Und Hamburg wird einsteigen, früher oder später.

Ich hoffe nicht, daß das für den 30. März angekündigte Ergebnis der Arbeitsgruppe meine Befürchtungen bestätigt. Da stehe Sigmar Gabriel vor, dessen Geduld durch das ständige hafenpolitische Finassieren und „auf Zeit spielen" der Hamburger Hafenwirtschaft zweifellos auf eine harte Probe gestellt wird. Die Hamburger Verhinderungsstrategie und Mauertaktik ist kontraproduktiv und beschädigt insgesamt die hafenwirtschaftlichen Interessen der Bundesrepublik! Der JadeWeserPort als hafenwirtschaftliche Ersatzreserve Hamburgs (und Bremens)? Das wäre das Ende aller sich mit dem Projekt Jade-WeserPort verbindenden ehrgeizigen hafenwirtschaftlichen Pläne – und ich kann mir eigentlich nicht vorstellen, daß Sigmar Gabriel die ihm von Hamburger Seite drohende Gefahr nicht erkennt, sich hafenpolitisch auf der Zielgeraden noch ausmanövrieren läßt und sich bereit erklärt, den JadeWeserPort für die nächsten 10 Jahre auf das hafenpolitische Abstellgleis zu stellen.

Die Zauderer, Verweigerer und ewigen politischen Bedenkenträger haben eine faire Chance gehabt, ihre ablehnende Haltung dem Projekt gegenüber in den verschiedensten Gremien und Arbeitskreisen vorzutragen und zu begründen. Hafenpolitische Alternativen (Cuxhaven…) wurden geprüft, hafenwirtschaftliche Experten und Gutachter haben das Wort gehabt, aber jetzt muß der Entscheidungsprozeß zu einem Ende kommen und muß es endlich losgehen mit einem deutschen Container-Tiefwasserhafen. Es ist hohe Zeit, mit dem JadeWeserPort jetzt den Joker zu ziehen, in die hafenwirtschaftliche Offensive zu gehen und die hafenpolitischen Herausforderungen der Zukunft mutig und ambitioniert anzunehmen. Nach Jahren zermürbenden und enttäuschenden politischen Herumeierns sind jetzt die Macher gefordert, das Megaprojekt JadeWeserPort politisch und unternehmerisch zum Erfolg zu führen, den mit diesem Projekt begonnenen hafenwirtschaftlichen Innovationsprozeß in der Deutschen Bucht zielstrebig fortzusetzen und eine endlose hafenwirtschaftliche Erfolgsgeschichte zu schreiben. Ich hoffe sehr, daß am Ende die hafenpolitische Vernunft siegen und auch Hamburg sich fairer Partnerschaft nicht länger verweigern und sich mit konstruktiven Beiträgen an diesem Projekt beteiligen wird.

Container-Umschlagkapazitäten in der Nordrange – geplante Entwicklung (Lemper 2000)

Geplante Kapazität in Mio. TEU								
	1998	1999	2000	2001	2002	2003	2004	2005
Le Havre	2,1	2,1	2,1	2,1	2,1	2,6	2,6	3,1
Zeebrügge	1,6	1,6	2,0	2,0	2,0	2,0	2,0	2,4
Antwerpen	3,6	3,6	3,6	3,6	4,6	5,6	5,6	5,6
Vlissingen	0,0	0,0	0,0	0,0	1,2	2,4	2,4	2,4
Rotterdam	6,8	6,8	8,3	8,6	8,6	8,6	8,6	8,6
Amsterdam	0,3	0,3	0,3	1,1	1,1	1,1	1,1	1,1
Bremerhaven	2,5	2,7	2,7	2,7	3,0	3,0	3,0	3,0
Hamburg	3,9	4,2	4,6	5,2	5,2	5,8	5,8	5,8
Übrige	0,4	0,4	0,5	0,5	0,5	0,6	0,6	0,6
Nordrange total	21,0	21,6	24,0	25,7	28,2	31,6	31,6	32,5

Geplante Kapazität in Mio. TEU / Markt-/Prozentanteile								
Deutsche Häfen	6,4	6,9	7,3	7,9	8,2	8,8	8,8	8,8
in %	30,0	31,8	30,3	30,6	29,0	27,7	27,7	27,0
Westhäfen	14,6	14,7	16,7	17,8	20,0	22,8	22,8	23,7
in %	70,0	68,2	69,7	69,4	71,0	72,3	72,3	73,0
Nordrange total	21,0	21,6	24,0	25,7	28,2	31,6	31,6	32,5
in %	100,0	100,0	100,0	100,0	100,0	100,0	100,0	100,0

Die Zahlen bestätigen insgesamt die außerordentlichen Anstrengungen der Westhäfen, durch Anpassung ihrer Umschlagkapazitäten überdurchschnittlich am dynamischen Wachstum der Containerverkehre zu profitieren. Den kapazitiven Marktanteilszugewinnen unserer europäischen Mitbewerber ab 2002 stehen entsprechende Marktanteilsverluste der deutschen Häfen gegenüber. Nimmt man das Jahr 1999 als Basis, dann liegt dieser Marktanteilsverlust immerhin bei knapp fünf Prozentpunkten! Die Westhäfen wachsen in diesen Jahren also deutlich stärker.

Aus den obigen Zahlen leiten sich - auf der Grundlage des Basisjahres 1998 - folgende geplante zusätzliche Umschlagkapazitäten und Steigerungsraten für die Nordrange (in Mio. TEU) ab:

Deutsche Häfen		0,5	0,9	1,5	1,8	2,4	2,4	2,4
Index	100	108	114	123	128	138	138	138
		100	108	112	121	121	121	121
Westhäfen		0,1	2,1	3,2	5,4	8,2	8,2	9,1
Index	100	101	114	122	137	156	156	162
		100	107	120	137	137	137	142
Nordrange total		0,6	3,0	4,7	7,2	10,6	10,6	11,5
Index	100	103	114	122	134	150	150	155
		100	107	118	132	132	132	135

Über die gesamte Zeitachse 1998 bis 2005 erweitern die deutschen Häfen ihre Container-Umschlagkapazitäten nur um 2,4 Mio. TEU bzw. 38 Prozent. Die Westhäfen legen im gleichen Zeitraum um 9,1 Mio. TEU oder 62 Prozent (!) zu und verfolgen damit ungleich ehrgeizigere hafenwirtschaftliche Ziele. Korreliert man die geplanten kapazitiven Anpassungen mit den für die Nordrange prognostizierten Wachstumsraten im Containerumschlag bis 2005 (bei Basisjahr 2000 = plus 40 Prozent und Verdoppelung bis 2010), dann liegen die Westhäfen hier mit 42 Prozent auf Zielkurs. Die deutschen Häfen schöpfen dagegen mit Kapazitätserweiterungen von nur 21 Prozent ihre größeren Möglichkeiten nicht aus. Die erkennbare tendenzielle Westverlagerung der hafenwirtschaftlichen Umschlagkapazitäten (bei zunehmender Bedeutung der Ostmärkte!) wird sich – so ist zu befürchten – fortsetzen und noch verstärken, wenn die deutsche Hafenwirtschaft sich nicht beeilt und mit der Inbetriebnahme des JadeWeserPort ab 2006/07 (!) diesem Trend entgegenwirkt. Der sonst weiter zunehmende Transit der Gütermengen von den Westhäfen in die Wachstumsmärkte Osteuropas quer durch Deutschland und durch Feederverkehre in den Ostseeraum wäre nicht nur kostentreibend, sondern würde uns auch unter verkehrs- und umweltpolitischen Gesichtspunkten vor Probleme stellen.

Quelle: OSC, ISL 1999

Geplante Container-Umschlagkapazitäten – Entwicklung Marktanteile in Prozent

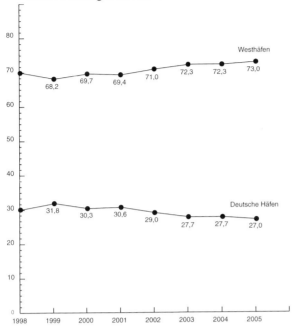

Container-Umschlagkapazitäten in der Nordrange – geplante Entwicklung (Jahr 2000 = 100)

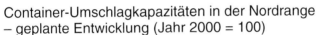

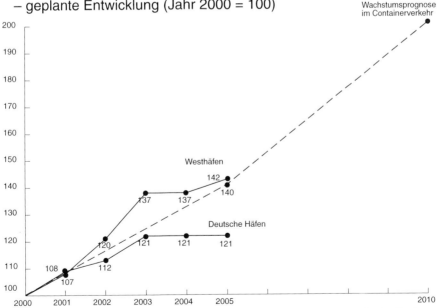

Mit dem geplanten Ausbau ihrer Container-Umschlagkapazitäten wachsen die Westhäfen der Nordrange (Rotterdam, Antwerpen, Le Havre, Vlissingen, Zeebrügge, Amsterdam) bis zum Jahre 2005 deutlich stärker, als ihre deutsche Konkurrenz Hamburg und Bremerhaven. Deutschland verliert Marktanteile! Wird dieser Trend mit dem „Markteintritt" des JadeWeserPort ab 2006/07 gestoppt und umgekehrt?

Report vom 30.03.01

Die Würfel sind gefallen! Mit der von den Regierungschefs der drei Küstenländer Bremen, Hamburg und Niedersachsen, Henning Scherf, Ortwin Runde und Sigmar Gabriel, gemeinsam getragenen Entscheidung wurde dem JadeWeserPort nach monatelangem politischem Ringen am 30. März des Jahres 2001 nun endlich auch das politische Testat, allerdings mit Einschränkungen, erteilt. Dieses Datum sollte man sich merken, bedeutet dieser Tag doch eine historische Weichenstellung und den Einstieg in die hafen- und verkehrswirtschaftliche Zukunft Norddeutschlands! Und es ist gewiß nicht übertrieben, diesem Projekt gesamtwirtschaftliche Strahlkraft auch für die Bundesrepublik Deutschland zuzumessen!

Nach langen Monaten quälender Ungewißheit kann nun zielstrebig mit der Realisierung des Projekts, seinen – wohlgemerkt – ersten Anfängen begonnen werden. Denn dies ist kein Projekt, dessen Realisierung zwischen den Jahren 2007 und 2015 abgeschlossen sein wird. Nein, der JadeWeserPort ist ein Jahrhundert-Projekt, das die Küstenlandschaft zwischen Rotterdam und Hamburg, die Deutsche Bucht auf lange Sicht fundamental verändern und der gesamten Küstenregion ganz außerordentliche wirtschaftliche Entwicklungschancen und -möglichkeiten bieten wird. Wer hätte vor 1000 bzw. 700 Jahren geahnt, was sich aus den hafenwirtschaftlichen Anfängen Hamburgs und Rotterdams einmal entwickeln würde? Es muß sich nicht so für Wilhelmshaven, die Jade-Weser-Region wiederholen, aber die sich mit dem JadeWeserPort verbindenden wirtschaftlichen und gesellschaftlichen Ziele jedenfalls dürfen in Zukunft weitgesteckt werden! Die strategischen Ziele operativ umzusetzen und sie jetzt mit tragfähigem unternehmerischem Konzept und weiterer politischer Unterstützung Schritt für Schritt zu realisieren, stellt Politik und Wirtschaft in den nächsten Jahren und Jahrzehnten vor große Herausforderungen und es wäre wünschenswert, wenn Hamburg, Bremen und Niedersachsen die ihnen mit dem JadeWeserPort zuwachsenden großen Chancen jetzt gemeinsam – in wirklich ernst gemeinter strategischer Partnerschaft – wahrnehmen, weiter Druck machen und sich kooperativ am „Dombau" JadeWeserPort beteiligen würden.

Mit der Entscheidung für den JadeWeserPort und Aktivierung damit ihres großen hafenwirtschaftlichen Potentials im Jade-Weser-Revier gibt die deutsche Hafenwirtschaft der europäischen Konkurrenz nunmehr ein lange überfälliges, unmißverständliches Signal, daß sie gewillt ist, dem weltwirtschaftlichen Wachstum der Verkehrswirtschaft durch weitsichtige und entschlossene Anpassung ihrer hafenwirtschaftlichen Umschlagkapazitäten – und nachgelagerter Infrastruktur – Rechnung zu tragen. Mit dem JadeWeserPort wird sich langfristig, in den nächsten Jahrzehnten (!), an der volkswirtschaftlich richtigen geographischen Stelle – zwischen den Großhäfen an Rhein und Elbe, zwischen Rotterdam und Hamburg, im Jade-Weser-Revier – ein neuer hafen- und verkehrswirtschaftlicher Knotenpunkt von internationalem Rang herausbilden, wenn Politik und norddeutsche Hafenwirtschaft gemeinsam ernst machen und die schönen Worte jetzt in konkrete vertrauensbildende Maßnahmen und Feinplanungen des Projekts münden.

Bei aller berechtigten großen Freude und auch verständlicher Euphorie über die nun getroffene Grundsatzentscheidung: Liest man die JadeWeserPort-Erklärung in ihrem vollen Wortlaut (WZ vom 31. März) kritischer, dann muß in die allgemeine Hochstimmung aber doch etwas Wasser in den wohlschmeckenden Wein gegossen werden. Es bestätigt sich leider, daß Hamburg alle seine an den Standort Wilhelmshaven geknüpften wesentlichen Bedingungen durchgesetzt hat und das Verhandlungsergebnis doch sehr weitgehende Zugeständnisse an die Hamburger Hafenwirtschaft beinhaltet. Niedersachsen und Bremen mußten Kröten schlucken, die ihnen in den nächsten Monaten und Jahren hoffentlich nicht noch bitter aufstoßen werden. Es ist schon sehr verwunderlich, daß Bremen und Niedersachsen sich in Anbetracht des erwarteten Mengenwachstums in der Containerschiffahrt auf Formulierungen und Festlegungen wie *„Der Tiefwasserhafen soll für eine Betriebsaufnahme zum Ende des Jahrzehnts realisiert werden"* eingelassen haben. Ich hoffe, daß es sich hier um eine nur unverbindliche Festlegung handelt und seiner früheren, planmäßigen Fertigstellung schon im Jahr 2006/07 nichts im Wege steht. Das Tempo der Realisierung des JadeWeserPort ist entscheidend! Wertvolle Zeit ginge verloren, wenn der JadeWeserPort erst im Jahre 2010 betriebsbereit wäre. Ich vertraue aber darauf, daß mit der Entscheidung für den JadeWeserPort jetzt alle Bremsen gelöst werden, die Wirtschaft für den notwendigen Druck und Eigendynamik des Projekts sorgen wird und der Präsident der Wilhelmshavener Hafenwirtschaft Recht behält mit seiner doch optimistischen Prognose, daß das erste Containerschiff im Jahre 2006/07 seine Fracht im JadeWeserPort löschen wird.

Ein nachdenklich stimmender Punkt der JadeWeserPort-Erklärung ist auch die von den Hansestädten durchgesetzte Forderung, die weitere Vertiefung von Elbe und Weser zu prüfen und die (wahrscheinlich) positiven Ergebnisse dieser Prüfung dann zügig umzusetzen. Was heißt das? Warten auf den JadeWeserPort bis zum Jahre 2010, aber Vertiefung der Elbe (und Weser) *„zügig"*, was wohl heißt, zeitlich der Realisierung des JadeWeserPort noch vorgeschaltet? **Warum die implizit geforderte höchste Eile bei der Elbe- und Weservertiefung und warum nicht – besonders hervorgehoben – der ausdrücklich erklärte gemeinsame Wille der drei Länderchefs, dem JadeWeserPort absolute Priorität zu geben, ihn planmäßig bis zum Jahre 2006/07 in Dienst zu stellen und alle politischen und unternehmerischen Kräfte auf dieses Ziel hin zu konzentrieren und einzuschwören?** Und schließlich bleibt es Cuxhaven grundsätzlich möglich, seine *„Umschlagkapazitäten am Standort Cuxhaven durch Erweiterung bestehender oder Errichtung neuer Anlagen"* – unabhängig von den JadeWeserPort-Plänen – weiter auszubauen. Mir gefällt auch überhaupt nicht die Rede von einer „nur" Ergänzung *„des bereits bestehenden norddeutschen Hafenangebots".* **Der JadeWeserPort ist keine nur „Ergänzung", er ist viel mehr! Mit ihm würde die hafenwirtschaftliche Lücke zwischen Rhein- und Elbmündung (Rotterdam und Hamburg) geschlossen und erfolgte ein qualitativer Sprung, – ein innovativer Durchbruch in die hafen- und verkehrswirtschaftliche Zukunft der Bundesrepublik!**

Hamburg behält sich dieser Erklärung zufolge alle Optionen offen und kann die weitere Entwicklung in Ruhe abwarten. Man hat erreicht, was man wollte. JadeWeserPort erst im Jahre 2010, zwischenzeitlich vom Land Niedersachsen unterstützte mögliche Vertiefung der Elbe und die Möglichkeit, dem JadeWeserPort mit einem – unter der Regie Hamburgs – privatfinanzierten, früher fertiggestellten Tiefwasserhafen Cuxhaven Konkurrenz zu machen. Und dies alles vertraglich zum besten der Hansestadt Hamburg geregelt. Darüber hinaus wird

Hamburg als Kooperationspartner – ohne irgendwelche festgeschriebene Verpflichtungen – an allen nun folgenden Planungen, Investitionsentscheidungen und internationalen Kontakten, – am Informationsprozeß „rund um den JadeWeserPort" beteiligt und eingebunden sein, und es ist wohl klar, daß die Hamburger Hafenwirtschaft dieses „Insiderwissen" natürlich für ihre vitalen eigenen Interessen nutzen wird. Schließlich ist den Hamburgern ihr Hemd näher als die Hose.

Der CDU-Landtagsabgeordnete Dr. Uwe Biester hat schon recht, wenn er befürchtet, *„daß die Hamburger noch einige Fallstricke einarbeiten werden"* und *„die Überlegungen zur Elbevertiefung dem Bau des JadeWeser-Ports zeitlich schwer zu schaffen machen werden"*. Nach seinen Worten klingt die Erklärung danach, als ob Wilhelmshaven „nur ein Überlaufventil" werden soll. Baurechtlich gesehen könne der Hafen schon 2007 fertig sein. Und auch dem Vizepräsidenten der IHK Oldenburg, Dr. Karl Harms, ist ausdrücklich zuzustimmen, wenn er feststellt, jetzt müsse mit aller Kraft weitergearbeitet und das Projekt auch zeitlich forciert werden.

So ist es! Die Zeit läuft uns davon, wenn Wilhelmshaven und Niedersachsen sich allen hafenpolitischen Schneid abkaufen und sich mit der zeitlichen Streckung des Projekts bis zum Jahre 2010 ins wirtschaftliche Abseits stellen lassen. Mit der Betriebsaufnahme des JadeWeserPort erst im Jahre 2010 würden die anderen europäischen Großhäfen und auch Hamburg mit der wahrscheinlichen Vertiefung der Elbe und der möglichen Inbetriebnahme eines privatwirtschaftlich finanzierten Container-Tiefwasserhafens Cuxhaven alle Zeit der Welt gewinnen, sich selbst hafenwirtschaftlich optimal zu positionieren, vertraglich langfristige Bindungen einzugehen und das in diesen Jahren (und darüber hinaus!) erwartete hohe Mengenwachstum in der Containerschiffahrt damit wohlstandsmehrend für sich abzuschöpfen. Vier wertvolle Jahre hafenwirtschaftlicher Entwicklung und Erfahrung, wichtige Marktanteile gingen verloren, wenn wir das ursprüngliche Ziel – Indienststellung des JadeWeserPort im Jahre 2006, spätestens aber 2007 – aus dem Auge verlieren und uns auf das Jahr 2010 vertrösten ließen. Dieses Oberziel und zentrale Bedingung für den Erfolg des Projekts hätte man sich von Hamburg niemals abhandeln lassen dürfen! Ich verstehe auch überhaupt nicht, wie eine unkritische, auf Diplomatie und Harmonie gebürstete lokale Presse über dieses immerhin bemerkenswerte Handicap und Erfolgsrisiko für den JadeWeserPort so kommentar- und kritiklos hinwegsehen kann. Will man im Freudentaumel über die Entscheidung für den JadeWeserPort die Gefahr des Zuspätkommens nicht sehen?

In die große Freude über die Grundsatzentscheidung zugunsten des JadeWeserPort mischt sich – leider – auch Skepsis über die lauteren Absichten der Hamburger Hafenwirtschaft. Die abwehrenden und kämpferischen Stellungnahmen der Hamburger Hafenwirtschaft und der Handelskammern Hamburg und Stade (DIE WELT vom 31. März) lassen nichts von dem partnerschaftlichen Geist und gemeinsamen politischen und unternehmerischen Willen erkennen, der in den nächsten Jahren notwendig ist, um das Projekt JadeWeserPort zum Erfolg zu führen. Die vom Präsidenten der Wilhelmshavener Hafenwirtschaft, John H. Niemann, noch einmal bekräftigte Zielsetzung – Indienststellung des JadeWeserPort spätestens Anfang 2007 – sowie die geforderte Beschleunigung des Planfeststellungsverfahrens und zunehmender politischer Druck potentieller Investoren werden – so ist zu hoffen – dem Projekt in den nächsten Monaten, allen Brems- und Störmanövern zum Trotze, dennoch den notwendigen kräftigen Anschub geben.

Ich vertraue – bei allen leider bestehenden Zweifeln am ernsthaften Willen Hamburgs zu erfolgsorientierter und vernunftbestimmter Kooperation – auf ein selbstbewußtes Land Niedersachsen, das sich offensiv zu seinem JadeWeserPort bekennt und sich im Zuge der Realisierung dieses Projekts nicht von zu befürchtenden Hamburger Querschüssen beeindrucken läßt, sondern gemeinsam mit Bremen in den nächsten Jahren und Jahrzehnten seine hafenwirtschaftlichen Ausnahmemöglichkeiten im Jade-Weser-Revier wahrnehmen und der wirtschaftlichen Entwicklung Norddeutschlands mit dem JadeWeserPort einen säkularen Schub geben wird. Und ich vertraue auf verantwortungsbewußte und mutige Unternehmer, leistungsbereite, hochmotivierte Mitarbeiter und Bürger, die die sich mit dem JadeWeserPort verbindenden großartigen Möglichkeiten und Chancen zunehmend erkennen und nutzen werden. Zum Wohle der Region, zum Wohle des Landes und nicht zuletzt zum Wohle unserer jungen Mitbürger, für die wir mit dem JadeWeserPort das Tor in eine vielversprechende wirtschaftliche und gesellschaftliche Zukunft weit öffnen!

Meine herzlichen Glückwünsche an alle, die dazu beigetragen haben, daß mit dem „Dombau" JadeWeserPort jetzt begonnen werden kann! Meine besonderen Glückwünsche aber gelten der Wilhelmshavener Hafenwirtschaft, die sich auch in den kritischen Phasen dieses Projekts niemals hat entmutigen lassen, sondern zielstrebig und mit Verve für die anfängliche Vision des schließlich zu einem realistischen Großprojekt herangereiften JadeWeserPort gekämpft und gestritten hat. Mit der heutigen Entscheidung wurden alle Mühen reichlich belohnt und ich wünsche der Wilhelmshavener Hafenwirtschaft unter ihrem Präsidenten John H. Niemann und ihrem Geschäftsführer Detlef Weide auch im weiteren Verlauf der Projektrealisierung beste „Seemannschaft", klare Kursbestimmung und viel Erfolg!

EPILOG

Drei Monate sind seit der Entscheidung für den JadeWeserPort vergangen und es war in der Öffentlichkeit still geworden um dieses Projekt. Unbeobachtet, nur gelegentlich kritischen Nachfragen ausgesetzt, erstellten die Verantwortlichen ihr Pflichtenheft und erledigten mit der Gründung der Projektentwicklungsgesellschaft derweil ihre organisatorischen Hausaufgaben. In die öffentliche Stille hinein jetzt der von den Skeptikern einer Kooperation befürchtete hafenpolitische Paukenschlag!

„Große Hafen-Kooperation im Norden geplatzt" titelt DIE WELT in ihrer Ausgabe vom 27. Juni 2001 und widmet diesem Thema im lokalen Teil Hamburgs fast ihre ganze erste Seite. Der NDR berichtete am Vortag stündlich über die abgebrochenen Kooperationsgespräche zwischen der Hamburger Hafen- und Lagerhaus AG (HHLA) und der Bremer Lagerhaus-Gesellschaft (BLG). Keine Kooperation, keine strategische Partnerschaft der beiden großen Hafenunternehmen. Alles aber kein Thema für die lokale Presse Wilhelmshaven/Frieslands, diese *„Hiobsbotschaft"* (DIE WELT) und ihre möglichen politischen Auswirkungen auf den JadeWeserPort kritisch zu kommentieren und zu bewerten. Statt dessen Sprachlosigkeit und beredtes Schweigen in den lokalen Medien. Sonst um keinen Kommentar verlegen, übergeht man diese immerhin bemerkenswerte Entscheidung der beiden Hansestädte mit demonstrativem Gleichmut, als berühre sie nicht empfindlich auch die hafenpolitischen Interessen unserer Region.

Die Politik, die Regierungschefs der beiden Hansestädte, Ortwin Runde und Henning Scherf, haben es leider nicht geschafft, die bisherigen Konkurrenten, HHLA und BLG, davon zu überzeugen, daß eine engere Zusammenarbeit und Kooperation beider Gesellschaften im Hinblick auf die hafenwirtschaftlichen Herausforderungen der Zukunft politisch geboten und auch unter langfristigen wirtschaftlichen Gesichtspunkten für beide Gesellschaften sinnvoll sei.

Wie wird es nun weitergehen? Die Hamburger Hafenwirtschaft stellt sich taub gegen die am 30. März einvernehmlich von den drei Küsten-

ländern (Hamburg, Bremen und Niedersachsen) getroffene Grundsatzentscheidung für den JadeWeserPort und lehnt einen deutschen Container-Tiefwasserhafen an der Nordseeküste weiterhin grundsätzlich ab. Wenn schon, dann müsse dieser Tiefwasserhafen in Cuxhaven entstehen. Absoluter Vorrang aber wird der weiteren Elbvertiefung gegeben. Nach Ansicht des Präses der Handelskammer Hamburg, Nikolaus Schües, ist *„für die Weiterentwicklung der Hafenwirtschaft die weitere Vertiefung der Fahrrinne der Elbe auf 14,5 Meter wesentlich wichtiger als ein Tiefwasserhafen an der Nordseeküste"* (FAZ vom 28. Juni). Nichts ist es also mit der politisch viel beschworenen hafenwirtschaftlichen Kooperation der beiden Hansestädte und auch für den JadeWeserPort kann in diesem Zusammenhang kaum besondere Unterstützung erwartet werden. Die Hamburger Hafenwirtschaft will einfach nicht mit ins Boot, sondern will – das muß man wohl aus dem Abbruch der Gespräche und der unverändert kämpferischen Rhetorik ihrer Protagonisten Peter Dietrich und Nikolaus Schües herauslesen – weiter auf Biegen und Brechen ihren eigenen hafenpolitischen (Irr-)Weg gehen.

Wie anders soll man auch den HHLA-Chef, Peter Dietrich, verstehen, wenn er auf die noch zu leistenden *„Planungs- und Vorarbeiten"* verweist und feststellt: *„Dann werden wir sehen, wo ein deutscher Tiefwasserhafen wirklich entsteht."* Verräterisch und bezeichnend für seinen hafenpolitischen Starrsinn und seine Präferenz für den Standort Cuxhaven auch seine Bemerkung, daß mit der weiteren Vertiefung von Elbe und Weser das Projekt eines Tiefwasserhafens weiter hinausgeschoben werden könne. Alle mit dem politischen Ziel einer engen Kooperation zwischen HHLA und BLG verbundenen hafenwirtschaftlichen Hoffnungen haben getrogen und sind vor allem wohl am zähen Widerstand der Hamburger Hafenwirtschaft gescheitert. Zwar werden – diplomatisch verklausuliert – rationale betriebswirtschaftliche Gründe und kartellrechtliche Bedenken für das Scheitern angeführt, doch dürften die Ursachen vielschichtiger sein. Die *„historische Chance"* für beide Hansestädte und für die deutsche Hafenwirtschaft, von der Henning Scherf noch im November vergangenen Jahres begeistert und voller Optimismus gesprochen hatte, wurde vertan. Die Skeptiker dieses politischen Wunschdenkens haben – so wie es heute aussieht – leider recht behalten.

Bremen und Niedersachsen sollten dann aber auch ebenso konsequent sein und Hamburg vorerst von jeder Beteiligung und allen Planungen am JadeWeserPort ausschließen. Im Hinblick auf die beabsichtigte Elbvertiefung sollten auch keinerlei Geschenke verteilt und politische Zugeständnisse gemacht – oder aber diese mit klaren politischen Bedingungen, einem Junktim zum JadeWeserPort verbunden werden!

Zusammenarbeit in der Projektentwicklungsgesellschaft setzt gegenseitiges Vertrauen voraus. Wie aber kann man mit Leuten zusammenarbeiten und sie an Planungen mitverantwortlich beteiligen wollen, die keinen Hehl aus ihrer unverändert schroffen Ablehnung dieses Projekts machen? Mit ihrer nochmals bekräftigten unverhohlenen Gegnerschaft zum JadeWeser-Port wird die Hamburger Hafenwirtschaft nicht der loyale und wertvolle Mitspieler sein, den man sich an der Seite wünscht und auf dessen bedingungslosen Einsatz und Teamfähigkeit man vertrauen möchte. Es fällt jedenfalls schwer, sich vor dem Hintergrund der aktuellen Stellungnahmen der HHLA und der Handelskammer Hamburg eine solche notwendige Saulus-Paulus-Wandlung der Hamburger Hafenwirtschaft vorzustellen. Eine hafenpolitische Kurskorrektur um 180 Grad wäre aber nötig, wenn man als Gesprächs- und Geschäftspartner noch ernst genommen werden will. **Dieses Projekt braucht keine „Saboteure im Geiste", keine ewigen Störenfriede, Spaltpilze und Bremser, sondern hafenwirtschaftliche Pioniere, die von diesem Projekt überzeugt sind und mit Begeisterung und entschlossenem unternehmerischen Willen, tragfähigem Konzept und verbindlichem Zeitplan (2006/07!), an dieses Jahrhundert-Projekt herangehen und es mit Leben erfüllen!**

Deshalb sollte man es sich gut überlegen, ob man es politisch überhaupt noch verantworten kann, mit Hamburg als Mitgesellschafter (neben Niedersachsen und Bremen) in der immer noch in Gründung befindlichen Projektentwicklungsgesellschaft für den JadeWeserPort zusammenzuarbeiten. Das Scheitern der großen Hafen-Kooperation im Norden und die jüngsten Äußerungen aus Kreisen der Hamburger Hafenwirtschaft bestätigen alle meine Vorbehalte und machen Hamburg zu einem äußerst unsicheren Kantonisten dieses Projekts. Zu befürchten ist, daß deren hafenpolitisches Dauertheater nicht zuletzt dem Ziel dient, immer wieder Sand ins Getriebe zu streuen, auf Zeit zu spielen und die jetzt so wichtige möglichst schnelle Gründung der Projektentwicklungsgesellschaft damit weiter unverantwortlich hinaus-

zuzögern. Diese unsägliche Verhinderungsstrategie der Hamburger Hafenwirtschaft aber darf nicht aufgehen! Niedersachsen, Bremen und Wilhelmshaven (als Initiator und Motor des Projekts!) dürfen sich nicht durch das ständige hafenpolitische Störfeuer der Hamburger und Cuxhavener Hafenwirtschaft von ihrem für gut erkannten Kurs abbringen lassen, sondern müssen entschlossen gegensteuern und jetzt erst recht Gas geben! Die Hamburger „Bremsklötze" müssen gelöst und die Fahrt in die hafenwirtschaftliche Zukunft der Bundesrepublik muß jetzt beschleunigt werden! Die Projektentwicklunggesellschaft muß endlich – ohne weiteren Verzug – mit klar umrissener Aufgabenverteilung an die Arbeit gehen!

Der erste Meilenstein in diese vielversprechende Zukunft muß mit Vollendung der ersten Ausbaustufe und ersten Liegeplätzen – wie von Anfang an geplant! – im Jahre 2006/07 passiert und diese gute Fahrt mit hohem hafenwirtschaftlichen Entwicklungstempo fortgesetzt werden! Ein nationaler hafenpolitischer Konsens hierüber und eine zielgerichtete strategische Partnerschaft der drei Küstenländer böten zwar die beste Gewähr für eine erfolgreiche hafenwirtschaftliche Aufholjagd der Nordhäfen gegenüber den Westhäfen der Nordrange, aber sie lassen sich – wie wir leider erkennen müssen – nicht gegen den Willen der Wirtschaft erzwingen. Schade, daß das hafenwirtschaftliche Flaggschiff der Bundesrepublik, Hamburg, sich einer engen wirtschaftlichen Zusammenarbeit verweigert und statt dessen seinen eigenen hafenpolitischen Weg gehen will. Man darf wohl zu Recht vermuten – die Äußerungen der Hamburger Hafenwirtschaft lassen hieran keinen Zweifel –, daß Hamburg allen hafenpolitischen Abreden der Regierungschefs zum Trotz seinen hafenpolitischen Schwerpunkt und seine Hoffnungen vor allem auf die – dem JadeWeserPort zeitlich noch vorgeschaltete – möglichst rasche Vertiefung der Elbe und den Bau eines privatfinanzierten Container-Tiefwasserhafens Cuxhaven setzt.

Die von der Hamburger Hafenwirtschaft düpierten beiden Küstenländer Bremen und Niedersachsen sollten in dieser neuen Situation zwar grundsätzlich gesprächsbereit bleiben, hafenpolitisch aber noch enger zusammenrücken und das Projekt JadeWeserPort gemeinsam – wenn es denn nicht anders geht – in Konkurrenz mit den Hamburger Plänen mit Hochdruck (Inbetriebnahme 2006/07!) vorantreiben und zum Erfolg führen!

Beide Länder dürfen in ihrem politischen und unternehmerischen Willen, sich mit dem JadeWeserPort kapazitiv auf die hafenwirtschaftlichen Herausforderungen der Zukunft einzustellen und sich für die Schiffsriesen der Zukunft zu rüsten, nicht nachlassen! Politik und Wirtschaft stehen gemeinsam in der Pflicht, mit dem „Dombau" JadeWeserPort, Deutschlands einzigem Tiefwasserhafen, *jetzt* zu beginnen und damit die Weichen in die hafenwirtschaftliche Zukunft Deutschlands zu stellen.

Mit diesem (auch) Prestigeprojekt reiht sich die deutsche Hafenwirtschaft aber auch ein in den exklusiven Kreis der europäischen Container-Tiefwasserhäfen. Gegenwärtig sind nur Rotterdam und Gioia Tauro (Italien) in der Lage, die ab 2007 (möglicherweise früher) erwarteten Container-Jumbos mit Stellplatzkapazitäten von über 10.000 TEU abzufertigen. Mit dem JadeWeserPort und dem ambitionierten Ausbau damit ihrer hafenwirtschaftlichen Kapazität signalisiert die deutsche Hafenwirtschaft ihren internationalen Kunden, aber auch ihren deutschen Geschäftspartnern, daß sie gewillt ist, in der „Champions League" der europäischen Großhäfen weiter erfolgreich mitzuspielen und sich im Wettbewerb um wichtige Marktanteile zu behaupten.

Am 27.07. wurde eine erste wichtige Personalentscheidung getroffen. Der ehemalige stellvertretende Vorstandsvorsitzende der Hapag-Lloyd, Claus Wülfers, soll Geschäftsführer der Projektentwicklungsgesellschaft JadeWeserPort werden. Mit seiner Berufung in dieses Amt verbinden sich hohe Erwartungen, und schon die nächsten Monate werden zeigen, ob mit der Wahl von Claus Wülfers der erhoffte personelle Glücksgriff gelungen ist und er im Zuge der Projektrealisierung – zusammen mit der Wilhelmshavener Hafenwirtschaft – der alle seine Mitspieler aus Politik und Wirtschaft fordernde und antreibende starke Motor sein wird, den dieses Projekt jetzt braucht. Claus Wülfers kann in den nächsten Jahren zum (ersten) großen „Baumeister" des JadeWeserPort werden und sich um dieses Jahrhundert-Projekt bleibende Verdienste erwerben. Eine herausfordernde Managementaufgabe erwartet ihn, und er wird sich bei seiner Arbeit zweifellos auf die breite Unterstützung Wilhelmshavens und der Nordwest-Region verlassen können.

Arbeitslose

Entwicklung

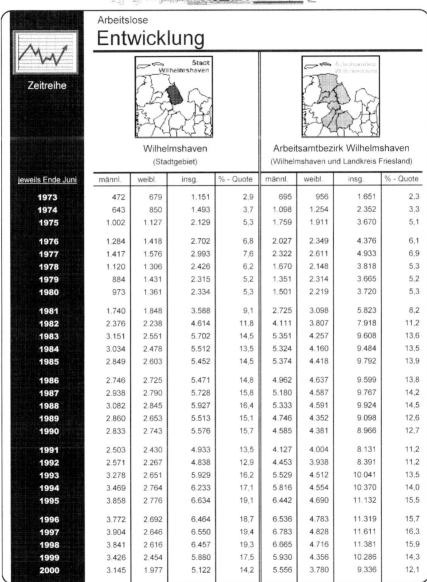

jeweils Ende Juni	Wilhelmshaven (Stadtgebiet)				Arbeitsamtbezirk Wilhelmshaven (Wilhelmshaven und Landkreis Friesland)			
	männl.	weibl.	insg.	% - Quote	männl.	weibl.	insg.	% - Quote
1973	472	679	1.151	2,9	695	956	1.651	2,3
1974	643	850	1.493	3,7	1.098	1.254	2.352	3,3
1975	1.002	1.127	2.129	5,3	1.759	1.911	3.670	5,1
1976	1.284	1.418	2.702	6,8	2.027	2.349	4.376	6,1
1977	1.417	1.576	2.993	7,6	2.322	2.611	4.933	6,9
1978	1.120	1.306	2.426	6,2	1.670	2.148	3.818	5,3
1979	884	1.431	2.315	5,2	1.351	2.314	3.665	5,2
1980	973	1.361	2.334	5,3	1.501	2.219	3.720	5,3
1981	1.740	1.848	3.588	9,1	2.725	3.098	5.823	8,2
1982	2.376	2.238	4.614	11,8	4.111	3.807	7.918	11,2
1983	3.151	2.551	5.702	14,5	5.351	4.257	9.608	13,6
1984	3.034	2.478	5.512	13,5	5.324	4.160	9.484	13,5
1985	2.849	2.603	5.452	14,5	5.374	4.418	9.792	13,9
1986	2.746	2.725	5.471	14,8	4.962	4.637	9.599	13,8
1987	2.938	2.790	5.728	15,8	5.180	4.587	9.767	14,2
1988	3.082	2.845	5.927	16,4	5.333	4.591	9.924	14,5
1989	2.860	2.653	5.513	15,1	4.746	4.352	9.098	12,6
1990	2.833	2.743	5.576	15,7	4.585	4.381	8.966	12,7
1991	2.503	2.430	4.933	13,5	4.127	4.004	8.131	11,2
1992	2.571	2.267	4.838	12,9	4.453	3.938	8.391	11,2
1993	3.278	2.651	5.929	16,2	5.529	4.512	10.041	13,5
1994	3.469	2.764	6.233	17,1	5.816	4.554	10.370	14,0
1995	3.858	2.776	6.634	19,1	6.442	4.690	11.132	15,5
1996	3.772	2.692	6.464	18,7	6.536	4.783	11.319	15,7
1997	3.904	2.646	6.550	19,4	6.783	4.828	11.611	16,3
1998	3.841	2.616	6.457	19,3	6.665	4.716	11.381	15,9
1999	3.426	2.454	5.880	17,5	5.930	4.356	10.286	14,3
2000	3.145	1.977	5.122	14,2	5.556	3.780	9.336	12,1

STADTISTIK WILHELMSHAVEN

Entwicklung
Arbeitslosenquoten
jeweils Juni 1985 - 2000

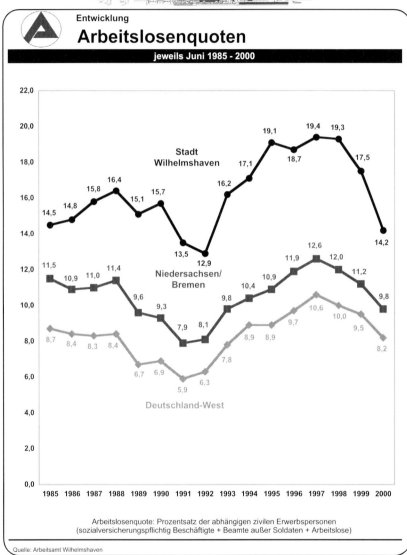

Arbeitslosenquote: Prozentsatz der abhängigen zivilen Erwerbspersonen
(sozialversicherungspflichtig Beschäftigte + Beamte außer Soldaten + Arbeitslose)

Quelle: Arbeitsamt Wilhelmshaven

STADTISTIK WILHELMSHAVEN

Wilhelmshaven

Erwerbstätigenrechnung

Alle Beschäftigte

Jahresdurchschnitt		1992	1993	1994	1995	1996	1997
Land- und	Selbständige	200	200	200	200	200	200
Forstwirtschaft,	Beamte	-	-	-	-	-	-
Fischerei	Arbeiter/Angest.	100	100	100	100	100	100
	insgesamt	300	300	300	300	300	300
Energie,	Selbständige	-	-	-	-	-	-
Wasser,	Beamte	-	-	-	-	-	-
Bergbau	Arbeiter/Angest.	800	800	800	800	800	800
	insgesamt	800	800	800	800	800	800
Verarbeitendes	Selbständige	300	300	300	300	300	300
Gewerbe	Beamte	-	-	-	-	-	-
	Arbeiter/Angest.	5.500	4.700	4.400	4.300	4.000	4.300
	insgesamt	5.800	4.900	4.700	4.600	4.300	4.600
Baugewerbe	Selbständige	-	-	-	100	100	100
	Beamte	-	-	-	-	-	-
	Arbeiter/Angest.	2.200	2.200	2.300	2.400	2.400	2.300
	insgesamt	2.300	2.300	2.400	2.500	2.500	2.400
Handel	Selbständige	800	800	800	800	900	900
	Beamte	-	-	-	-	-	-
	Arbeiter/Angest.	4.700	4.400	4.400	4.300	4.100	4.000
	insgesamt	5.500	5.200	5.200	5.100	5.000	4.800
Verkehr,	Selbständige	100	100	100	100	100	100
Nachrichten-	Beamte	400	400	400	300	200	100
übermittlung	Arbeiter/Angest.	1.000	1.000	1.000	900	700	700
	insgesamt	1.500	1.500	1.500	1.300	1.000	1.000
Kredit,	Selbständige	-	-	-	-	-	-
Versicherungs-	Beamte	-	-	-	-	-	-
gewerbe	Arbeiter/Angest.	700	600	600	600	600	600
	insgesamt	700	600	600	700	700	600
Dienstleistungen	Selbständige	1.300	1.300	1.300	1.300	1.400	1.400
	Beamte	-	-	-	-	-	-
	Arbeiter/Angest.	4.200	4.200	4.100	4.500	4.500	4.600
	insgesamt	5.500	5.400	5.400	5.800	6.000	5.900
Organisationen	Selbständige	-	-	-	-	-	-
ohne Erwerbs-	Beamte	-	-	-	-	-	-
charakter	Arbeiter/Angest.	1.800	1.900	2.100	2.000	2.000	2.000
	insgesamt	1.800	1.900	2.100	2.100	2.100	2.100
Staat	Selbständige	-	-	-	-	-	-
	Beamte	9.100	9.200	8.900	8.700	9.000	8.800
	Arbeiter/Angest.	9.400	8.900	8.700	8.000	7.300	7.100
	insgesamt	18.600	18.100	17.600	16.700	16.300	16.000
alle Wirtschafts-	Selbständige	2.800	2.800	2.900	2.900	3.000	3.000
abteilungen	Beamte	9.600	9.600	9.300	9.000	9.200	9.000
	Arbeiter/Angest.	30.500	28.800	28.500	28.100	26.700	26.600
	insgesamt	42.800	41.200	40.600	40.000	38.900	38.700

Quelle: Nieders. Landesamt für Statistik

Hinweis: Abweichungen in den Summen entstehen durch unabhängiges Runden der Einzelpositionen.

STADTISTIK WILHELMSHAVEN

Wilhelmshaven
im Vergleich

Hafen

Umschlag

Umschlag jeweils in 1.000 Tonnen									
		1993	1994	1995	1996	1997	1998	1999	2000
Wilhelmshaven									
Massengut	Umschlag	32.467,3	34.275,3	32.800,1	35.838,7	36.320,8	43.367,1	39.302,9	42.801,2
Stückgut	Umschlag	229,8	251,5	251,1	243,9	280,5	658,2	302,0	384,0
insgesamt	Umschlag	32.697,1	34.526,8	33.051,2	36.082,6	36.601,3	44.025,3	39.604,9	43.185,2
darunter	Umschlag	–	2,0	25,4	46,3	50,0	60,9	227,8	#
in Container	Anzahl	–	519	2.559	3.059	3.971	4.925	12.705	#
Hamburg									
Massengut	Umschlag	33.547,2	33.303,8	36.204,4	34.133,3	36.740,2	35.854,6	37.255,3	36.512,8
Stückgut	Umschlag	27.084,3	34.574,7	35.919,9	37.004,1	39.946,4	39.966,0	43.747,9	48.650,4
insgesamt	Umschlag	60.631,5	67.878,5	72.124,3	71.137,4	76.686,6	75.820,6	81.003,2	85.163,2
darunter	Umschlag	26.131,2	28.905,2	30.293,7	31.990,2	35.168,5	36.105,4	40.011,5	45.285,8
in Container	Anzahl	1.789.836	1.954.215	2.032.427	2.109.647	2.267.640	2.407.152	2.502.434	2.821.495
Bremische Häfen (Bremen, Bremerhaven)									
Massengut	Umschlag	8.967,3	10.025,3	10.693,8	10.222,2	10.699,5	10.431,3	8.916,5	11.130,0
Stückgut	Umschlag	17.038,8	20.858,0	20.501,2	21.339,8	23.288,0	24.051,0	26.973,2	33.837,9
insgesamt	Umschlag	26.006,1	30.883,3	31.195,0	31.562,0	33.987,5	34.482,3	35.889,7	44.967,9
darunter	Umschlag	13.418,8	14.867,0	15.119,5	15.694,1	17.430,7	18.507,4	21.734,8	27.527,1
in Container	Anzahl	867.119	942.694	960.339	972.235	1.066.468	1.124.609	1.324.512	1.645.552
Lübeck									
Massengut	Umschlag	1.596,1	1.888,1	2.133,5	1.830,5	1.756,2	1.742,5	1.660,6	1.540,8
Stückgut	Umschlag	11.224,9	12.309,2	12.552,2	13.569,1	15.277,0	15.906,9	16.098,6	16.534,3
insgesamt	Umschlag	12.821,0	14.197,3	14.685,7	15.399,6	17.033,2	17.649,4	17.759,2	18.075,1
darunter	Umschlag	1.139,5	1.208,1	1.070,3	1.254,0	2.107,7	3.548,6	882,4	1.123,6
in Container	Anzahl	72.643	75.682	68.560	78.024	77.820	66.977	51.718	64.203
Rostock									
Massengut	Umschlag	7.398,6	10.517,9	11.228,8	11.558,2	10.943,9	8.949,5	10.321,7	11.436,6
Stückgut	Umschlag	2.711,1	4.241,3	7.277,2	7.510,4	5.423,5	6.438,4	6.825,2	6.734,0
insgesamt	Umschlag	10.109,7	14.759,2	18.506,0	19.068,6	16.367,4	15.387,9	17.146,9	18.170,6
darunter	Umschlag	53,8	24,0	8,2	6,3	31,1	39,1	15,5	15,2
in Container	Anzahl	48.861	9.439	703	607	2.176	2.097	956	759
17 Häfen insgesamt *									
Massengut	Umschlag	105.155,9	111.220,3	115.367,1	114.542,1	117.913,1	121.867,5	119.634,0	127.537,1
Stückgut	Umschlag	65.204,7	81.010,8	85.392,5	88.388,7	93.545,6	96.530,6	103.842,4	118.193,3
insgesamt	Umschlag	170.360,6	192.231,1	200.759,6	202.930,8	211.458,7	218.398,1	223.476,4	245.730,4
darunter	Umschlag	41.419,8	45.786,1	47.328,9	49.686,0	55.357,0	59.453,2	63.494,2	74.397,2
in Container	Anzahl	2.828.261	3.035.816	3.118.269	3.214.961	3.465.706	3.662.917	3.965.764	4.565.214

Quelle: Bundesamt für Seeschiffahrt und Hydrographie

Massengüter sind z.B. Getreide, Erze, Kohlen/Koks, Rohöl und andere Mineralölprodukte.

* Brake, Bremische Häfen, Brunsbüttel, Bützfleth, Cuxhaven, Duisburg, Emden, Flensburg, Hamburg, Kiel, Lübeck, Nordenham, Rendsburg, Rostock, Stralsund, Wilhelmshaven, Wismar

STADTISTIK WILHELMSHAVEN

200

Wilhelmshaven

Hafenumschlag
Alle Hafeneinrichtungen

		1994	1995	1996	1997	1998	1999	2000
Einfuhr								
Innerer Hafen	t	868.670	1.011.756	988.837	1.012.223	1.089.856	1.260.437	1.125.763
NWO-Brücke	t	15.991.445	15.303.927	17.457.737	17.424.869	21.532.499	17.439.387	18.169.358
Nieders.-Brücke	t	1.951.785	1.724.483	1.689.792	1.330.081	1.749.889	1.559.456	1.586.234
UVG-Brücke	t	238.353	183.208	198.063	196.502	190.246	219.797	215.974
WRG-Brücke	t	8.882.017	8.802.914	9.356.407	8.405.144	10.387.994	9.679.252	10.292.975
insgesamt	**t**	**27.932.270**	**27.026.288**	**29.690.836**	**28.368.819**	**34.950.484**	**30.158.329**	**31.390.304**
Ausfuhr								
Innerer Hafen	t	133.840	146.989	143.549	101.396	193.292	216.407	269.033
NWO-Brücke	t	-	-	-	1.623.236	931.662	1.203.462	3.101.955
Nieders.-Brücke	t	175.056	142.545	161.917	198.336	155.587	196.092	160.727
UVG-Brücke	t	34.564	31.045	40.952	39.003	21.889	53.205	38.021
WRG-Brücke	t	6.626.193	6.919.771	7.134.536	6.020.297	7.555.460	7.950.162	8.409.775
insgesamt	**t**	**6.969.653**	**7.240.350**	**7.480.954**	**7.982.268**	**8.857.890**	**9.619.328**	**11.979.511**
Gesamtumschlag								
Einfuhr und Ausfuhr	**t**	**34.901.923**	**34.266.638**	**37.171.790**	**36.351.087**	**43.808.374**	**39.777.657**	**43.369.815**
darunter Container- umschlag:								
Container (Anzahl)		519	2.559	3.059	3.971	4.925	12.705	#
dar. beladen (Anzahl)		225	1.175	1.790	2.245	2.830	7.606	#
Container (in t)		2.000	25.400	46.300	50.000	60.900	227.800	#
dar. beladen (in t)		900	19.500	41.100	38.900	53.000	188.000	#
Container (TEU*)		654	5.746	6.064	7.923	9.857	25.410	#
dar. beladen (TEU*)		282	2.968	3.570	4.491	5.660	15.212	#

Quelle: Niedersächs. Hafenamt Wilhelmshaven, Bundesamt für Seeschiffahrt und Hydrographie

* TEU= Twenty Foot Equivalent Unit (20 - Fuß - Container)

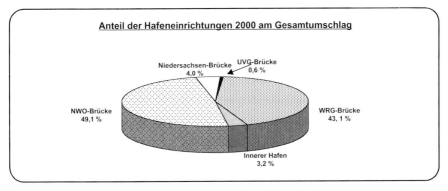

Anteil der Hafeneinrichtungen 2000 am Gesamtumschlag

Niedersachsen-Brücke 4,0 %
UVG-Brücke 0,6 %
NWO-Brücke 49,1 %
WRG-Brücke 43, 1 %
Innerer Hafen 3,2 %

Seegüterverkehr

Hafenumschlag ab 1955

Zeitreihe

Jahr	UVG-Brücke	WRG-Brücke	Nieders.-Br.	NWO-Brücke	Innerer Hafen	insgesamt
1955					104.242	104.242
1956					106.814	106.814
1957					141.380	141.380
1958				315.345	115.252	430.597
1959				6.049.804	123.269	6.173.073
1960				10.470.164	176.595	10.646.759
1961				12.845.043	196.719	13.041.762
1962				14.638.144	195.361	14.833.505
1963				16.143.301	256.259	16.399.560
1964				16.266.712	268.756	16.535.468
1965				18.312.405	314.251	18.626.656
1966				20.073.166	305.026	20.378.192
1967				19.737.958	270.318	20.008.276
1968				20.583.257	287.538	20.870.795
1969				20.828.291	387.267	21.215.558
1970				21.960.498	448.864	22.409.362
1971				23.124.823	519.877	23.644.700
1972			40.001	22.651.737	580.977	23.272.715
1973			286.564	25.697.198	607.055	26.590.817
1974			470.174	29.451.075	673.899	30.595.148
1975		734.960	374.622	21.941.791	693.510	23.744.883
1976		5.160.850	892.030	23.931.162	468.170	30.452.212
1977		7.265.122	1.506.553	21.832.860	434.757	31.039.292
1978		6.972.661	1.805.239	21.892.078	534.260	31.204.238
1979		6.767.041	1.905.471	25.478.553	617.115	34.768.180
1980		8.724.652	1.775.534	21.019.830	464.615	31.984.631
1981	56.379	8.452.251	2.644.446	14.176.298	299.325	25.628.699
1982	139.126	8.548.741	1.635.887	9.365.995	350.026	20.039.775
1983	203.814	7.615.197	1.702.111	12.283.268	302.518	22.106.908
1984	275.560	6.073.389	1.521.268	13.163.454	227.190	21.260.861
1985	323.907	1.788.372	1.809.461	12.941.189	344.335	17.207.264
1986	252.434	-	1.357.270	16.277.542	538.178	18.425.424
1987	330.037	-	440.981	13.235.302	568.558	14.574.878
1988	282.027	-	844.885	13.194.420	631.875	14.953.207
1989	270.238	-	977.865	12.662.794	690.204	14.601.101
1990	278.907	-	1.744.452	13.504.697	475.298	16.003.354
1991	221.922	646.618	1.786.068	14.406.232	829.101	17.889.941
1992	220.615	13.879.215	1.818.828	14.998.143	784.686	31.701.487
1993	206.470	14.803.717	1.654.881	15.432.105	876.442	32.973.615
1994	272.917	15.508.210	2.126.841	15.991.445	1.002.510	34.901.923
1995	214.253	15.722.685	1.867.028	15.303.927	1.158.745	34.266.638
1996	239.015	16.490.943	1.851.709	17.457.737	1.132.386	37.171.790
1997	235.505	14.425.441	1.528.417	19.048.105	1.113.619	36.351.087
1998	212.135	17.943.454	1.905.476	22.464.161	1.283.148	43.808.374
1999	273.002	17.629.414	1.755.548	18.642.849	1.476.844	39.777.657
2000	253.995	18.702.750	1.746.961	21.271.313	1.394.796	43.369.815

Quelle: Niedersächsisches Hafenamt Wilhelmshaven

Wilhelmshaven

Hafenumschlag
NWO-Brücke

		1994	1995	1996	1997	1998	1999	2000
Einfuhr								
Rohöl	t	15.991.445	15.303.927	17.457.737	17.424.869	21.532.499	17.439.387	18.169.358
insgesamt	t	15.991.445	15.303.927	17.457.737	17.424.869	21.532.499	17.439.387	18.169.358
Ausfuhr								
Rohöl	t	-	-	-	1.623.236	931.662	1.203.462	3.101.955
insgesamt	t	-	-	-	1.623.236	931.662	1.203.462	3.101.955
Gesamtumschlag								
Ein- und Ausfuhr	t	15.991.445	15.303.927	17.457.737	19.048.105	22.464.161	18.642.849	21.271.313

Quelle: Niedersächs. Hafenamt Wilhelmshaven
Betreiber der Umschlagsbrücke: Nord-West Oelleitung GmbH

Hafenumschlag
Öltanker

Tragfähigkeit Werte in tdw	1997		1998		1999		1958 - 1999	
	Tanker	%- Anteil Lösch-menge	Tanker	%- Anteil Lösch-menge	Tanker	%- Anteil Lösch-menge	Tanker	%- Anteil Lösch-menge
bis 19.999	4	0,2	9	0,3	12	0,6	2.510	5,9
20.000 - 39.999	4	0,5	1	0,1	3	0,4	2.884	11,9
40.000 - 64.999	9	2,3	1	0,2	2	0,5	2.680	17,6
65.000 - 99.999	139	59,2	152	54,5	112	48,7	2.914	29,1
100.000 - 124.999	31	15,3	28	11,0	26	12,1	641	7,7
125.000 - 149.999	26	17,6	47	27,4	42	29,9	659	10,2
150.000 - 174.999	7	4,9	11	6,5	11	7,8	228	3,7
175.000 - 199.999	-	-	-	-	-	-	28	0,7
200.000 - 224.999	-	-	-	-	-	-	247	3,9
225.000 - 249.999	-	-	-	-	-	-	199	3,8
250.000 - 299.999	-	-	-	-	-	-	232	4,8
300.000 - 349.999	-	-	-	-	-	-	21	0,5
350.000 - 399.999	-	-	-	-	-	-	7	0,2
über 400.000	-	-	-	-	-	-	1	0,0
insgesamt	220	100,0	249	100,0	208	100,0	13.251	100,0

Quelle: Nord-West-Oelleitung GmbH Wilhelmshaven
Hinweis: tdw = tons dead weight (Gesamt-Tragfähigkeit des Schiffes in metric tons zu 1.000 kg)
Nicht aufgeführt sind Tanker mit Beladungen an der Pier (Ausfuhr von Rohöl).

STADTISTIK WILHELMSHAVEN

Der Autor

H.-Dieter Simonsen, 1941 in Wilhelmshaven geboren und aufgewachsen, verheiratet, ein Sohn, lebt heute in Schortens und ist seit langen Jahren ein kritischer Begleiter der wirtschaftlichen Entwicklung der Jadestadt. In den 60er und Anfang der 70er Jahre entschiedener Gegner einer befürchteten umweltfeindlichen Industrialisierung des Küstenraumes, vertraut der Autor heute - mit dem Abstand und der Erfahrung von 30 Jahren - darauf, daß technischer Fortschritt, eine immer umweltfreundlicher produzierende, Ressourcen schonende Industrie und wirtschaftliche Vielfalt den mit dem JadeWeserPort langfristig eingeleiteten Veränderungsprozeß an der Küste human begleiten und dieser Prozeß auch den ernst zu  nehmenden ökologischen Interessen sowie den Wohn- und Freizeitinteressen der Bürger angemessen Rechnung tragen wird.

Mit zahllosen Beiträgen hat sich der Autor und langjährige Mitarbeiter des Daimler-Benz-Konzerns in Zusammenhang mit der Schließung der AEG Olympia für ein weiteres Engagement des DB-Konzerns am Standort Wilhelmshaven eingesetzt und dabei an die regional- und gesellschaftspolitische Verantwortung des Konzerns appelliert.

In den 60er Jahren war der Autor ein erfolgreicher Langstreckler und gehörte zusammen mit seinem sportlichen Mentor Hein Arians zum Marathon-Olympiakader des Deutschen Leichtathletikverbandes. Auch heute noch ist tägliches Training für ihn ein Muß und ein Quell persönlichen Wohlbefindens.

Der JadeWeserPort – im Spiegel der Presse

JadeWeserPort – ein Projekt zur Zukunftssicherung der Seehäfen
Wilhelmshavener Hafenwirtschaft stellte gestern in Hannover die Studie vor

Wilhelmshavener Zeitung vom 19. Februar 2000

Menzel: Ein wichtiger Tag für den Hafen, die Stadt und die Region
JadeWeserPort-Studie: Positive Ergebnisse

Wilhelmshavener Zeitung vom 19. Februar 2000

Das erste Containerschiff könnte 2006 im JadeWeserPort festmachen
Gutachten stellt fest: Projekt ist technisch und wirtschaftlich machbar – Beschäftigungseffekte

„Der JadeWeserPort ist optimal geeignet"
John H. Niemann: Projekt zur Zukunftssicherung der deutschen Seehäfen

Eurogate glaubt an Erfolg
Emanuel Schiffer: Fahrwassertiefe ist langfristig ausreichend

Bund und Land sind jetzt gefordert
Menzel: Projekt hat bundespolitische Dimension

Jeversches Wochenblatt vom 19. Februar 2000

Peter Fischer: „Ich stehe zu Wilhelmshaven"
Wirtschaftsminister im WZ-Gespräch

Wilhelmshavener Zeitung vom 08. März 2000

Christian Wulff: Klares „Ja" zum JadeWeserPort
CDU-Chef im Gespräch mit der WZ

Wilhelmshavener Zeitung vom 27. März 2000

„Sehr, sehr gute Argumente für JadeWeserPort"
Gabriel auf dem Ost-Friesland-Abend zur Hafenplanung in der Deutschen Bucht

Jeversches Wochenblatt und Wilhelmshavener Zeitung vom 29. März 2000

JadeWeserPort: Entscheidung bis September
Länder beschließen Zusammenarbeit

Wilhelmshavener Zeitung vom 17. Mai 2000

Hafenstreit: Berger/Planco Schiedsrichter
Unternehmensberater eingeschaltet

Wilhelmshavener Zeitung vom 27. Mai 2000

Großindustrie wartet auf den JadeWeserPort
Milliarden-Investitionen geplant

Wilhelmshavener Zeitung vom 10. August 2000

„Wilhelmshaven fühlt sich der Zukunft verpflichtet"
Oberbürgermeister Eberhard Menzel zum Container-Tiefwasserhafen auf dem 10. Niedersächsischen Hafentag

Wilhelmshavener Zeitung vom 08. September 2000

Hannover will den Jade-Port für Supercontainer

Standort-Entscheidung für Tiefwasserhafen noch nicht gefallen – Hamburg und Bremen zurück-haltend – Gutachten am 20. Oktober erwartet

DIE WELT vom 13. Oktober 2000

Nord-Länder planen „Deutsche Bucht AG"

Bremen, Hamburg und Niedersachsen wollen kooperieren – Gutachten für Tiefwasserhafen Wilhelmshaven

DIE WELT vom 20. Oktober 2000

Niedersachsen bevorzugt den Weser-Jade-Port

Berger-Gutachten spricht sich für Wilhelmshaven aus – Cuxhaven bleibt aber Option

DIE WELT vom 21. Oktober 2000

Niedersachsen will den JadeWeserPort

Ministerpräsident Sigmar Gabriel stellte gestern in Hannover die beiden Gutachten zum Hafen-projekt vor

Wilhelmshavener Zeitung vom 21. Oktober 2000

Gutachterzahlen zum „JadeWeserPort"

Roland Berger empfiehlt Konzentration auf den Hafen-Standort Wilhelmshaven

Wilhelmshavener Zeitung vom 23. Oktober 2000

Selbstbewußter Gabriel schlägt Wilhelmshaven vor

Historische Einigung zwischen Bremen und Hamburg – Aber noch keine gemeinsame Position zum künftigen JadeWeserPort

Wilhelmshavener Zeitung vom 27. Oktober 2000

Handelskammer: Befreiungsschlag für Häfen

Gemeinsame Strategie von Hamburg und Bremen – Politik erwartet Unterstützung durch Unter-nehmen

Bremen und Hamburg wollen Konkurrenz der Häfen beenden

Hansestädte planen enge Verbindung ihrer Gesellschaften – Lenkungsgruppe soll Fahrplan aus-arbeiten

DIE WELT vom 03. November 2000

Schües: Gespensterdiskussion um einen Geisterhafen

Hamburgs Handelskammer-Präses kritisiert Diskussion um Standort Wilhelmshaven als Tief-wasserhafen für deutsche Nordseeküste

DIE WELT vom 14. November 2000

Kammern: Deutscher Tiefwasser-Containerhafen unverzichtbar

Rotterdam plant offenbar bereits für 18 000 TEU-Schiffe

Wilhelmshavener Zeitung vom 17. November 2000

HHLA-Chef Dietrich will Gutachten veröffentlichen

WELT-Interview: Forderung nach mehr Transparenz und breiter Diskussion über möglichen Tief-wasserhafen an der Nordseeküste

DIE WELT vom 22. November 2000

„Wir brauchen einen Hafen für die Zukunft"

„Eurogate"-Geschäftsführer Emanuel Schiffer plädiert für den „JadeWeserPort"

Wilhelmshavener Zeitung vom 02. Dezember 2000

Maersk zeigt Interesse am JadeWeserPort
Weltgrößte Reederei will Beteiligung

Wilhelmshavener Zeitung vom 09. Dezember 2000

Notfalls auch ohne Hamburg
Tiefwasserhafen: Signale deuten auf Wilhelmshaven – Kommission bestätigt Gutachter

Wilhelmshavener Zeitung vom 18. Januar 2001

Heute Vorentscheidung für den JadeWeserPort
Regierungschefs treffen sich zum Spitzengespräch

Wilhelmshavener Zeitung vom 23. Februar 2001

Tiefwasserhafen – Hamburg gibt nach
Hansestadt will offenbar Wilhelmshaven als Standort akzeptieren – Geheimtreffen von drei Regierungschefs

DIE WELT vom 24. Februar 2001

Nach elf Monaten: Baubeginn für Jumbo-Frachter
Hapag-Lloyd orderte vier 7500-TEU-Schiffe bei der südkoreanischen Hyundai-Werft
Der erste Riese soll im Oktober abgeliefert werden

DIE WELT vom 06. März 2001

Der Norden sagt Rotterdam den Kampf an
Küstenländer einig: Tiefwasserhafen nach Wilhelmshaven – Scherf: Super-Containerschiffe kommen

DIE WELT vom 31. März 2001

Der JadeWeserPort kommt!
Wilhelmshaven wird Standort des neuen Tiefwasserhafens / Ministerpräsident Sigmar Gabriel gratulierte den Jadestädtern

Jeversches Wochenblatt vom 31. März 2001

Entschieden! JadeWeserPort wird gebaut
Länderchefs einigten sich in Hamburg – Ministerpräsident Gabriel im Rathaus – Spontane Fete

Wilhelmshavener Zeitung vom 31. März 2001

Jetzt soll die Projektgesellschaft für den Hafen kommen
Zuversicht in Wilhelmshaven – Koalitionsverstimmung in Hamburg – Positive Reaktion in Bremen

Wilhelmshavener Zeitung vom 03. April 2001

Eurogate drückt aufs Tempo
Unternehmen: Jetzt ist die Politik am Zug / Projektentwicklungsgesellschaft bilden

Jeversches Wochenblatt vom 15. Juni 2001

Große Hafen-Kooperation im Norden geplatzt
HHLA und BLG bezeichnen Fusion oder gegenseitige Beteiligung am Containergeschäft als „nicht machbar"

DIE WELT vom 27. Juni 2001

Eine wichtige Entscheidung für JadeWeserPort
Claus Wülfers soll Projekt entwickeln

Wilhelmshavener Zeitung vom 28. Juli 2001